내 삶의 뉴스메이커

● 저자 | **이권효 李權孝**

계명대학교 타불라라사칼리지 특임교수로 교양과목 [뉴스와 창의력]을 강의하고 있다. 유학(儒學) 연구로 동양철학 박사학위를 받았다. 신문기자로 24년 일했다.
저서로 『헤드라인 커뮤니케이션』(관훈클럽정신영기금 언론인저술지원), 『한글로 통하는 논어』, 『논어로 읽는 퇴계언행 100구:올바름이 이치입니까』(문화관광부 우수교양도서), 『뉴스메이커 공자』, 『논어신편:새로 편집한 논어』, 『류성룡 징비력』(방일영문화재단 언론인저술지원)이 있다.

● 그림 | **사공창호 司空昌昊**

계명대학교 국제통상학과를 졸업하고 같은 대학 경영대학원에서 경영학 석사학위를 받았다. 계명대학교 발전기금팀장 등을 지내고 현재 대외협력처 홍보팀장으로 재직하고 있다.

내 삶의 뉴스메이커

초판1쇄 인쇄 2020년 4월 22일
초판1쇄 발행 2020년 4월 29일

지은이 이권효
펴낸이 신일희
펴낸곳 계명대학교출판부
등 록 제347-1998-1호(1970.9.1)
주 소 대구광역시 달서구 달구벌대로 1095
전 화 053-580-6233
팩 스 053-580-6235

ISBN 979-11-6516-042-5 03320
값 15,000원

이 도서의 국립중앙도서관 출판예정도서목록(CIP)은 서지정보유통지원시스템 홈페이지(http://seoji.nl.go.kr)와 국가자료종합목록 구축시스템(http://kolis-net.nl.go.kr)에서 이용하실 수 있습니다. (CIP제어번호 : CIP2020013969)

내 삶의 뉴스메이커

Newsmaker for My Life

이권효

계명대학교 출판부

들어가는 말

새로움은 올바른 사람됨이다

100 - 1 = [ ]

개강 수업 때 학생들에게 이런 문제를 던져본다. 학생들은 머뭇거린다. 고개를 살짝 돌리면서 주위를 살펴보기도 한다. 99가 정답이라면 아까운 강의 시간에 교수가 이런 단순한 문제를 낼 리가 없기 때문이다.

강의가 추구하는 목표 관점에서 볼 때 '100 - 1 = 0'이다. 여기서 '1'은 강의를 계기로 삶에서 가장 중요하다고 판단하는 목표에 도달하는 것이다. 그것은 '삶의 새로움'이다. 이것이 빠지거나 없으면 삶의 가치가 뚝 떨어진다는 의미에서다. 반대로 이 한가지(1=1%)가 확고하다면 나머지 99(%)는 자연스럽게 따라온다는 확신이다. 벼리(뼈대가 되는 줄거리)를 들어올리면 세세한 부분은 저절로 성장하게 된다는 강거목장(綱擧目張)의 이치다. 가장 중요한 바탕인 1%가 튼튼하면 나머지 99%는 저절로 줄기처럼 뻗어나올 수 있다. 이런 이유에서 삶의 새로움이라는 목표는 1%의 벼리이다.

나는 신문기자로 20년 넘게 일을 하면서 "새로움이란 무엇일까"에 대해 생각해 볼 기회가 많았다. '세상의 별일' 즉 매스미디어(대중매체)에 담기는 뉴스(News)를 활용하여 이를 삶의 새로움으로 연결할 수 있다면 매우 실질적이고 실용적인 역량이 되겠다는 생각을 했다. 매스미디어 뉴스는 현실과 역동적으로 대응하면서 다양하게 현실을 반영하고 동시에 현실을 창조하는 기능이 매우 뛰어나기 때문이다.

대중매체의 뉴스를 좁은 뜻의 뉴스라고 한다면 삶의 새로움으로서 뉴스는 넓고 깊은 뉴스이다.

뉴스 (News)	좁은 뜻	대중매체 콘텐츠
	넓은 뜻	삶의 새로움

'뉴스' 또는 '새로움'이라는 말은 어감(뉘앙스)부터 매력적이다. 생생한 활력이 느껴진다. 진부하지 않고 상투적이지 않기 때문이다. 삶이 진부하거나 상투적이라면, 그래서 뉴스나 새로움과 동떨어지면 올바른 삶(살음, 사람)이라고 할 수 없다.

이런 점에서 삶의 새로움은 올바른 사람됨과 닿아 있다. 사람됨의 존엄성 또한 삶의 새로움을 추구하는 태도 및 역량과 떨어질 수 없다고 본다. 삶의 새로움은 사람의 존엄을 이룩하는 중요한 조건이다. 삶의 새로움을 위한 주체는 자기 자신이다. 아무도 대신해 줄 수 없다. 삶의 새로움은 주체성(主體性)의 문제이다. 주(主)는 촛대 위에 불이 타는 촛불 모습을 본 뜬 글자이다. 사르며 밝힌다는 의미다. 사름(燒)은 '사랑'이다. 삶의 새로움은 내 삶에 대한 사랑이고 주인 의식이다. 이와 같은 의미와 맥락에서 이 책의 제목을 『내 삶의 뉴스메이커』로 지었다. 누구나 자신의 삶의 새로움을 창조하는 주체적이고 실존적인 책임이 있다는 뜻을 생각했다.

책의 내용은 2018년, 2019년 계명대학교에서 강의한 교양과목인 [현대사회와 윤리] [생각의 차이] [뉴스와 창의력]을 바탕으로 삼고 보완하였다. 과목 이름은 다르지만 일관된 주제는 '새로움'이다. 강의를 하면서 삶의 새로움에 대한 의미와 가치, 방법에 대한 인식을 더욱 분명하고 깊게 할 수 있었다. '가르친다는 것은 배우는 것이 절반이다'는 효학반(斅學半)의 뜻을 실감한다. 이런 점에서 교수는 가르치는 수업(授業), 학생은 배우는 수업(受業)이라는 말보다는 교수와 학생이 함께 배우고 닦는다는 뜻을 담은 수업(修業)이라는 말이 더 좋다. 진지한 자세로 삶의 새르움을 위해 노력한 학생들은 나에게 큰 자극이 되었다. 부록에 삶의 뉴스메이커를 추구하고 싶어 하는 대학생들의 목소리를 담았다.

자신의 삶을 새롭게 만드는 주체성, 즉 "나는 뉴스메이커(Newsmaker)이다"는 정체성(正體性, 자기다움)을 증명할 수 있다면 취업과 창업을 비롯해 소통과 공감, 배려, 융합 같은 가치를 자신의 삶에 녹여 내는 데에도 실용적이고 실질적인 역할을 할 수 있다고 생각한다. 대학생 뿐 아니라 삶의 새로움을 추구하는 모든 분야의 사람들이 공유했으면 하는 마음으로 책을 썼다.

새로움을 추구하는 태도와 역량은 몸의 신진대사(新陳代謝)를 활발하게 만든다. 신진대사는 새로움(新)과 낡음(陳)을 활발하게 교환하는 생리이다. 새로움도 반복되면 낡은 것으로 되므로 새로움은 산소처럼 끊임없이 몸 안으로 유입되어야 한다. 그래야 건강을 유지할 수 있다.

나는 계명대 캠퍼스에 있는 행소박물관을 지날 때면 자신을 돌아본다. 많은 대학에는 교내 박물관이 있지만 행소(行素)처럼 깊은 뜻을 담은 경우는 찾기 어렵다. 박물관의 이미지와 잘 어울리면서 삶의 바른길을 보여주는 거울처럼 느껴진다. 『중용』(中庸)에 나오는 행소를 평소 음미하곤 했는데 교정의 건물에 붙은 행소를 보면서 새로운 느낌을 받는다. 그래서 강의실에서 학생들에게 행소의 뜻을 이야기하며 함께 음미한다. 대학 교육의 목표, 나아가 삶의 목표라는 과녁에 적중하는 화살 같은 말이라고 할 수 있다. 행소 정신도 이 책을 구상한 계기가 되었다.

행소가 얼마나 멋진 말인지 『중용』 14장에 귀를 기울여본다.

> 인격 높은 사람은 자기가 있는 위치에서 최선을 다할 뿐
> 자신을 벗어난 일에 막연하게 집착하지 않는다.
> 인격 높은 사람은 자신이 어떤 상황에 놓이더라도 스스로
> 깨우치고 실천하면서 삶을 성장시킨다.
> 자기 자신을 바르게 하는데 힘쓸 뿐 다른 사람에게 무엇을
> 구하려고 기웃거리지 않는다. 그래서 원망하는 마음도 없다.
> (君子 素其位而行 不願乎其外.
> 君子 無入而不自得焉. 正己而不求於人 則無怨.)

행소는 『중용』의 핵심인 '정성을 다하는' 지성(至誠)의 자세이다. 정성은 사람과 하늘을 연결하는 사다리와 같다. 그래서 『중용』은 "정성이 없으면 세상 만물도 없어진다."(不誠無物. 25장) "정성을 다하는 자세는 신(하느님)과 같다."(至誠如神. 24장)는 정성의 우주론을 펼친다. 誠은 신(信, 믿음 진실)과 통한다. 정성은 신뢰의 바탕이다.

책의 내용은 다음과 같다. "이 생각은, 이 표현은 새로운가" "삶의 새로움에 닿는가" "그래서 기존의 생각과 인식을 바르게 넘어서고 확장하는 데 도움이 되는가"라는 뉴스 마인드(news mind)가 전체 내용에 흐르도록했다.

1장: 필자가 삶의 새로움을 위해 공부하는 방식을 그릇·숫돌·돋보기·망원경이라는 네 가지 도구를 통해 소개한다. 새로운 사람됨을 위한 태도와 방법에 필요한 상징적 도구인 셈인데, 문방사우와 사물놀이를 본떴다.

2장: 새로움을 위해 통념을 넘어서는 사례를 기자와 철학자의 새로운 시각을 통해 살펴본다. 새로운 시각이라도 사회적으로 공유되는 뉴스가 되

기 위해서는 주변 사람들과 소통과 공감이 꼭 필요하다는 관점을 제시한다.

3장: 새로운 현실이 언어를 통해 드러나는 상황을 성찰한다. 나의 언어의 한계가 나의 삶과 현실의 한계라는 방향이 들어있다. 언어를 통해 현실이 어떻게 드러나며 그 현실을 어떻게 이해하는 것이 바람직한지 살펴본다.

4장: 매스미디어 뉴스의 본질을 살펴보면서 이를 삶의 새로움으로 연결할 수 있는 조건을 살펴본다. 다양한 미디어를 통해 쏟아지는 뉴스 홍수시대에 지혜와 통찰력을 담는 뉴스를 새로운 저널리즘의 방향으로 소개한다.

5장: 올바른 사람됨의 조건으로 호감과 매력의 문제를 다룬다. 말과 행동에서 어떤 태도가 바람직한지 구체적인 기준으로 통해 살펴본다. 인간적 호감은 높고 깊은 인격을 가꾸어야 비로소 가능하다는 가치를 제시한다.

6장: 인터뷰의 의미와 방법을 넓은 차원에서 접근한다. 인터뷰는 태아에서 시작해서 유언으로 마무리한다는 의미를 보여준다. 사람 뿐 아니라 사물과 나누는 인터뷰를 통해 삶의 순간 순간이 인터뷰의 연속임을 강조한다.

7장: 최고 수준의 표현방식으로 뉴스 헤드라인을 살펴본다. 이를 통해 삶의 새로움을 간결하고 멋있게 담아내는 표현으로서 헤드라인의 조건을 성찰한다. 여운이 있는가 없는가를 좋은 헤드라인의 조건을 제시한다.

8장: 기업의 의미를 '기'(企)의 뜻을 통해 새롭게 정의한다. 企는 발돋움과 북돋움이 어울려 삶을 내다보는 태도이다. 누구나 삶의 경영자로서 이 같은 자세를 견고하게 하는 노력이 기업가 정신이라는 관점을 보여준다.

9장: 삶의 새로움을 추구하는 자세는 대인의 특권이라는 가치를 제시한다. 대인이 쓰는 말과 마음은 소인의 그것과 어떻게 다른지 보여준다. 삶의 새로움에 필요한 벗과 새로움을 해치는 적이 무엇인지 제시한다.

계명대 캠퍼스는 아름답기로 유명하다. 아름다움은 새로움에서 나온다. 이 책에는 계명대의 캠퍼스 풍경을 펜으로 그린 작품 10여 점이 들어 있다. 사공창호 작가의 운치있는 그림은 캠퍼스의 느낌을 새롭게 보여주면서 이 책의 가치도 높여 주었다.

2020년 4월

이권효

새로움(新) 관련 어휘

신(新)은 도끼(斤)로 나무(木)를 벤다(辛)는 글자로 이루어져 있다. 날(연장의 가장 날카로운 부분)을 세워야 나무를 새롭게 벨 수 있다. 새로움은 생각과 태도, 언행의 예리함과 관련된다. 근(斤)에는 '밝게 살핀다'는 뜻이 있는데, 이는 생각이 무디지 않고 날이 서야 가능하다는 의미와 연결된다. 신(新)은 친(親)과 통한다. 우선 자기 자신과 가까워진 다음에 다른 사람과 관계도 사이 좋게 화목해야 새로움도 생길 수 있다는 의미이다.

신기(新奇)	새롭고 기이함
신려(新麗)	새롭고 아름다움
신선(新鮮)	새롭고 산뜻함
신예(新銳)	새롭고 기운이 왕성함
신이(新異)	새롭고 특이함
신조(新造)	새롭게 만듦
신지(新知)	새롭게 알게됨
신진(新進)	새롭게 나아감
개신(改新)	새롭게 고침
갱신(更新)	고쳐서 새롭게 함
쇄신(刷新)	묵은 것을 없애고 새롭게 함
영신(迎新)	새로운 것을 맞아들임
유신(維新)	낡은 것을 고쳐 새롭게 함
일신(一新)	아주 새롭게 함
일신(日新)	날마다 새로워짐
자신(自新)	스스로를 새롭게 함
정신(鼎新)	낡은 것을 바꾸어 새롭게 함
참신(斬新)	매우 새롭게 바꿈
혁신(革新)	묵은 것을 완전히 새롭게 함

차례

▲ 행소박물관

제1장

나의 공부 사물

(工夫四物)

나에게는 올바른 사람됨의 공부에 필요한 네가지 물건이 있다. 그릇(器)·숫돌(礪)·돋보기·망원경이 그것이다. 뉴스메이커를 위한 공부 도구이고 방법이며 방향이다. 문방사우(文房四友. 공부 공간에 있는 네가지 문구. 붓 먹 종이 벼루)와 비슷하다. 나는 이 사물을 강의시간에 학생들에게 소개한다. 내 자신에 대한 다짐이자 학생들은 자신을 성장시키는 데 참고할 모델로 삼을 수 있다. 이 네 물건이 나에게 어떻게 새로움을 주는 뉴스메이커가 되는지 사색해본다.

그릇

그릇(器)은 사람됨, 즉 인격과 관련이 깊으므로 깊이 살펴볼 필요가 있다. 그릇이라는 말은 묘한 느낌을 준다. 그릇이 없으면 밥을 먹을 수 없으므로 그릇 없는 일상은 생각하기 어렵다. 그릇에 대한 다양한 비유는 그릇이 일상에서 차지하는 필수품인데다 정겨운 느낌을 주기 때문이 아닐까 싶다.

곁에 두고 교훈으로 삼는 물건을 유좌지기(宥坐之器)라고 한다. 중심과 중용, 균형을 잡는 물건이라는 의미를 담고 있다.(『순자』「유좌」 편) 공자(孔子)는 "일을 잘 하려면 반드시 먼저 그 도구를 예리하게 다듬어야 한다"(工欲善其事 必先利其器)라고 말했다.(『논어』「위령공」 편. 이 구절에 대한 새로운 풀이는 제3장을 참조). 나의 공부 사물은 이를 위한 도구인 셈이다.

그릇과 관련하여 꼭 언급할 말은 군자불기(君子不器)이다. 『논어』「위정」편에 공자의 말로 기록되어 있다. 군자는 사람다운 높은 인격을 갖춘 사람이다. 불기는 대체로 '하나의 그릇이 아니다' '하나의 그릇이 되어서는 안된다'는 뜻으로 풀이한다. 그럴 경우 그릇(器)은 어떤 재능을 가리킨다.

조선시대부터 표준이 되다시피한 풀이는 주자(朱子)의 『논어집주』이다. 여기서 주자는 군자불기에 대해 "그릇은 그 쓰임새가 정해져 있어 서로 통할 수 없다. 덕을 이룬 선비는 갖추지 않은 것이 없으므로 두루 쓰인다. 한가지 재주나 기능을 가진 사람이 아니다."(器者 各適其用 而不能相通. 成德之士 體無不具 故用無不周. 非特爲一才一藝而已.) 라고 풀이한다.

불기, 즉 그릇이 아니라면 그릇과는 관계가 없다는 뜻일까 아니면 여러 가지 그릇 즉 온갖 재능을 갖추어야 한다는 뜻일까. 그릇과 관계가 없는 상태는 무엇인지 생각하기가 쉽지 않다. 한가지 재능이나 기능(기술)도 제대로 갖추기 어려운데 다재다능하기는 거의 불가능하다.

군자불기에 대한 이같은 풀이는 기본적으로 그릇을 기능이나 재능으로 보고 이를 부정하기 때문에 생기는 것으로 보인다. 만약 군자를 통치자나 지배층으로 보면서, 그런 사람은 불기(不器)해야 한다는 의미로 이해한다면, 즉 기(器. 일반 백성)보다 우월하여 그것을 통제하고 관리하면서 거느리는 뜻으로 이해한다면 군자불기는 지금 시대에 더 이상 음미할 가치가 없다. 이런 인식이라면 군자불기는 조선시대에 통용된 사농공상이라는 신분 서열에 기여했을 수 있다.

군자(君子)라는 말은 『논어』에 107회 등장한다. 지위가 높은 사람 같은 신분적 의미로 쓰인 몇몇 경우를 제외하면 대부분 '인격적' 의미로 쓰인다. 군자는 사람다운 인격이 높은 사람 즉 대인(大人)이라고 할 수 있다. 인격이 낮은 사람은 소인(小人)이다. 인격의 있고 없음이 아니라 높고 낮음의 문제이다. 인격이 있느냐 없느냐는 사람과 사람이 아닌 동물과의 비교에서만 성립한다.

군자는 인격이 높은 사람이므로 불기는 그런 사람의 인격적 특성을 긍정적이고 적극적으로 규정해보는 것이 좋다고 생각한다.

나는 불기(不器)를 '그릇이 아니다'는 기존의 해석과는 다르게 '큰 그릇이다'라고 주장한 적이 있다.(『뉴스메이커 공자』 107-109쪽) '不'은 대개 '~이 아니다'는 부정어로 쓰이지만 '크다' '으뜸이다'는 뜻이 있다. 이런 뜻을 받아들이면 불(不)은 '비'(丕)가 된다. 비(丕)는 '크다' '으뜸'이라는 뜻이다. 옛 문헌에서 불(不)이 비(丕)로 쓰이는 경우를 볼 수 있다.

공자가 살았던 시대에 가장 확실하게 존재했던 문헌은 지금의 『시경』(詩經)과 『서경』(書經)으로 불리는 《시서》(詩書)였다. 동양 문화에서 가장 오래되고 권위 있는 《시서》에는 불(不)을 비(丕)의 뜻으로 쓰는 경우가 많다.

이렇게 보면 군자불기는 "군자는 그릇이 아니다"보다는 반대로 "군자는 큰 그릇이다"는 뜻이 된다. 그릇(器)에 대한 인식이 부정해야 할 대상에서 크게 긍정할 대상으로 바뀐다. 즉 군자불기는 인격이 높은 사람은 그릇이 크다는 의미가 되므로 사람은 그렇게 되도록 노력해야 한다는 의미가 된다.

군자불기를 이렇게 음미하는 것이 그릇(器)의 보편적 가치를 위해서도 적절하다고 생각한다. 군자는 신분적 의미가 아니라 인격이 높은 사람이므로 각자의 역할, 즉 각자의 그릇의 가치를 높이고 완성도를 높이는 개방적인 노력을 할 수 있다. 이렇게 이해하면 앞에서 언급한 "일을 잘 하려면 반드시 그 도구(그릇)를 예리하게 만들어야 한다"는 공자의 말과 서로 통한다.

그러므로 군자불기는 누구나 자신의 일(工)이라는 그릇이 작아지거나 초라해지지 않도록 크게 키우는 노력을 성실하게 해야 한다는 것으로 이해하는 것이 적절할 것이다. 인격이 높은 사람이라면 반드시 그렇게 할 것이고 인격이 낮은 사람이라면 그런 성실한 노력을 통해 인격이 높은 사람이 될 수 있다는 가능성이 담긴 말이라고 할 수 있다.

군자불기는 공자의 정직하고 소박한 태도가 담긴 말이 아닐까 싶다. 군자불기라는 말이 "군자는 이런 저런 자잘한 기능이나 기술, 재능에 갇혀서는 안 된다"는 편협한 주장이 아닐 것이다. 공자의 다음과 같은 말이 이를 뒷받침해준다. "나는 젊었을 때 가난했다. 그래서 하찮아 보이는 일에 익숙했다."(吾少也賤. 故多能鄙事. 『논어』「자한」 편) 60대 후반의 공자가 젊은 시절을 돌아보면서 한 말이다. 비천했던 자신의 젊은 시절에 겪은 상황을 솔직하게 말하고 그런 모습이 기록으로 남아 있는 것 자체가 공자와 『논어』기록자의 소박한 태도를 잘 보여준다.

그런데 여기서 비사(鄙事), 즉 하찮아 보이는 일이 무엇인지에 대한 구체적인 이야기가 없다. 만약 공자의 이 말이 "나는 젊었을 때 집이 가난해서 생계를 위해 이것저것 닥치는대로 일을 할 수 밖에 없었다"는 의미에 그친다면 공자라는 사람의 솔직한 고백 이외에 특별히 음미할 만한 가치는 없다고 할 것이다.

군자불기와 관련하여 공자의 이 말을 뒷받침 할 수 있는 실마리는 『맹자』(孟子)에서 찾을 수 있다. 공자는 3세 때 아버지를 잃었으며 17세에 어머니가 세상을 떠났다. 19세에 결혼한 뒤 한동안 가축 기르기와 창고 관리 같은 일을 하면서 생계를 꾸렸다. 『맹자』「만장」 하편에는 "공자가 말했다"(孔子曰)는 형식으로 다음과 같은 말이 나온다. "출납회계가 맞도록 할 따름이었다. 소와 양이 튼튼하게 자라도록 할 뿐이었다."(會計當而已矣. 牛羊茁壯長而已矣.) 물품이 들어오고 나가는 창고를 관리하는 일에서 가장 중요한 업무는 물건값을 관리하는 회계일 것이다. 공자는 자신이 맡은 일에 한눈 팔지 않고 해야할 일에 최대한 충실했다는 뜻이다.

가축을 돌보는 일에서 가장 중요한 업무는 가축이 탈 없이 건강하게 잘 자라도록 하는 것이다. 원문에서 '이이의(而已矣)'는 강하게 단정하는 표현이다. 가축 기르기든 창고 관리든 자기가 맡은 일에 충실했을 뿐이라는 의미다.

나는 공자가 이같은 비사를 충실하게 수행하는 자세를 보면서 큰 그릇 즉 대기(大器)라고 할 수 있는 교육과 문헌 정리 같은 일도 잘 해냈을 것이라고 여긴다.

이렇게 보면 공자가 자기의 삶을 돌아보면서 "하늘을 원망하지 않고 사람들을 탓하지 않고 아래로부터 배워서 점차 더 높은 차원을 배웠다. 이런 나를 알아주는 것은 하늘이 아닐까."(不怨天 不尤人 下學而上達. 知我者 其天乎. 『논어』「헌문」 편)라고 한 말의 뜻이 와닿는다.

여기서 말한 '하학상달'은 작은 그릇(小器)이 큰 그릇(大器)으로 성장하는 꾸준한 노력의 결실이라고 할 수 있다. 군자불기는 이같은 하학상달의 태도와 닿아 있다고 생각한다.

나는 이와 같은 맥락에서 노자(老子)의 『도덕경』에 나오는 '대기만성'(大器晩成. 41장)을 새롭게 이해하려고 한다. 지금 시대를 기준으로 해서 보면 공자는 유가(儒家), 노자는 도가(道家)로 인식되고 분류되어 서로 구분한다. 그러나 공자와 노자가 살았던 시대에는 이같은 학파의 분류가 없었다. 유학(공자와 맹자 같은 유가)과 도가(노자와 장자의 사상)를 구분하고 대립적으로 보는 태도는 공자와 노자와는 관계가 없는, 후대의 편견이라고 할 수 있다.

노자가 말하는 '큰 그릇'(大器)은 공자가 말하는 '불기'(不器)와 서로 통한다.

군자불기에서 말한 것처럼 큰 그릇은 외형적으로 그릇의 사이즈가 큰 것이 아니다. 자잘한 일이라도 그 일을 성실하게 수행하면서 완성도를 높이고 그와 같은 과정을 통해서 자신의 인격을 높이는 과정과 노력을 의미한다.

대기만성에 대해서는 대체로 두가지 풀이가 있다. 대중적으로 널리 알려진 풀이는 '큰 그릇은 늦게 만들어진다(이루어진다)'이다. 그래서 어떤 사람이 오랜 노력 끝에 세상의 주목을 받는 성공을 거두면 매스미디어 뉴스에는 '대기만성형 인물' 같은 표현이 자주 등장한다.

다른 풀이는 '큰 그릇은 (정해진 모습이 없으므로) 이루어지지 않는다'는 정반대 해석이다. 이 풀이는 '늦다'는 뜻의 '만'(晩)이 본래는 '없다'는 뜻의 '면'(免)이라는 것을 근거로 삼는다. 내가 보기에 '만성'(晩成)이든 '면성'(免成)이든 그것은 중요하지 않다. 주목할 부분은 대기(大器)의 의미와 가치이다.

'큰 그릇은 늦게 만들어진다' 또는 '큰 그릇은 만들어지지 않는다'라는 풀이에서 공통점은 큰 그릇(대기)을 외형적으로 큰 물건으로 본다는 것이다. 그래서 대기만성은, 일상적으로, 사회적 성공을 이룬 인물에 견주어 쓰이는 경우가 대부분이다. 이런 경우 사회적 성공을 거두지 못하면 큰 그릇이 아니고 될 수도 없다.

대기만성에서 대기는 매우 추상적이어서 무엇을 나타내는 것인지 짐작하기 어렵다. 우주자연의 원리나 이치를 가르키는 것일까.

대(大)의 뜻을 생각해본다. 크다, 넓다, 두루미치다, 두텁다, 왕성하다, 높다, 귀하다, 위대하다, 으뜸이다 같은 뜻이 있다. 외형적으로 사이즈가 크다는 것은 대(大)의 본질적 의미와 거리가 있다. 외형적으로 크다는 의미는 가령 '거'(巨)라는 말로 의미를 충분히 전달할 수 있다.

대(大)의 본질적 의미로 '왕성하다' '무성하다'는 뜻에 주목한다. 왕성하다와 무성하다에서 '성'(盛)은 성(成. 이루다)과 명(皿. 그릇)이 합쳐진 글자이다. 그래서 성(盛)은 '그릇을 채우다' '번성하다' '활발하다' '기운이 세차다'는 의미가 나온다.

이와 같은 맥락에서 보면 대기(大器)는 그릇의 외형적 크기, 즉 사회적 성공이나 추상적 원리 같은 게 아니라 어떤 '활발함' '기운참' 같은 삶의 생동감 넘치는 자세나 태도와 관련이 있다고 할 수 있다. 이는 공자가 젊은 시절에 가축을 기르고 창고를 관리하면서 허세를 부리거나 게으름을 피우지 않고 맡은 일에 최선을 다한 하학상달의 태도와도 연결된다.

그릇(器) = 삶의 생동감

그릇에 관한 깊은 뜻은 "세상은 신비로운 그릇이다"(天下神器. 『도덕경』 29장)라는 말에서도 찾을 수 있다. 이 말의 앞뒤 문맥을 살펴보면 천하신기는 세상일은 억지로 해서는 안되는 미묘한 그릇과 같다는 의미다. 허세를 버리고 정직하고 개방적이며 소박한 태도로 일하는 모습이라고 할 수 있다.

군자불기와 대기만성, 천하신기의 공통점은 무엇일까. 나는 그것을 정직(正直), 즉 바르고 곧은 삶의 자세라고 생각한다. 이는 '사람됨의 그릇'(人器)이라고 할 수 있다.

기소이영(器小易盈)이라는 말이 있다. 그릇이 작으면 쉽게 찬다는 뜻이다. 사람의 도량이 작으면 쉽게 자만하면서 우쭐댄다는 의미라고 하겠다. 그릇을 이야기하면서 자신을 다듬는 자세가 흐트러지지 않도록 조심하는 경계(警戒)로 삼는다.

숫돌

숫돌은 갈고 닦음이다. 내가 가진 숫돌은 길이 15센티미터, 두께 2센티미터 크기이다. 오래전에 철물가게를 지나다가 구입했는데, 실제로 칼을 갈거나 하는 일은 거의 없다. 그래도 곁에 둔다. 상징성이 마음에 든다.

숫돌은 정겹고 단단한 느낌을 주는 말이다. '숫'은 '더럽지 않고 깨끗하다'는 뜻의 접두어이다. 그래서 숫돌이라는 말은 '깨끗한 돌'이라는 의미일까. 국어사전에는 숫돌을 '칼 따위의 연장을 갈아서 날을 세우는 데 쓰는 돌'이라고 풀이한다. 단조로운 설명이지만 날을 세우는 중요한 역할을 하는 돌이므로 깨끗한 돌이라는 '숫'의 의미와 통하는 것 같다.

한자의 뜻이 더 구체적으로 와닿는다. 여(礪. 숫돌)에는 '갈다' '연마하다'는 뜻에서 '수양하다' '고르게 하다' '격려하여 힘쓰게 하다'는 의미가 나온다. 숫돌에 관한 멋진 이야기는 『서경』(書經. 중국에서 가장 오래된 정치철학 문헌으로, 요순시대부터 주나라까지 정치 상황과 리더십에 관한 내용을 기록함)에서 찾을 수 있다.

은나라(상나라) 무정 임금(22대)은 자신과 함께 나라를 새롭게 일으킬 인물을 찾기 위해 몇 년을 고민했다. 마침내 어떤 잘못된 일에 연루되어 산골의 노역장에서 성을 쌓는 작업을 하고 있던 부열이라는 사람을 찾아내어 재상으로 삼았다. 무정 임금은 부열에게 말한다. "아침 저녁으로 교훈을 올려서 나의 덕을 보좌해주시오. 내가 쇠라면 그대는 숫돌이 돼 주어야 하오."(朝夕納訓 以輔台德. 若金 用汝作礪.「상서」 열명 상편)

이에 부열은 임금에게, "모든 일에 준비가 되어 있어야 합니다. 미리 준비하면 걱정이 없습니다."(惟事事 乃其有備. 有備無患. 열명 중편)라고 말한다. 유비무환이라는 성어의 출처이다. 부열은 또 배움을 강조하면서 임금에게, "배움에는 뜻을 겸손하게 하면서 민첩하게 힘써야 합니다."(惟學 遜志 務時敏. 열명 하편)라고 말한다. 임금은 이렇게 대답한다. "팔 다리가 있어야 사람이듯, 좋은 신하가 있어야 훌륭한 임금이 되오."(股肱惟人 良臣惟聖.)

임금과 신하가 숫돌을 가교로 하여 마음을 나누는 모습이 매우 인상적이다. 무정 임금은 쇠퇴하던 은나라를 중흥시킨 공로가 커 고종(高宗)으로 불린다. 나라를 잘 다스리겠다는 강한 의지와 함께 신분을 가리지 않고 인재를 발굴하여 큰 다스림(大治)을 이루었다.(사마천, 『사기』「은본기」) 임금과 신하가 함께 갈고 닦은 숫돌의 아름다움에서 가능했을 것이다. 집에서는 부부와 부모 - 자식의 관계에서, 사회적으로는 여러 인간 관계에서 이같은 '숫돌 자세'를 공유하면 바람직한 상호 관계를 이룩할 수 있겠다는 생각이 든다. 숫돌은 사람됨의 그릇(器)을 연마하는 도구이다.

성실하게 배우면서 재능과 인격을 갈고 닦는 뜻으로 널리 쓰이는 성어인 절차탁마(切磋琢磨)도 숫돌과 그릇의 의미와 통한다.

절차탁마는 『시경』(詩經. 중국에서 가장 오래된 시가집으로 현재 305편이 실려 전해지고 있음. 시경은 경전 중의 경전으로 꼽힐 정도로 최고의 권위를 가지고 있음)의 국풍(國風. 각 나라의 민요) 중 위(衛)나라 노래인 '기수 물굽이'(기욱) 편에 나온다. 어떤 인격 높은 사람(군자)의 모습을 묘사하면서 '여절여차 여탁여마'(如切如磋 如琢如磨)라고 했다. 옥을 쪼아 깍아서 숫돌에 잘 갈은 듯하다는 의미다. 차(磋)와 마(磨)에 돌(石)이 들어있는 데서 알 수 있듯이, 가는 도구로서 숫돌의 뜻이 있다.

절차탁마는 옥을 숫돌에 갈아 반듯한 인격을 갖춘 사람됨, 즉 좋은 그릇(良器)을 가리킨다. 숫돌의 덕은 '날을 세움'이라고 할 수 있을 것이다. '날'

은 연장(도구)의 날카로운 부분으로, 물건을 베거나 깎는 부분이다.

날을 세운다는 것은 연장의 날을 날카롭게 하는 것이다. 이를 비유하여 말하면 정신을 집중하여 판단을 정확하게 한다는 의미다. 날을 세우지 못하면 날이 무디어져 베거나 깎을 수 없다.

'새로움'을 뜻하는 글자 신(新)과 창(創)에 도끼(斤.근)과 칼(刀.도)이 들어 있는 이치를 생각해본다. 도끼와 칼의 날을 세우는 도구는 숫돌이다. 숫돌에 잘 갈아야 날이 서고, 날이 서야 도끼와 칼은 베고 깎는 자기다운 역할을 해낼 수 있다. 새로움을 위한 '생각의 날'은 어떻게 세울 것인가.

우선 '생각의 첨단'을 추구하겠다는 강한 의지가 필요하다. 첨단(尖端)은 뾰족한 끝이다. 첨단과학이나 첨단산업, 첨단기술 같은 표현으로 흔히 쓰지만 '첨단 생각'이 새로움을 추구하는 정신 무장에 효과적이다.

첨(尖)이라는 글자는 Δ 모양처럼 아래는 넓고 위로 갈수록 좁아져 끝이 뾰족하다. '첨'은 '날이 선' 상태를 가리킨다. 생각의 첨단을 위해서는 무엇보다 먼저 '생각'에 대한 인식을 새롭게 하는 것이 필요하다.

국어사전에는 생각이라는 말에 대해, 사물을 헤아리고 판단하는 작용, 마음에 느끼는 의견, 바라는 마음, 관념, 깨달음, 추억, 기억, 의도, 목적 등으로 풀이한다. 생각이라는 말의 어원을 확인하기 어려운 우리말이어서 그런지 풀이가 다소 막연한 느낌을 준다. 이런 경우에는 한자(漢字)를 빌어 의미를 확장하는 방법이 도움이 된다.

<table>
<tr><td>생(生)</td><td rowspan="3">각</td><td>慤: 삼가다. 행동을 조심하다. 바르다. 성실하다. 정성. 성실한 마음. 순박하다.</td></tr>
<tr><td rowspan="2">태어나다. 낳다. 살아있다.
살아나가다. 살리다. 새롭다.
이루다. 나아가다.</td><td>覺: 깨닫다. 터득하다. 도리를 깨달아 알다. 달인. 높고 크다. 바르다</td></tr>
<tr><td>角: 뿔. 촉각. 겨루다. 접촉하다</td></tr>
</table>

생(生)은 땅을 뚫고 초목이 돋아나 자라는 모습을 본 뜬 글자이다. 수십 가지 각 자(字) 중에서 위의 세가지 글자를 선택한 이유는 생각의 뜻과 가치에 어울린다고 판단하기 때문이다. 생각은 나쁘고 사악한 생각이 아니라 '바른 생각'이 목표이다. 아무리 생각이 첨단이라고 하더라도 그 생각이 반(反) 사회적이고 반 인륜적이라면 가치가 없다. 그래서 새로움이나 창의성 같은 개념은 '윤리적 새로움' '윤리적 창의성'을 의미한다.

새로움이나 창의성의 윤리적 성격은 매우 중요한 가치이다. 삶을 파괴하거나 억누르는 생각의 첨단은 새로움이나 창의성과 양립할 수 없다. 삶의 새로움으로서 뉴스 또한 같은 맥락이다. 생각에 대한 한자의 첫 번째 뜻에 생각의 윤리적 의미가 강한 생각(生慤)을 제시한 이유도 이 때문이다. 생각할 때마다 이 세가지 생각의 의미를 생각하면서 판단하면 생각의 가치를 높일 수 있다. 나는 학생들에게 "자기 손을 만질 때마다 손날을 보면서 생각의 날을 세우자"고 말한다.

돋보기

돋보기는 거창한 허세나 두루뭉술한 막연함을 경계하면서 사소하고 세밀한 부분에 대해서도 충분한 주의를 기울이는 자세를 다잡는 상징적인 도구이다. 정밀성을 따진다면 현미경이 뛰어나지만 촘촘하고 꼼꼼하게 살핀다는 상징으로는 돋보기가 실용적이다.

나는 지름이 9센티미터 가량인 돋보기를 여러 개 가지고 있다. 사전의 글자처럼 작은 글자를 크게 보는 것은 돋보기의 기능이지만 '실제보다 크게 본다'는 의미는 사색해볼만 하다.

태산도 한 줌 흙이 모여 이루어지고 사막도 모래알이 모여 이루어지고 생명체도 세포가 모여 이루어지는 것처럼, 삶도 말과 행동 하나 하나가 모여서 어울리는 집합체이다. 인생에서 사소한 일은 없다. 주먹구구 대충대충 어림짐작으로 해서 제대로 되는 세상일이 어디 있겠는가.

세포와 다를 바 없는 자잘한 말과 행동을 신중히 하면서 완성도를 높이는 것은 삶의 당연하고 마땅한 요청이다. 디테일(detail)이 강해야 한다거나 신(神)도 악마도 디테일에 있다 같은 말도 이에 해당할 것이다.

디테일에 해당하는 한자는 세(細)이다. 細가 들어가는 말은 다양하다. 자세히 보는 것은 세간(細看) 또는 세시(細視)이다. 자세히 읽는 것은 세독(細讀), 작은 일도 삼가고 신중한 세근(細謹) 또는 신세(愼細), 치밀하게 생각하는 세사(細思), 자세하게 듣는 세청(細聽), 꼼꼼하게 생각하는 세려(細慮), 구체적으로 살피는 세찰(細察), 작은 일도 꼼꼼하게 주의하고 빈틈이 없는 세심(細心) 등이다.

세세(細細)함이 지나치면 쩨쩨한 사람, 즉 시시하고 자잘하고 인색한 사람이 될 수 있으니 경계할 일이다. 이와 관련된 말은 도량이 좁고 간사하다는 뜻의 세간(細奸, 細姦), 마음씨가 나쁘고 쓸모 없는 세인(細人)이 있다. 세인은 세작(細作)이라고 해서 간첩을 뜻한다. 간첩으로 활동하려면 세밀한 능력이 필요하지만 세인, 즉 소인(小人)의 일종으로 분류되는 이유는 간첩 활동의 교묘한 속임수 이미지 때문일 것이다.

나는 세심함을 강조하는 돋보기의 덕에 어울려 깊은 맛을 주는 표현으로 『도덕경』 63장과 64장이 아주 좋다고 생각한다. 여기 나오는 '천하난사 필작우이, 천하대사 필작우세'(天下難事 必作于易. 天下大事 必作于細.)는 대부분 "천하의 어려운 일은 반드시 쉬운 일에서 일어난다. 천하의 큰 일은 반드시 작은 일에서 일어난다."고 풀이한다. 이 말은 디테일한 자세를 강조할 때 종종 인용한다.

이 부분은 63장과 64장의 전체를 음미해야 깊은 뜻을 잘 알 수 있다. 두 장을 합하여 세심한 자세의 중요성을 더 구체적으로 느낄 수 있도록 다음과 같이 재구성하고 새롭게 풀이하여 음미해본다.

'사소한 일을 크고 깊이 생각한다. (大小.)
큰 일도 작은 부분부터 잘 처리한다. (爲大于其細.)
세상의 어려운 일은 반드시 사소한 부분을 소홀히 하는데서 비롯된다.
(天下難事 必作于易.)
세상의 훌륭한 일은 반드시 사소한 부분에서 싹을 틔운다.
(天下大事 必作于細.)
나쁜 일로 바뀌기 전에 대처한다. (爲之于未有.)
혼란스러워지기 전에 다스린다. (治之于未亂.)
큰 나무도 아주 작은 가지에서 자라난다. (合抱之木 生于毫末.)
먼 길도 한걸음부터 시작된다. (千里之行 始于足下.)
마무리도 처음처럼 신중하면 망치는 일은 없을 것이다.
(愼終如始 則無敗事.)
그래서 일의 미세한 움직임에 귀 기울일줄 아는 사람은 어려움을 겪지 않는다.'
(是以 聖人 終無難矣.)

기존의 풀이보다 뜻이 쉽고 분명하다. 특히 '천하난사 필작우이. 천하대사 필작우세' 부분은 널리 알려진 구절인데, 기존의 풀이와 이 책의 풀이를 비교해본다.

기존의 풀이

천하의 어려운 일은 반드시 쉬운 일에서 만들어진다.
천하의 큰 일은 반드시 작은 일에서 만들어진다.

이 책의 풀이

세상의 어려운 일은 반드시 사소한 부분을 소홀히 하는 데서 비롯된다.
세상의 훌륭한 일은 반드시 사소한 부분에서 싹을 틔운다.

앞 구절에서 '易'은 대개 '쉬울 이'로 읽기 때문인지 '어려운 일은 쉬운 일에서 시작된다(만들어진다, 일어난다)고 풀이하는데, 쉬운 일이 무엇인지 잘 와닿지 않는다. 易에는 '(일을) 소홀히 하다'는 뜻이 있으므로 이를 받아들이는 게 좋다. 뒷 구절에서 大事를 '큰 대'와 '일 사'로 읽기 때문인지 거의 '큰 일'로 옮기는데, 그렇게 하면 전체의 뜻이 막연해진다. 큰 일(大事)에는 나쁜 의미의 큰 일도 있고 좋은 의미의 큰 일도 있기 때문이다.

앞 구절이 부정적인 맥락인데 비해 뒷 구절은 긍정적인 맥락이다. 사소한 부분이 점점 자라서 감당하기 어려운 일이 될 수도 있고 훌륭한 일이 될 수도 있다는 의미 맥락을 살릴 필요가 있다. 여기서 '대사'는 '큰 일'로 옮기기보다는 大에 들어있는 '훌륭함'이나 '으뜸'의 뜻을 받아들이는 게 좋다.

63장과 64장에는 성인(聖人)이라는 말이 4번 나온다. 전체 내용의 주체는 성인이 된다. 사소한 일을 크고 깊이 생각하는 사람도 성인이고, 혼란스러워지기 전에 다스리는 사람도 성인이다. 상식적으로 생각할 때 '성인'은 누구인가? 보통 사람으로는 도달하기 어려운 덕망과 지혜를 가진 사람이다. 인격이 높은 사람을 가리키는 군자(君子)나 대인(大人)에 비해서도 성인은 훨씬 더 높은 차원이다.

맹자의 제자(공손추)가 맹자를 성인처럼 생각하려고 하자 맹자는 "공자께서도 자신은 성인이 될 수 없다고 하였는데, 자네는 나에게 무슨 말을 하는 것인가"(夫聖, 孔子不居, 是何言也. 『맹자』 「공손추」 상편)라고 하면서 놀라는 장면이 있다.

이와 같은 사정 때문인지 대부분의 한글 번역이 그냥 '성인'이라고 옮길 뿐 별다른 언급이 없다. 중국에서 출간된 해설서에는 성인을 '도를 깨우친 사람'(有道的人)으로 풀이한다.

그런데 미세한 일의 기미(낌새)를 세심하게 살펴서 나쁜 일은 미리 막고 좋은 일은 이루어지도록 하는 능력이 거의 신(神) 수준인 성인에게만 해당된다면 어떻게 되는가? 노자(老子)의 이와 같은 이야기들은 보통 사람에게는 아무 관계가 없고, 그래서 음미할 가치도 없지 않을까. 그렇다고 이런 일의 주체인 성인은 빼버리고 단장취의(斷章取義. 문장의 일부를 끊어서 전체적 맥락을 생각하지 않고 인용)하는 것도 맞지 않을 것이다.

이런 상황을 어떻게 해결해야 좋을까. 성인과 보통 사람과의 거리를 좁히는 방법을 찾는 것이 현실적인 방법이 되지 않을까 싶다.

'聖'이라는 글자에서 실마리를 찾아본다. 국어 및 한자 사전의 풀이는 △성스럽다(거룩하고 고결하여 엄숙하다) △더할 수 없이 뛰어난 사람 △슬기로움 △천자(天子)의 존칭 등이다. 이같은 의미로는 지금 막힌 상황을 해결하는 데 별로 도움이 되지 않는다.

한자(漢字)의 뜻에 관해 가장 권위 있는 『설문해자』(說文解字. 후한 시대 허신이 편찬한 최초의 자전 字典이다. 한자 漢字의 뜻을 파악하기 위해 반드시 참고해야 하는 문헌이다.)는 聖을 '聽'(청)과 '通'(통)의 뜻으로 풀이한다. 聖의 부수 '耳'(이)는 '듣는다'는 뜻이다. 聽은 '자세히 듣고 살펴서 결정한다'는 뜻이다. 通은 '막히지 않고 통하여 닿다'는 뜻이다. 이런 의미를 종합하면 성인(聖人)은 '잘 듣는 사람'이다.

잘 듣는다는 것은 귀의 청력 감각이 좋다는 뜻이 아니다. 자세하고 깊이 들어서 서로 통한다는 의미다. 그래서 『설문해자』에도 聖을 '통하는 것이다'(通也)라고 했다. 총명(聰明)이라는 말은 일상에서 '영리하고 재주 있다'는 뜻으로 쓰지만 총(聰)은 '잘 듣는다'는 게 본래의 의미다. 청(聽)- 성(聖) - 총(聰)은 부수가 귀를 나타내는 耳(이)라는 공통점이 있다. 모두 '귀가 밝다'는 의미가 들어있다.

그렇다면 성인은 무엇을 잘 듣는다는 것일까. 성인은 신(神)의 소리를 듣는 무당이라는 견해(김용옥, 『논어한글역주1』 127쪽)가 있다. 신의 소리가 있다면 이는 보통 사람의 능력으로는 들을 수 없다. 무당은 보통 사람과 매우 다른 능력이 있다고 하므로 사정이 다르다. 그래서 성인을 신의 소리를 듣는 무당이라는 주장을 나는 받아들이지 않는다.

실마리는 노자(老子)의 말 속에 있다고 생각한다. 63장과 64장을 취사 선택하고 재구성하여 소개한 첫줄의 '사소한 일을 크고 깊이 생각한다.(大小 *여기서 大는 동사이며 小는 목적어)이다. 사소하고 디테일한 부분이나 측면을 돋보기로 들여다보듯 치밀하게 살펴서 그 미세한 움직임을 듣는, 즉 알아내는 능력이다.

이같은 능력은 보통 사람이라도 충분히 주의를 기울이면서 분석하고 종합하면 얼마든지 가능한 성인(聖人)의 모습이다. 이런 맥락에서 나는 성인을 '일의 미세한 움직임에 귀 기울일 줄 아는 사람'이라고 풀이했다.

성인(聖人) = 잘 듣는 사람

망원경

공부 사물의 마지막 벗인 망원경을 생각해본다. 내가 가진 망원경은 손바닥 크기이다. 천체망원경은 아니지만 밝은 달의 분화구가 맨눈으로 보는 것보다는 제법 크게 보여 약간의 보는 즐거움을 준다. 낮에 풍경을 보는 것보다 밤에 달을 보는 느낌이 아주 다르다. 달이 눈앞에 가까워지면 혹시 방아 찧는 토끼가 보이지 않을까 하는 동심 같은 생각이 스친 때도 있다.

수년 전에 산 꼭대기에 있는 천문대에서 렌즈가 아주 큰 천체망원경으로 태양을 본 적이 있다. 관찰 과정도 복잡하고 모니터에 나타난 태양의 표면은 특이하게 보이는 검은 흔적(흑점) 외에 별다른 감흥이 없었던 같다. 허블망원경 같은 거대한 망원경으로 천체를 관찰해도 전문연구자가 아닌 보통 사람으로서는 육안(맨눈)의 확장이라는 점에서는 나의 작은 망원경으로 달의 분화구를 보는 것과 크게 다르지 않을 듯하다.

망원경의 성능이 뛰어나다고 해서 우주(宇宙)에 대한 관찰이 넓고 깊어지는 것일까. 맨눈으로는 볼 수 없는 토성의 아름다운 테두리를 고성능 망원경으로 본다고 해서 우주에 대한 식견이 늘어난다고 할 수 있을까.

미국의 우주탐사선 '보이저 2호'는 1977년 8월 20일 발사되어 2019년 11월 현재 42년 동안 지구에서 182억 킬로미터 떨어진 우주공간을 날아가고 있다는 소식이 들렸다. 비로소 태양계를 벗어나 인터스텔라로 불리는 성간(星間) 우주에 진입했다고 한다.

태양계는 우리 은하(Our Galaxy)의 중심에서 3만 광년 쯤 떨어진 가장자리에 있다고 한다. 태양계의 중심은 태양이지만 우리 은하를 기준으로 하면 태양은 중심이 될 수 없다. 태양은 우리 은하의 변두리에 있는 별이며 초속 200여 킬로미터 속도로 우리 은하의 중심부를 2억 5000만년에 한번씩 공전한다고 알려져 있다. 우주에는 우리 은하와 같은 은하가 1000억 개 이상이라고 하니 그 크기가 막연하게 짐작될 뿐이다.

과학기술이 발달할수록 망원경이든 우주탐사선이든 지구에서 더 멀리 떨어진 천체에 대한 발견과 지식을 사람들에게 제공해줄 것이다. 이는 천문학자 같은 전문가들이 해야 할 과제이다. 그 결과는 매스미디어를 통해 뉴스로 접할 수 있을 것이다.

나는 종종 목에 걸고 다니는 작은 망원경을 보면서 '멀다는 것' '크다는 것' '깊다는 것'의 의미를 사색해보게 되었다.

지구에서 멀리 떨어진 별 같은 천체를 관찰하면 우주도 그만큼 넓고 크다고 느껴지는 것일까. 지구에서 태양까지는 1억 5000만 킬로미터, 달까지는 38만 킬로미터, 태양계의 마지막 행성인 해왕성까지는 43억 킬로미터이다. 시간과 공간의 차원에서 경계가 없는 우주에서 이와 같은 거리의 차이가 우주의 크기에 대한 인식에서 의미가 있을까.

나는 우주라는 말에서 '보금자리'나 '둥지'를 떠올린다. 우주(宇宙)는 '집'이다. 집은 포근하고 아늑하게 살 수 있는 공간이다. 사람이든 동물이든 보금자리로서 집의 의미와 가치는 평등하다. 달팽이가 이고 다니는 집은 보잘 것 없어 보이지만 그것은 사람 중심의 좁은 시각이 아닐까. 달팽이에게 그의 집은 그의 우주이기 때문이다. 지구 안팎의 공간과 시간이 한계가 없더라도 2~3센티미터 크기인 달팽이의 우주(집)에 비하면 그런 우주는 달팽이에게 추상적이고 관념적인 우주이다.

장자(莊子)는 우주에 대해 이렇게 말한다.

> "실제 있으면서도 어디에 있는지 모르는 게 우주이다. 한없이 길면서도 처음과 끝이 없는 게 우주이다. 삶과 죽음이 있고 나가고 들어옴이 있다. 없어지고 생겨나면서도 그 모습은 드러나지 않는다. 이를 하늘의 문이라고 한다. 하늘의 문은 없음 그 자체이다. 우주만물은 이 없음 자체에서 생긴다."(有實而无乎處者宇也. 有長而无本剽者宙也. 有乎生 有乎死, 有乎出 有乎入. 入出而无見其形. 是謂天門. 天門者无有也. 萬物出乎无有. 『장자』「경상초」 편)

천문학적 우주관과는 다른 오묘한 의미가 와닿는다. 장자도 우주(宇宙)라는 말을 쓰면서 이렇게 사색하고 있는데, 이런 차원의 우주관을 가볍게 여길 수 없다. 나는 오히려 이런 우주관에 깊은 맛을 느낀다.

그래서 나는 망원경이 보아야 할 '멂' 또는 '깊음'(遠 또는 幽)은 모든 존재의 깊은 보금자리, 즉 사람이든 동물이든, 식물이든(뿌리가 내린 땅 속은 식물의 집이라고 할 수 있다) 그의 깊은 내면(內面)이 아닐까 싶다.

망원경의 원(遠)은 거리나 공간의 의미로 멀다는 뜻 뿐 아니라 '(의미나 뜻이) 깊고 심오하다'는 뜻이 있다. 멀리 내다보는 생각이나 태도를 원려(遠慮) 또는 원심(遠心)이라고 한다. 이같은 차원의 심오한 깊이는 킬로미터 같은 공간적 거리로 잴 수 없다.

'망'(望)은 그냥 '본다'는 뜻이 아니다. 본다는 뜻의 글자는 시(視)나 견(見) 등 여러 가지가 있다. 望은 '눈으로 본다'는 뜻과 함께 '그리워하며 사모

한다'는 의미가 들어 있다. 글자를 나눠보면, '잃어버린 것'(亡.망) '달'(月.월) '任'(임. 책임을 맡다)으로 구성되어 있다. 잃어버린 어떤 것을 달을 보면서 그리워한다는, 그래서 무엇인가 기대하는 의미가 섞여 있다고 할 수 있다. 망월(望月)은 보름달이기도 하고 달을 바라보는 행위이기도 하다. 望은 달(月)과 관련 있는 말이 틀림 없다. 경(鏡)은 렌즈인데, 비추는 거울이라는 뜻에서 '본받음' '비춤' '밝힘'과 함께 '밝은 달'(明月)이라는 뜻이 있다. 망원경은 달과 뗄 수 없는 말인 것 같다.

이와 같은 생각을 해보니 망원경에 대한 국어사전의 풀이인 '두 개 이상의 볼록렌즈를 맞추어 멀리 있는 물체를 크게 보이도록 만든 장치'라는 것은 다음과 같이 바꿔보는 것도 '우주의 폭'을 더 넓히는 데 도움이 되지 않을까 싶다. 즉 망원경을 '삶의 깊은 내면을 알고 싶어하는 그리움'으로 정의해볼 수도 있겠다. 국어사전의 정의가 기능적이라면 이 책에서의 정의는 실존적(實存的)이고 주체적(主體的)이라고 하겠다.

사람의 몸은 악기(樂器)다. 마음 속의 거문고, 즉 심금(心琴)이 있다. 심금을 울리는 느낌이 없이 삶의 공감을 추구하기 어렵다. 이같은 심금처럼 삶의 심오한 차원을 그리워하며 추구하는 망원경이 심금과 짝을 이루면 좋을 것 같다. 얕고 좁아지기 쉬운 생각을 깊고 넓어지도록 마음을 다잡는 도구가 될 수 있을 것이다. 이같은 망원경이 마음에 있으면 사람들에게 심금을 울리는 일도 많아지지 않을까.

삶의 깊은 내면에 닿고 싶은 그리움을 생각할 때 떠오르는 인물은 신라시대 최치원(崔致遠, 857-?)이다. 나는 '치원'이라는 이름이 한번씩 음미하곤 한다. 지금 망원경에 대해 사색을 해보니 치원이라는 말이 더 오묘한 의미로 다가온다. 치(致)는 '정성스럽게 힘써 도달한다'는 뜻이다. 치원(致遠)은 '삶의 깊은 내면에 도달하도록 노력한다'는 의미다.

최치원의 아버지는 이같은 뜻을 담아 최치원이 태어났을 때 '치원'이라는 이름을 지었을까? 아버지가 12세 치원을 배에 태워 당나라에 유학을 보낼 때 공부에 힘쓰도록 당부하는 모습(『삼국사기』열전 중 최치원 편)을 상상해 보면 '치원'의 이같은 의미가 느껴진다. '致遠'은 『논어』「자장」 편에 공자의 제자 자하(子夏)의 말에도 같은 의미로 들어 있다. 최치원의 아버지는 이런 구절을 보고 이름을 지었을지도 모른다.

이렇게 마음을 가라앉히고 나의 공부 사물에 대해 생각을 해보았다. 좁은 공부방에 있는 앉은뱅이 책상 옆에 둔 네가지 물건과 처음으로 정겨운 대화를 나눈 느낌이다.

나의 생각과 말, 행동은 나의 사람됨의 그릇(人器)을 키우고 있는가. 이를 위해 숫돌에 갈고 닦는 노력을 꾸준히 하고 있는가. 성급하게 이루려는 욕심을 경계하면서, 작은 데서 깊은 뜻을 찾는 돋보기 자세를 굳게 지키고 있는가. 삶의 깊은 내면을 그리워하며 닿으려는 망원의 마음가짐이 늘 내 자신과 함께 하는가.

나의 공부 사물은 꽹과리 징 북 장구 같은 사물(四物)이고 싶다. 사물놀이의 어울림처럼 공부 사물이 내 삶의 뉴스메이커로서 오래도록 심금을 울리는 에너지를 뿜어내면 좋겠다.

▲ 동산도서관

제2장

새로움은 통념의 직시에서 싹튼다

'노란 개나리가 활짝 피었다.'

'활짝 핀 빨간 장미꽃밭에서 사진을 찍고 있다.'

'활짝 핀 노란 유채꽃을 감상하고 있다.'

'구불구불한 길을 따라 노란 개나리가 활짝 폈다.'

'보리가 누렇게 익은 황금들녘이 한 폭의 그림이다.'

'공원에 노란 해바라기가 흐드러지게 피어 있다.'

'노랗게 물든 은행잎이 가을 정취를 물씬 풍긴다.'

개나리나 장미, 유채꽃이 피는 무렵이면 신문이나 텔레비전에는 꽃이 핀 장면을 보여주면서 이와 같은 표현을 한다. 독자들도 이같은 표현에 꽤 익숙할 것으로 짐작된다. 신문이나 텔레비전 같은 대중매체(매스미디어) 뿐 아니라 보통 사람들도 일상(日常)에서 '노란 개나리' 등은 자연스럽게 쓰고 말하는 경우가 많다.

오래전 교원연수원에서 교사들에게 뉴스에 관한 강의를 할 때였다. 칠판에 '(　) 개나리'라고 쓰고 괄호 안에 들어가면 좋을 수식어를 떠올려보라고 주문했다. 여기 저기서 '노란'이라는 대답이 들렸다. 노란은 빼고 다른 수식어를 주문하면 거의 대답하지 않는다. 어쩌다 '노오란'이라고 답하는 경우가 있다. 왜 개나리 하면 노란 개나리를 떠올리느냐고 물어본다. 대체로 조용하지만 "학생 때 그렇게 배워서 익숙해진 표현같다"는 대답을 하는 경우가 있다.

노란 개나리를 비롯하여 빨간 장미(장미는 색깔이 다양하지만 빨간색이 상징적이라고 할 수 있다), 노란 유채꽃, 노란 해바라기, 누렇게 익은 황금들녘 같은 표현은 초중고 교사들이 초중고교 학생일 때부터 접한 이후 반복적으로 사용하면서 익숙해졌을 것이다.

계절의 풍경사진을 찍고 그 모습을 설명하는 글을 쓰는 사진 기자들의 머릿속에도 개나리 하면 노란이라는 수식어가 거의 반사적으로 떠오를 수 있다. 초중고 학생일 때 그렇게 배웠기 때문일 것이다. 그래서 사진(영상)을 설명하는 표현에 매년 같은 수식어가 나올 것이다.

강의 시간에 같은 질문을 학생들에게 던져본다. 몇몇 학생들이 노란 개나리라고 자신있는 말투로 대답한다. 가만히 있는 학생들에게도 "나도 노란 개나리라고 알고 있습니다" 같은 표정이 느껴진다. 다른 학생들은 "답은 노란 개나리인데 교수가 이런 뻔한 질문을 왜 하는 지 좀 이상하다. 무슨 다른 뜻이 있나" 하는 표정을 보인다.

왜 노란 개나리냐고 물으면 "학생(초중고) 때부터 그렇게 배웠고 그래서 그렇게 알고 있다"고 답한다. 그래서 당연하다는 분위기이고 노란 개나리 이외에는 생각해보지 않았다고 한다. 당연한(마땅한) 것을 당연하다고 여기는 것은 맞지 않느냐는 분위기다.

개나리에 대해 국어사전은 '물푸레나뭇과의 낙엽 활엽 관목. 봄에 노란 네 잎 꽃이 핌'으로 풀이한다. 유채(평지)는 '십자화과의 두 해 살이 풀. 높이 1미터 내외. 봄에 노란 세 잎 꽃이 핌'으로 풀이한다. 해바라기는 '국화과의 한 해 살이 풀. 높이는 2미터 정도이며, 여름에 선황색(레몬색)의 큰 꽃이 핌'으로 풀이한다. 장미는 '장미과의 낙엽 관목. 높이는 2~3미터. 가시가 많으며 오뉴월에 여러 빛깔의 고운 꽃이 핌. 종류가 썩 많음' 으로 풀이한다.

사전의 풀이에서 알 수 있듯이, 개나리와 유채의 꽃은, 특별한 경우가 아니라면, 노란색이다. 해바라기는 노란색 계통인 밝은 황색이다. 장미는 빨간 빛깔이 가장 흔하다고 할 수 있지만 여러 가지 새깔의 꽃이 있으므로 개나리나 유채와는 사정이 다르다. 개나리나 유채의 꽃에서 '노란 빛깔'은 특징이나 성질을 나타내는 속성(屬性)에 해당한다. 개나리꽃이나 유채꽃이라는 말에는 '이미' 노란색이라는 성질이 들어 있다.

개나리꽃, 유채꽃
‖ (속성)
노란 빛깔

이같은 사정을 살펴보면 '노란 개나리' '노란 유채꽃' '노란 해바라기' '빨간 장미' '누런 황금들녘' '노랗게 물든 은행잎' 같은 표현은 개선이 필요하다.(이런 표현도 운율을 맞추거나 강조하는 의미에서 쓸 수 있으므로 틀린 것은 아니다.)

'노란 개나리' 류의 표현이 가진 중요한 결점이자 약점은 사물에 대한 '인식이나 의미를 넓히지 못한다'는 것이다. 그러니까 '노란 개나리'라는 표현은 누구나 아는 또는 알 수 있는 일종의 중복 표현이다. 이같은 방식의 글과 말은 '처음 발명'과 같은 표현처럼 같은 뜻이 되풀이는 되는 것이다. 발명은 '이전에 없던 것을 새로 생각해내거나 만들어 내는 것'이다. 발명이라는 말에는 '처음'이라는 의미가 이미 들어 있다. '처음'은 노란 개나리에서 노란과 마찬가지로 군더더기이다. 하나마나하고 뻔하고 군더더기인 수식어는 중복이고 낭비이다.

어떤 표현에서 중복과 낭비로 인하여 대상이 되는 사물에 대해 어떤 확장적 인식이나 의미가 없다면 이는 무슨 뜻인가. 바로 '새로움'을 줄 수 없고, 그래서 '뉴스'가 될 수 없다는 것이다. 즉 '노란 개나리' 류의 인식과 표현(말과 글)은 뉴스메이커(Newsmaker)가 될 수 없다. (이 책의 전체 내용도 마찬가지이다. 다루는 주제가 기존의 내용을 모아 나열하는 수준이어서 어떤 주제에 대한 의미와 가치를 확장하지 못하면 노란 개나리 수준처럼 뉴스메이커가 될 수 없다.)

'노란'을 대체할 수 있는 수식어에 대해 한 수강학생은 '팝콘 같은 개나리'를, 다른 학생은 '병아리 부리 같은 개나리'를 제시하였다. 팝콘은 개나리와 모양은 비슷하지만 흰색이므로 개나리와 어울리기 어렵다. 병아리 부리는 모양과 색깔이 개나리와 어울리지만 일상에서 병아리 부리를 구경하기 어렵기 때문에 비유로서 효과가 떨어진다. 하지만 이같은 수식 표현은 개나리에 대한 인식을 넓힐 수 있다는 점에서 의미가 있다.

꽃이 핀 모습을 대부분 '활짝 피었다'로 묘사한다. 다소 상투적이고 획일적인 표현이다. 활짝이라는 말은 △넓고 시원스럽게 트인 모양 △날개를 시원스럽게 펼치는 모양 △꽃잎이 한껏 핀 모양 △웃음 등을 가득히 띤 모양을 가리킨다. 꽃 경우 종류에 관계 없이 활짝 피었다고 할 수 있지만 모란꽃처럼 꽃이 어느 정도 클 경우에 잘 어울린다. 개나리나 유채는 꽃이 꽤 작은 편이므로 활짝 피었다는 표현은 지나친 면이 있다. 그래서 노란 개나리가 활짝 피었다고 하면 어색한 느낌을 준다.

'노란 개나리' 같은 경우는 편견, 선입견(선입관), 시각, 관점의 옳음과 그름, 적절함과 어색함에 관해 중요한 메시지를 던진다.

어떤 사물이든 사안이든 그에 대한 나의 관점과 시각, 해석이 적절하지 못하다면 이는 단지 인식의 문제를 넘어 사람으로서 자존(自尊)과 존엄(尊嚴)에도 영향을 미친다. 나의 관점과 시각, 해석이 부실하다면 이는 곧 나의 삶이 엉터리이고 가짜이며 허구라고 해도 지나치지 않을 것이다.

이같은 상황은 사람들과 부대끼며 세상을 살아가면서 매우 두려운 일이 아닐 수 없다. 뻔하여 낭비적인, 그래서 하나마나한 말과 글을 표현하는 사람과의 대화는 마음이 서로 흐르는 것이 아니라 강요와 폭력이 개입할 가능성이 높기 때문이다.

누구나 생활 속에서 자기를 둘러싼 이런 저런 사안에 대해 어떤 식으로든 판단을 내린다. 기자라는 직업인은 여러 가지 사회적 사안에 대해 판단을, 그것도 가급적 빨리 해야 하는 경우가 매우 많다.

나는 신문기자로 일하면서 '내가 이 사안에 대해 잘 못한, 부적절한 생각을 하는 것은 아닌가'하는 걱정을 하곤 했다. 이같은 자기반성을 절실하게 하게 된 계기가 있었다.

이미 만들어져 몸에 박혀 있는 편견이나 선입견, 시각, 관점을 바꾸는 것은 어려운 일이다. 어떤 생각이 잘못된, 그래서 개선해야 할 편견이나 선입견, 시각, 관점일줄 모르는 경우가 많아 더욱 그렇다. 어떤 계기에 의해 그 사정을 알았다고 하더라도 고치는 것이 내키지 않을 수도 있다. 그냥 귀찮을 수도 있고 어떻게 고쳐야 좋을지 잘 몰라서 고민하다가 지나칠 수도 있다.

치우친 생각과 선입견, 시각, 관점이 무조건 나쁜 것은 아니다. 전지전능한 신(神)이 아닌 불완전한 사람으로서 어떤 인식을 완전하게 하는 것은 불가능하다. 중요한 것은 부분적 편견이나 선입견, 시각, 관점 같은 고정관념(고착관념)에 대해 개방적인 태도로 개선하면서 완성도를 높이는 것이다. 이는 앎(인식)의 문제를 넘어 삶의 존엄성에 관한 문제이다.

기존의 잘못된 편견을 수정하고 개선하면서 생각의 완성도를 높여 성숙해지고 숙성되는 과정 자체가 중요하다. 이런 개방성과 유연성이 앎을 높은 차원으로 이끄는 힘이요, 하학상달(下學上達)의 태도라고 할 수 있다. 이는 삶의 우주적 사건이라고 할 만하다.

'진실하고 공평함 자체는 하늘의 길이요, 그렇게 되도록 노력하는 태도와 과정은 사람의 길이다.'(誠者 天之道也, 誠之者 人之道也. 『예기』 「중용」 20장)는 말이 떠오른다. 사람이 보편자로서 하늘(天)이나 신(神)은 아니지만 성실한 자세로 자신이 생각과 언행을 넓고 깊고 높게 펼쳐나가는 태도를 요청하는 의미를 담고 있다. 이같은 태도를 취하는가, 취하지 않는가는 자기 자신에 달려 있겠지만 자신의 자세로 삼는 것이 삶의 존엄이라는 가치에 어울리며 실용적으로도 도움이 된다. 실용적 도움이란 자신을 개방적인 자세로 성장시키려는 사람은 다른 사람과 대화와 토론, 소통과 공감 같은 역량에서 매우 좋은 평가를 받을 수 있다는 것을 말한다. 폐쇄적인 성품보다 개방적인 성품이 인간관계에서 더 호감을 준다.

20년 전 나는 미국의 퓰리처상을 받은 기사를 모은 책을 읽은 적이 있다. 저널리즘 분야도 포함되는 권위 있는 상이므로 수상작을 살펴보면 취재 방법 등 배울 점이 있을 것으로 생각했다.

두툼한 책에 담긴 많은 기사 중에서 나는 특별히 한 기사에 주목했다. 세월이 흘러 지금 그 책은 없어지고 기억에 남는 내용도 거의 없지만 그 기사는 지금까지 머릿속에서 떠나지 않는다. 당시 메모해둔 내용을 중심으로 생각해본다.

1995년 3월 뉴욕의 유명한 동물원에 철조망이 터지면서 갇혀 있던 희귀한 새들이 날아가버린 사고가 일어났다. 이 사고 현장을 취재한 <뉴욕타임스> 신문의 로버트 맥패튼 기자는 1996년 현장 보도 부문에서 퓰리처상을 받았다. 사건과 사고는 평소에는 없는 뜻밖에 일어난 일이다. 뉴스의 기본이 되는 비일상성(非日常性, unusualness)을 가리킨다.

이 기사의 사연을 읽어보기 전에 나는 '특별히 대단한 사고 현장도 아닌데 퓰리처상을 받을 만한가. 인명 피해가 많은 것도 아니고. 무슨 특별한 동물(새)이 죽었나. 도시 안에 있는 사고 현장이라면 어떤 기자가 달려가더라도 비슷하게 취재하고 보도하지 않을까'하는 생각이 스쳤다.

현장에 도착한 맥패튼 기자는 전날 내린 눈의 무게를 이기지 못하고 무너진 동물원을 마주하고 '다른 관점(시각)'으로 바라보았다. 그가 쓴 기사의 일부는 다음과 같다.

'밖으로 날아오른 새들은 강한 바람에 그동안 지내온 작은 인공의 세계로부터 험한 세상으로 보내졌다. 이제부터 새들은 억센 바다 갈매기, 까마귀 등과 치열한 생존 경쟁을 벌이게 되었다.'

맥패튼 기자는 인간의 관점으로 사고 현장을 보지 않았다. 무너진 동물원을 벗어나 하늘을 나는 새의 자유와 생명의 위협 같은 자연 생태계의 관점에서 현장을 바라보았다.

이 같은 사고(사고라는 표현에는 이미 인간 중심이 시각과 관념, 해석이 들어있다)를 취재하고 보도하는 과정은 우리나라를 비롯해 대부분의 나라에서 특별한 차이가 없을 것이다. 이 사고 현장에 대한 언론(매스미디어) 및 기자들의 대응은 대체로 다음과 같이 예상할 수 있다.

새 전용동물원 붕괴 사고 발생

↓

새장 속 새 대부분 도주 (또는 탈출)

↓

사고 원인 규명. 재발방지 대책 및 책임자 처벌

↓

동물원 복구 및 새 확보 계획 발표

이와 같은 취재와 보도의 방향에는 겉으로 잘 드러나지 않는 뿌리 깊은 편견이 들어있다. 희귀새(흔하게 볼 수 있는 새와 희귀한 새라는 분류도 인간 중심의 편견이라고 할 수 있다)를 잡아서 새장에 가두어 놓고 사람들의 구경거리로 만드는 것을 '당연한 것처럼' 여기는 것이다. 그런 새가 동물원 울타리가 붕괴되면서 하늘로 날아가버린 상황은 비정상적이고 비일상적인 사고라는 관점이다.

새를 잡아다가 새장 속에 가두고 희귀새를 볼 수 있는 전용동물원이라고 하면서 입장료를 받고 동물원을 운영하는 행위는 과연 정당한가. 창공을 날아다니는 것이 비록 위험하더라도 그것은 새의 자연이자 생태인데도 이들을 새장 안에 가두어 놓고 구경거리로 삼는 권리가 과연 사람에게 있는가. 맥패튼 기자는 무너져 텅빈 새장을 바라보면서 이와 같은 본질적인 고민을 했을 것이다.

새장을 벗어난 새들의 처지가 마냥 즐겁고 자유로울 수는 없을 것이다. 생태계의 질서에 따라 먹고 먹히는 먹이사슬에서 벗어날 수 없다. 하지만 이는 자연의 질서이다.

이 사연을 보면서 현장을 취재한 기자의 새로운 시각과 관점과 함께 이에 공감한 데스크(신문사 또는 방송사의 편집국이나 보도국의 담당 부서 책임자)의 식견에도 관심이 생겼다. 현장에서 기자가 아무리 새로운 차원의 시각에서 기사 보고를 하더라도 데스크에서 "무슨 엉뚱한 소리를 하느냐. 사고 원인과 대책을 중심으로 취재하고 기사를 작성하라"고 지시하면 기자는 이를 따르지 않을 수 없다. 데스크와 의견을 어느 정도 부분적으로 조정하는 것은 가능하지만 이런 유형의 사고 경우에는 맥패튼 기자의 시각에 대해 데스크로서는 공감이 쉽지 않은 사안이다. 이 방식으로 취재하고 보도한 기사를 퓰리처상으로 선정한 과정과 결과도 수준이 높다.

학(鶴. 두루미)의 다리가 유달리 길다고 해서(길고 짧다는 판단도 인간의 편견이다) 자른다면 이는 학의 자연스러운 삶을 파괴하는 것이다. 새를 희귀새와 흔한 새로 분류하고 희귀새는 새장에 가두고 사람들의 구경거리로 삼는 것은 학의 다리를 자르는 것과 본질적으로 다를 바 없을 것이다. 장자(莊子)와 열자(列子)의 다음과 같은 관점은 사람 중심의 편견을 돌아보게 하는 데 도움을 준다.

장자는 말한다. "가장 올바른 길을 가는 사람은 태어난 그대로의 자연스러운 모습을 잃지 않는다. 길어도 길다고 여기지 않고 짧아도 짧다고 여기지 않는다. 물오리는 다리가 짧지만 그것을 길게 이어주면 고통스러워할 것이고, 두루미의 다리는 길지만 그것을 짧게 잘라주면 슬퍼할 것이다. 본래부터 긴 것을 잘라서는 안되며 본래부터 짧은 것을 길게 해서도 안된다."(彼至正者, 不失其性命之情. 長者不爲有餘, 短者不爲不足. 是故鳧脛雖短, 續之則憂. 鶴脛雖長, 斷之則悲. 故性長非所斷, 性短非所續. 『장자』「변무」 편)

열자는 말한다. "날짐승 들짐승이 타고난 슬기는 사람과 다를 바 없다. 그들 모두 자신의 삶을 잘 꾸려가려고 한다. 그렇다고 살아가는 데 필요한 방법을 사람에게 구하지도 않는다."(禽獸之智有自然與人童(同)者, 其齊欲攝生, 亦不假智於人也. 『열자』「황제」 편).

열자가 사람에게 쓰는 섭생(攝生, 삶을 잘 다스림)이라는 말을 동물에게도 적용하는 발상이 새로운 느낌을 준다.

'노란 개나리'가 비교적 단순한 편견(좁은 생각)이나 선입견에 따른 부적절함이라면 이 새 동물원 사고는 편견으로서 전제(前提. 결론의 기초가 되는 판단)가 훨씬 깊이 숨겨져 있다. 그래서 새를 새장(鳥籠. 조롱)에 가두어 놓고 구경거리로 삼는 동물원 시설은 아주 당연한 것으로 여겨진다. '새'라는 생물에 대한 기본적인 가치판단이 어떤지에 따라 동물원 울타리 붕괴 사고와 '사라진' 새에 대한 관점이 완전히 달라진다.

사라진(없어진) 새에 대한 표현도 '새들이 도망쳤다'는 식으로 부정적 표현을 할 수 있다. 이 경우 새는 동물원의 새장에 들어 있어야 한다는 전제에서 가능하다. 사람 중심의 관점이다. 이에 비해 '새들이 탈출했다'고 하면 긍정적 표현이다. 새 중심의 관점이다. 구속된 상태에서 비로소 빠져나와 하늘로 날아오르는 자유를 찾았다는 전제에서 가능하다.

이 새 '탈출'(이 책에서 동물원 울타리 붕괴를 '도망 사고' 또는 '도망 사건'으로 표현하지 않는 것은 탈출이라는 표현에 공감하기 때문이다. 도망 사고라고 표현하는 것이 잘못이라는 의미는 아니다)을 이야기하니 새에 관한 몇 가지 말이 생각난다.

하나는 새장에 갇힌 새가 구름을 그리워한다는 농조연운(籠鳥戀雲)이다. 구름을 보며 하늘을 날아야 할 새가 좁은 울타리에 갇혀 있으면 얼마나 답답할까. 뉴욕의 새 동물원에 있던 새들도 사람들이 구경하는 동안에 농조연운의 심정이 아니었을까. 어떤 동물도 자연 생태계에서는 먹이사슬에 따른 위험에 노출되지 않을 수 없는 것 또한 자연스러운 질서이다.

동물 중에서도 새의 본질적 동작은 '날갯짓'이다. 이런 날갯짓이 차단된다는 것은 비록 새장에서 살아있다고 하더라도 학의 다리를 자르는 것과 다를 바 없다. 새의 종류에 따라 날갯짓은 다채롭지만 하늘마저도 품을 듯한 날갯짓은 기러기가 아닐까 싶다. 기러기의 날갯짓은 묵묵하게 느껴진다. 옛 사람들은 기러기의 이런 모습을 보고 '큰 기러기를 닮은 큰 학자'라는 의미를 담아 홍유(鴻儒)라는 말을 지었다. 홍유! 말만 들어도 하늘을 부드럽게 품고 하늘에서 노니는 천유(天遊)의 심정이 되는 듯하다.

기러기는 신금(信禽)으로 부른다. 진실되고 성실하며 신뢰를 주는 새라는 뜻이다. 그래서 기러기는 부부 금슬의 상징이 됐을 것이다. 이런 멋진 의미를 살려 나는 기러기를 어진 새, 즉 인조(仁鳥)라고 부르고 싶다.

답답한 새장을 탈출한 새를 위한 말을 한마디 더 하고 싶다. '좋은 새는 나무를 골라 앉는다'는 양조택목(良鳥擇木)이다. 나무가 있어야 새가 날아들지만 좋은 나무와 좋은 새의 차원이 있지 않을까. 나무 입장에서는 뿌리가 튼튼하고 줄기가 바르고 잎이 무성한 양목(良木)이어야 좋은 새가 찾아오기를 기대할 수 있다. 마찬가지로 양조(良鳥)는 아무 나무에나 앉을 수 없는 일이다. 반드시 양목을 찾아 둥지를 틀어야 할 것이다. 나는 함께 공부하는 학생들이 양조가 되었으면 하는 마음으로 양조택목 이야기를 강의시간에 들려준다.

좋은새(양조)가 되기 위해서는 바람을 일으키는 힘찬 날갯짓이 기본적인 역량이다. 날갯짓을 힘차게 할 수 없다면 더 이상 새라고 할 수 없을 것이다. 새가 새장에 너무 오랫동안 갇혀 있으면 날개의 작동이 퇴화(退化)되어 버릴 수도 있다. 그렇게 되면 새장의 울타리가 없어지더라도 새장에서 어쩔줄 모르면서 머뭇거릴지도 모른다. 날갯짓을 잃어버렸기 때문이다.

나의 마음속을 들여다 본다. 마음껏 힘차게 날갯짓을 해야할 새들이 감옥의 창살같은 울타리에 갇혀 구름을 그리워하고 있지나 않는가. 울타리가 없어진다고 하더라도 날갯짓을 하지 못하고 어정쩡하게 머뭇거리며 모이만 주워먹는 것은 아닌가. 좁고 잘못된 편견을 편견으로 판단하지도 못한 채 둔감하고 폐쇄적인 태도가 내 마음 속 새들의 날개를 꺾어버리는 것은 아닌가.

새 동물원 탈출을 다룬 이 기사는 나에게 '시각'(視角)의 수준이야말로 기자의 핵심 덕목이라는 깊은 깨달음을 심어 주었다. 어떤 현실의 사안을 보는 각도와 방향, 즉 시각은 누구에게나 있지만 중요한 점은 시각의 깊이와 옳고 그름, 입체성, 개방성, 유연성 같은 수준이다. 좁고 폐쇄적이고 굳어버린 렌즈(시각)로 사안을 본다면 내 삶이 그렇게 좁은 감옥의 창살에 갇힌 것과 다름 없다. 겉으로는 사람이지만 박제(剝製)된 날개요, 걸어다니는 고깃덩어리인 행시주육(行尸走肉)이요, 옷걸이와 밥주머니인 의가반낭(衣架飯囊)과 다를 바 없을 것이다. 이래서는 삶의 새로움을 만드는 뉴스메이커가 되기 어렵다.

새로움이나 뉴스라는 말은 쉽게 입에 올릴 수 있지만 내 삶이 좁은 새장에 갇혀 날갯짓을 할 수 없는 상태라면 어떤 새로움도 추구하기 어렵다. 나는 삶에서 이같은 구속이나 속박보다 두려운 모습은 없을 것이라고 생각한다.

프랑스 철학자 데카르트(1596-1650)는 '2 + 3 = 5' 같은 계산도 거짓일 수 있다고 생각했다. 능력이 아주 뛰어난 어떤 나쁜 신(惡神)이 그렇게 생각하도록 사람들을 속일 가능성이 있다는 것이다. 하지만 아무리 신이라도 자기자신이 생각함으로써 존재한다는 사실은 부정할 수 없다고 생각했다. "나는 생각한다. 그러므로 나는 존재한다."(I think, therefore I am.)라는 역사적 명제는 데카르트의 철저한 성찰에서 나왔다. '코기토 에르고 숨'(cogito ergo sum.)이라는 라틴어로 더 널리 알려져 있다. (라틴어는 대명사를 따로 쓰지 않고 어미를 통해 표현한다. 일인칭 단수 어미는 - o 또는 - m 이다. 그래서 cogito = I think, sum = I am 이다. ergo는 '그러므로' '따라서'의 뜻이다.)

새로운 인식을 위한 확고한 출발점을 위해서 철저하게 방법적이고 실험적인 의심(이를 데카르트의 방법적 의심 Cartesian doubt 이라고 한다)을 끝까지 밀고 나가는 태도를 명확하게 하였다. 그래서 이 명제는 '뉴스'이자 '새로움'이 되었다.

뉴욕의 새 동물원 붕괴 현장을 목격한 기자는 데카르트의 방법적 의심 같은 태도가 있지 않았을까 싶다. 이전까지 보았던대로, 그러니까 희귀한 새를 새장에 가둬두고 구경하던 동물원 붕괴는 사고이고, 원인을 밝히고 책임자는 처벌 받아야 하며 '도망간' 새들은 예산을 들여 다시 확보하여 새장에 넣어야 사고가 수습된다는 것이 아니라 새장 속 새와 인공적인 동물원의 관계에 대해 근본적인 성찰을 한 것으로 보인다. 이는 데카르트가 '2 + 3 = 5'처럼 명확한 수학의 판단까지도 방법적으로, 실험적으로 의심해 보는 자세와 다를 바 없다.

만약 동물원 붕괴 사태를 취재한 기자들이 기존의 방식대로, 새 동물원 울타리 붕괴 → 희귀새 사라짐 → 사고 원인 조사 → 책임자 처벌 및 재발 방지 대책 같은 방식으로 취재를 하고 신문과 방송은 이같은 흐름으로 보도를 했다면 어떻게 되는 것일까. 이는 과연 '새로움' 즉 '뉴스'인가? 좁은 의미에서는 뉴스가 되지만(그래서 대중매체에 보도된다) 넓은 의미에서, 그러니까 농조연운의 차원에서 보면 과연 '새로운 뉴스'가 될 수 있을까? 엄밀한 기준에서 볼 때, 이전처럼 같은 방식으로 보면서 판단하는 것은 '새로운 것'이 아니다. 대체로 '반복되면' 뉴스 가치(news value)가 떨어진다(반복될수록 뉴스 가치가 높아지는 경우도 있다).

"나는 생각한다. 그러므로 나는존재한다."

↓

인식의 새로움

↓

뉴스 가치 발생

맥패튼 기자와 데카르트의 공통점은 무엇일까.

통념(通念. 시대와 사회에 널리 통하는 개념)이나 상식(常識. 일반 사람으로서 가져야 할 일반적인 지식이나 판단)을 직시(直視. 사물의 진실을 바르게 봄)하고 그것을 극복 또는 넘어섬, 다르게 봄이다.

흔히 창의성이나 창의력과 관련하여 "통념을 허물어라" "통념을 넘어서라" "상식을 파괴하라"같은 요구를 하는 경우가 많다. 하지만 통념이나 상식을 넘어서는 것은 매우 복잡하고 어려운 일이다.

우선 어떤 통념이나 상식이 극복해야할 대상인지 그 정체와 성격을 정확하게 파악해야 한다. 통념이나 상식의 대부분은 사람들의 의식과 행동에 긍정적인 역할을 하기 때문이다. 많은 경우 통념 또는 상식은 사회적으로 공인되어 정당한 관념이나 관습, 제도, 법, 윤리, 도덕 등의 순기능을 한다. 통념이나 상식에 어긋나는 언행에 대해서는 비난을 받고 법적 또는 도덕적 책임을 져야 하는 경우가 상당히 많다. 일상에서 흔히 "사회적 통념에 비추어 볼 때 문제가 많다"처럼 말하는 경우를 생각해보면 쉽게 이해된다. 이런 사정을 고려하여 여기서 “통념의 직시”라는 표현을 쓴 이유다.

① ‘새 동물원의 울타리가 무너져 아까운 희귀새들이 도망갔다.’
② ‘새 동물원의 울타리가 무너져 비로소 새들이 자유롭게 날아갔다.’

①은 통념에 가까운 시각 관점 해석이다. 기자가 이같은 관점을 가지고 기사를 쓰고 그 기사가 신문사 또는 방송사의 판단 과정(게이트키핑 gatekeeping 이라고 한다. 어떤 일을 뉴스 가치에 따라 취사선택하는 과정이다)을 거쳐 보도될 경우 이 기사를 접한 독자나 시청자는 “도대체 어떻게 동물원을 관리했기에 이런 어처구니 없는 사고가 일어났는가. 도망가버린 아까운 새는 이제 어떻게 할 것이냐. 어물쩍 넘어갈 일이 아니다. 관리 책임자들에게 엄중한 책임을 묻고 당국은 이런 한심한 사고가 다시 일어나지 않도록 근본적인 대책을 세워야 한다”는 반응을 보일 가능성이 높다. 게이트기핑 과정도 별다른 논란 없이 신속하게 진행될 것이다. 뉴스 수용자들의 예상되는 반응도 통념적 시각에서 특별히 다를 게 없다.

②의 경우는 사정이 아주 다르다. 통념적인 시각 관점 해석과는 근본적으로 차이가 있다. 신문사 또는 방송사 내부적으로 아주 다른 판단을 할 수 있다. “동물원이 무너져 난리인데 무슨 엉뚱하게 새의 자유 운운 같은 소리를 하고 있느냐. 담당 기자는 시민들의 우려와 비난을 듣지 못하나. 기자가 그렇게 상황 판단을 못해서야 어떻게 하는가. 현장에 다른 기자를 보낼테니 제대로 취재하라”는 강한 지적을 받을 수 있다. ‘답답했던 새장을 탈출하여 하늘을 마음껏 나는 새를 상상한다’는 식의 기사 보고는 헛소리나 잠꼬대로 받아들여질 수 있다. 무능한 기자로 찍혀 취재 부서에서 배제될 수도 있다.

사정이 이쯤되면 자신의 관점을 확신하더라도 더 이상 고집을 부리기 어렵다. 그냥 다른 언론사 기자들이 취재하는대로 취재하고 비슷하게 보도

하는 것이 쉽고 마음도 편하다. 이와 같은 방식과 과정으로 통념적 시각과 관점은 더욱 확고해진다.

바로 이런 상황에서 '소통과 공감'이라는 매우 중요한 커뮤니케이션 과제가 생긴다. 통념적 관점에 어떤 문제가 있고 그에 대한 새로운 대안을 가졌더라도 현장에 있는 기자의 이같은 갑작스러운 보고에 내근하는 데스크가 이를 듣자마자 동의하기는 쉽지 않다. 데스크가 이해하더라도 기사 가치에 대해 최종 판단을 하는 편집국장이나 보도국장 같은 사람의 게이트키핑 과정을 통과해야 한다. 더 중대한 사안이라면 회사 차원의 게이트키핑 절차를 거쳐야 한다.

맥패튼 기자는 커뮤니케이션 능력도 뛰어났던 것으로 짐작된다. 사안에 대한 아주 새로운 시각과 관점을 어떻게 조직 내부 커뮤니케이션을 매끄럽게 하여 게이트키핑을 통과하여 기사를 살려낼 것인가를 깊이 고민했을 것이다.

'다른 관점'(이 단계에서 '다름'은 아직 '새로운' 단계는 아니다. '다름'은 틀릴 수 있고 옳지 않을 수도 있다. 그러나 '새로움'은 맞을 뿐 아니라 올바르다는 가치 판단까지 들어간 표현이다. 일상에서는 섞어서 쓰는 경우가 많지만 엄밀한 의디에서는 구별이 필요하다. 창의성이나 창의력도 마찬가지다. 아무리 기발한 발상을 하더라도 그것이 반(反) 사회적이라면 창의적이라고 할 수 없다) '새로운 관점'이라는 것을 증명하고 공감을 이루는 과정은 통념을 넘어서는 과정 자체에 속한다. '이렇게 멋지고 새로운 관점을 왜 알아주지 않느냐'고 안달부리듯 불만이라도 불쑥 드러내면 소통과 공감은 더욱 어려울 수 있다.

'단계별 문지기'라고 할 수 있는 게이트키핑은 매스컴 용어로 분류되지만 가정에서부터 기업, 국가, 국제 등 사람끼리 부대끼는 모든 경우에 해당된다. 맥패튼 기자가 이런 상황을 유연하게 이끌지 못했다면 나는 그 동물원 사태에 대한 새로운 시각, 즉 새로운 현실을 만나지 못했을 것이다. 따라서 예상하지 못한 이야기를 들었을 때 경계심보다는 귀를 기울이게 되는 상황이 되느냐 안 되느냐 하는 문제는 말을 하는 그 사람에 대한 태도와 신뢰가 미묘하게 작동한다.

통념(상식)의 직시

↓

태도와 신뢰

↓

소통과 공감

↓

새로운 시각의 탄생

인류의 탁월한 지성인 데카르트가 역사에 남긴 "나는 생각한다. 그러므로 존재한다."는 당시 '새로움' 즉 '뉴스'가 되었다. (데카르트가 숨진 지 370년이 지난 지금 이 명제는 통념으로 살아 있다)

이 명제는 '나 = 주체 = 생각(정신)'임을 증명했다는 데 중요한 가치가 있다. 그 이전까지 인간을 중세 시대의 신학 차원에서 이해하고 규정한 것과는 본질적으로 다르다. '인간은 이성적 동물이다' 같은 규정과도 근본적으로 다르다. 이런 정의(定義)로는 '사유하는 주체로서' 절대적으로 존재하는 '나'를 규정할 수 없다. '나는 나의 생각(정신)이다(I am my mind.)'는 '나'의 존재에 관한 절대확실한 의미이고 기준이다. 인간을 보는 관점에 근본적인 전환을 뜻한다. 데카르트를 '근세철학의 아버지'라고 부르는 이유는 이 명제가 중세적 통념을 넘어서는 데 결정적인 역할을 했기 때문이다.

나는 데카르트가 'cogito ergo sum.'을 인류 역사에 선물하기까지의 '과정'이 매우 중요하다고 생각한다.

이 명제는 치열하고 철저한 사색 끝에 얻은 결론을 갑작스럽게 세상에 내놓고 주위에서 대단히 새로운 관점이라고 주목을 받으면서 탄생한 것이 아니다. 오랫동안 충분한 발효와 숙성을 거친 그의 삶이 응축되어 나온 결과이다. 이 과정에서 데카르트의 소통과 공감은 중요한 역할을 했다.

'코기토 에르고 숨'은 중세적 인간관과 매우 달라 기존의 통념적 시각과 충돌하여 위험할 수 있는 상황이었다. 그런 내용을 담은 책이 출판되더라도 금서(禁書)가 될 수도 있었다.

이 간결한 명제는 데카르트가 45세(1641) 때 출간한 『제1철학에 관한 성찰』(Meditations on the First Philosophy)에 담겨 있다. 그의 『성찰』은 다음과 같이 시작된다.

> "나는 젊었을 때부터 많은 거짓된 것을 참된 것으로 받아들였다. 이후 내가 그런 의심스러운 바탕 위에 세운 것들은 매우 의심스러웠다. 그래서 내가 학문을 위해 절대적으로 확실한 기초를 세우려고 한다면 일생에서 한번은 이전에 내가 받아들인 모든 의견을 철저히 무너뜨리고 완전히 처음부터 새롭게 토대를 쌓아야 한다는 것을 깨달았다."

데카르트는 주체적이고 실존적인 차원에서 절대로 부정할 수 없는 확고부동한 인식의 토대(그 최종적 사유가 cogito ergo sum 이다)를 확보하느냐 못하느냐를 인간 존재의 주체적 존엄성으로 여긴 것 같다.

그의 어머니(잔느 브로샤아르)는 데카르트를 낳고 1년 뒤에 병으로 세상을 떠났다. 데카르트도 어렸을 때부터 건강이 나빠 20대를 넘기기 어려울 것이라는 의사들의 말을 들을 정도였다. 수학을 매우 좋아한 데카르트는 건강 때문이었는지 어릴 때부터 집요하게 사색하는 것을 즐겼다. 아버지(죠아생 데카르트)는 이런 아들에게 '철학자'라는 별명을 붙여주었다.

나는 데카르트의 사려 깊은 태도가 거대하고 체계적인, 그래서 매우 견고한 통념(종교적 질서에 따른 중세적 인간관 및 세계관)을 유연하게 넘어서는 방법이 아니었을까 생각한다. 『성찰』의 앞부분에는 데카르트가 쓴 편지 형식의 특별한 서문이 두 개 들어 있다.

첫 번째 편지는 '가장 지혜롭고 이름 높은, 신성한 파리 신학부의 학부장과 박사님들에게'(To the most wise and illustrious the Dean and Doctors of the sacred faculty of theology in Paris) 라는 글이다. 첫 단락은 다음과 같다.

> "제가 이 책을 여러분에게 드리는 것은 매우 정당한 이유에 따른 것입니다. 여러분께서 이 책의 의도를 이해하시면 이 책을 보호하는 매우 정당한 이유를 가질 것으로 확신합니다. 이 책을 여러분께서 좋다고 인정해주기를 바라면서 제가 의도하는 내용을 간략하게 말씀드리는 것이 마땅하다고 생각합니다. 저는 늘 신(God)과 영혼(Soul)의 두 가지 문제는 신학보다는 철학을 통해 논증할 문제 중에서 가장 중요하다고 여겼습니다."

데카르트는 자신의 책을 쉽게 이해할 수 없거나 거부감을 가질 수 있는 신학자들을 위해 책의 의도와 내용을 겸손하고 차분하고 구체적으로 이야기 한다. 이는 앞에서 말한 새 동물원 사태를 기사화 하는 과정에서 중요한 영향을 미치는 게이트키핑과 기본적으로 차이가 없다.

데카르트가 인간 존재에 대해 통념과 아주 다른 시각(관점)을 가진 기자라면 파리의 신학자들은 데스크, 즉 게이트키퍼라고 할 수 있다. 이 소통과 공감 과정에 실패하면 기사(記事), 즉 『성찰』은 세상에 나오기 어려웠을 것이다.

두 번째 편지는 '독자들을 위한 서문'(Preface to the Reader)이다. 데카르트는 『성찰』을 출간하기 4년 전에 펴낸 『방법서설』에서 신(神)과 인간의 영혼에 관해 언급을 했다. 이에 대해 여러 독자들이 비판적인 의견을 보였다. 이런 점을 고려하면서 데카르트는 독자들의 생각과 자신의 생각을 차분하고 친절하게 비교하면서 여전히 많은 사람들이 자신의 관점에 동의하지 않을 것으로 예상한다. 자신은 다만 더욱 철저한 자세로 신과 인간의 문제를 성찰하겠다는 모습을 보여준다.

'cogito ergo sum'이 기존의 시대적 통념과 대립하고 충돌했다면 데카르트의 '다른 생각'은 '뉴스'(새로움)로서 사회적, 시대적 가치를 확보하지 못한 채 사라졌을 수 있다.

cogito ergo sum

↓

시대적 소통과 공감

↓

인류 역사에 뉴스화

이같은 사정을 살펴보면, 극복이 필요한 통념을 직시하고 대안을 마련하더라도 그것이 새로움(뉴스)으로 발전하기 위해서는 주변의 지지와 공감, 응원이 필수적으로 요구된다는 것을 알 수 있다.

그 과정에 스며드는 소통과 공감, 즉 커뮤니케이션 능력은 통념을 넘어서느냐 아니냐는 운명을 좌우한다. 이런 차원에서 통념과의 대결과 새로움(뉴스)의 탄생은 높은 수준은 인격(人格)과 깊이 연관된다고 할 수 있다. 이 책의 들어가는 말에서 '새로움은 올바른 사람됨'의 문제라고 한 이유이다.

새로움(뉴스)은 크고 작은 통념이 지배하는 일상에 대한 차별화에서 비롯될 수 밖에 없다. 그런데 일단 통념과 차별적이고 옳아 보이는 의견 해석 시각 관점이라 하더라도 커뮤니케이션 과정이 주위 사람들을 불쾌하게 만든다면 '뉴스화(化)'는 상당한 어려움을 겪을 수 있다. 반대로 차별적 의견이나 시각이 좀 부실하더라도 커뮤니케이션 과정이 매끄러우면 훨씬 좋은 아이디어로 발전할 수도 있다. 옳고 바른 말이라도 이를 듣는 사람의 기분이 나빠질 수도 있다. 어떤 사안에 대한 어떤 말이라도 주위 사람들에게 불쾌감을 주지 않아야 '새로움'을 향해 나아갈 수 있다. "창의력은 다른 사람들과 협력에서 나온다"는 말은 이런 사정을 가리킬 것이다.

요즘들어 '융합형 인재' '융합학과' '융합전공'처럼 융합을 강조하는 목소리가 높아지고 있다. 레오나르도 다빈치를 모델로 이야기하는 경우도 많다. 한우물만 파서는 안되는 시대라면서 경계나 전공의 벽을 허물어야 한다는 이야기가 적잖이 들린다.

융합 또는 융합형 인재는 무엇일까. 여러 분야의 재능을 갖추는 팔방미인이 되라는 것인가. 대학의 교육과정이라면 여러 가지 전공 실력을 갖추라는 것일까. 한 가지 분야에서 차별적인 실력과 경쟁력을 갖추는 것도 매우 어려운데 융합이라는 말로 다빈치처럼 매우 특별하고 예외적인 인물을 따라하라는 요구일까.

강의 시간에 학생들에게 융합형 인재에 대한 의견을 물어보면 기대감보다는 부담스럽게 여기는 분위기가 더 많다. 전공에 부전공을 2개 이수하면 융합교육이고 융합형 인재일까. 문과 계열 학생이 이공계열 강의를 듣거나 부전공을 하면 융합형일까.

오케스트라 연주를 생각해본다. 피아노 바이올린 등 수십 개 악기는 각자 소리를 잘 내야 한다. 한 사람이 바이올린과 첼로를 동시에 연주할 수는 없다. 여러 가지 악기를 조금씩 다룰 수는 있지만 깊이 있는 연주는 한 가지 종류의 악기만 가능하다.

각자 자신의 악기를 연주하는데도 소음이 아니라 조화로운 소리, 즉 화음(和音)이 나오는 이유는 무엇일까. 지휘자의 역할은 당연히 중요하지만 부차적이다. 지휘자의 지휘가 비로소 가능하게 되는 근본적인 바탕은 각각의 연주자의 내면에 있다는 점에서 연주자들 앞에 선 지휘자는 오히려 부차적이라는 의미다. 연주자 자신이 자신에게는 1차적인 지휘자이다.

각자 자신의 악기를 연주하지만 자기의 악기에만 매몰되지 않고 전체의 조화(調和)를 꾀하는 심현(心弦. 마음의 현악기 줄)의 차원이 있다. 그래서 오케스트라 단원들은 모두 이 두가지 악기를 연주한다고 말할 수 있다.

나는 융합의 좌표와 정체성은 이같은 조화(어울림)의 심성 또는 성품에 깃들어 있다고 생각한다. 융합(融合)의 기본적인 의미는 '서로 통하여 즐거움'이다. 융융(融融)은 '화합하여 즐거운 모습'이다. 융합은 여러 가지 분야를 학습하거나 여러 가지 기능을 익히는 것보다 더 깊은 차원이 있다. 두 가지 분야를 배우고 두 가지 기능을 익히는 사람보다 세 가지 분야를 배우고 세 가지 기능을 익히는 사람이 더 융합적이라고 말할 수 없다.

융합은 개방적이고 유연한, 그래서 화합하여 어울리고 즐거움을 만드는 심성과 태도의 차원이라고 생각한다. 융합이라는 말의 뜻에 그 실마리가 있다.

융(融)	화합하다. 화합하여 즐겁다. 녹이다. 밝다. 명랑하다. 통하다. 연결하다. 끓어서 김이 오르다.
합(合)	여럿이 모여 합하다. 만나다. 하나가 되다. 어긋남이 없다. 일치하다. 모이다. 짝을 짓다.
화(和)	서로 응하다. 평화롭다. 동화(同化)하다. 평온하다. 온화하다. 모이다. 사이가 좋다. 소리를 맞추다.

이와 같은 융합의 차원을 음미해보면, 여러 가지 기능을 복합적으로 배우고 익히는 것이 아니다. 다른 사람과의 관계를 억지로 좋게 하려는 태도나 행위도 아니다. 일차적으로 자기 자신과의 관계를 '화합하여 즐거운'

차원으로 높일 수 있어야 한다는 것이다. 내가 내 자신을 융합하는 유연하고 개방적이며 스스로 화합하는 태도를 형성하는 것에서 출발해야 이런 태도가 비로소 다른 사람에게도 확장될 수 있다.

이는 융합이 먼저 자기자신과 통하고 나아가 다른 사람과 통하는 현장(마당)에서 비로소 성립된다는 의미다. 이런 차원에서 융합적 심성과 태도는 새로움과 뉴스, 창의성을 위한 필수적인 조건이라고 할 수 있다. 데카르트나 맥패튼 기자에게는 이같은 융합의 정서와 분위기가 느껴진다. 그래서 '나는 생각한다. 그러므로 존재한다'는 역사적 명제나 새 동물원을 벗어나 마음껏 날갯짓을 하는 '새로운 관점'이라는 뉴스가 비로소 탄생할 수 있는 것이다.

융합적 태도는 소통과 공감을 위한 소프트웨어이고 커뮤니케이션 능력이다. 커뮤니케이션은 몸짓이나 표정 같은 비(非) 언어적 요소도 있지만 대부분 말(언어)을 매개로 하여 이루어진다.

삶에서 말의 중요성은 아무리 강조해도 지나치지 않으므로 예나 지금이나 나쁜 말이나 빈말을 경계하고 바른말과 알찬말이 삶을 좌우한다는 교훈이 매우 많다. '아 다르고 어 다르다'를 비롯해 '부드러운 말은 부드러운 길을 연다.' '부드러운 말은 분노를 가라앉힌다.' '부드러운 말은 재산을 가져온다.' '정중한 말은 고생을 줄이고 이익을 늘린다.' '말의 상처는 낫지 않는다.' '말은 마음의 그림이다.' '사물은 말하기 나름이다.' '애매한 말은 거짓말의 시작이다.' '가는 말이 거칠면 오는 말도 거칠다.' '이로운 말은 귀에 거슬린다.' 같은 말 관련 아포리즘(격언 금언 잠언 속담)은 말의 현실적 힘을 보여준다.

커뮤니케이션 능력으로서 간언(諫言. 충고)의 방식을 생각해본다.

원칙적인 관점에서 간언이나 충고는 매우 고마운 일이다. 애정과 믿음이 없다면 상대방의 허물이나 잘못, 부족한 점을 지적하면서 개선을 요구하지도 않을 것이다. 그러나 간언을 어떤 방식으로 하는가, 즉 소통과 공감을 위한 커뮤니케이션 과정은 간언의 내용과는 다른 차원이다.

이와 관련해서 다음과 같은 공자의 말은 음미할 가치가 있다. 공자가 인생의 후반부에 많은 제자와 함께 공부하면서 『시경』이나 『춘추』 등 중요한 문헌을 정리하고 편찬하는 왕성한 활동을 할 수 있었던 토대는 사람들과 효과적인 커뮤니케이션을 할 수 있었던 덕분일 것이다. 공자의 말은 들어본다.

> "윗사람의 잘못을 지적하는 말을 할 때는 그의 마음을 잘 살피면서 하는 게 좋다. 내가 한다면 적절한 비유를 써서 에둘러 충고하겠다."(孔子曰. 唯度主而之. 吾從其諷諫. 『공자가어』(孔子家語) 「변정」 편)

여기서 풍간(諷諫)은 '넌지시 충고하는' 방법으로, 부드럽게 개입하는 방식인 넛지(nudge) 스타일이다. 풍(諷)은 '넌지시 말하여 깨우치다' '사물에 비유하여 충고하다'는 뜻이다. 어떤 인간 관계에서도 풍간이 효과적이겠지만 수준이 높아 제대로 하기가 쉽지 않다.

이에 비해 죽음을 각오하는 충고인 시간(尸諫)이나 사간(死諫) 같은 직간(直諫)은 오히려 커뮤니케이션에 실패할 가능성이 높다. 충고의 간절함은 느낄 수 있지만 충고에 목숨까지 걸겠다는 자세는 상대방에게 부담감, 나아가 거부감, 나아가 불쾌감을 줄 수 있다. 말투도, 풍간이 "~하면 어떻겠습니까"라는 식이라면, 직간은 "~을 반드시 해야합니다"는 식으로 강요하는 듯한 분위기가 될 가능성이 있다.

간언이나 충고의 목적은 자신의 의견을 관철시키는 게 아니라 상대방의 태도를 바꾸는 데 있다. 충고가 아무리 곧고 바르더라도 이를 듣는 사람의 기분을 상하게 하면, 내용과는 별개로, 효과를 기대하기 어렵다.

어떤 태도와 방법으로 말을 하면 좋을지, 즉 효과적인 커뮤니케이션으로 소통과 공감을 할 수 있을지에 대해 다음과 같은 공자의 말은 실용적 측면에서 활용할만하다. 말의 품격, 즉 언격(言格)이 느껴진다. 나도 이 내용을 외우고 되새김하면서 일상에서 실천하려고 애쓴다.

"말하는 방법이 있다. 가지런하고 정중한 방식으로 뜻을 분명하게 한다. 바르고 정성스럽게 하여 분별있도록 한다. 굳세고 힘찬 모습을 보여 듣는 사람이 기대감을 갖도록 한다. 적절한 비유를 통하여 깨닫도록 해준다. 분석을 명확하게 해서 뜻이 잘 드러나도록 한다. 즐겁고 향기로운 분위기로 뜻을 전달한다. 오고 가는 말을 귀하고 소중하게 여긴다. 이렇게 하면 말이 한결같아 실천하지 못하는 경우가 없을 것이다."(孔子曰. 夫談說之術, 齊莊以立之. 端誠以處之. 堅强以待之. 辟稱以喩之. 分以明之. 歡忻芬芳以送之. 寶之珍之. 貴之神之. 如是, 則說恒無不行矣. 『한시외전』(韓詩外傳. 권5)

공자의 이 말은 소통과 공감, 감동을 위한 바람직한 태도를 보여준다. 먼저 자기 자신과 소통이 잘 되고, 이를 확장시켜 다른 사람과의 소통도 잘 된다면 그것은 감동의 차원이다. 무슨 일이든 새롭고 긍정적인 분위기에서 잘 되지 않을 수 없을 것이다.

공자의 이같은 태도가 좀 원칙적이라면 한비자(韓非子)의 인식은 현실의 구체적인 상황에서 음미하고 적용하면 좋을 실용적 가치가 있다.

한비자는 다른 사람을 설득하고 공감을 이루는 일이 어려운 이유를 『한비자』「세난」(說難. 설득의 어려움)에서 이렇게 말한다. "설득(공감과 소통)이 어려운 이유는 상대방의 마음을 살펴서 자기의 생각을 상대방에게 얼마나 어울리도록 하느냐에 달려 있기 때문이다."(說之難 在知所說之心 可以吾說當之.) 說(설, 세)은 단순히 '말하다'는 뜻이 아니라 '헤아리다' '따르다'는 의미다. 當(당)은 '균형되다' '어울리다' '비교하다'의 뜻이다.

설득과 공감을 위한 구체적인 태도와 방법에 대해 한비자는 다음과 같이 말한다.

"설득을 위해 힘쓸 점은 상대방이 긍정적으로 여기는 생각에는 호응하고 꺼리는 생각은 덮어줄 수 있어야 한다. 내 생각이 상대방에게 거슬리지 않도록 하고 말투가 상대방의 감정을 자극하지 않도록 한 다음에 자기 생각을 충분히 잘 보여주도록 한다. 이와 같은 방법으로 상대방과 친밀해지고 의심 받지 않도록 만들어야 자기의 말을 다하면서 상대방과 공감을 이룰 수 있다."(說之務 在知飾所說之所矜 而滅其所恥. 大意無所拂忤 辭言無所擊摩 然後極騁智辯焉. 此所道親近不疑 而得盡之辭也.)

그래서 한비자는 "무엇을 안다는 것이 어려운 게 아니라 알고 있는 내용으로 어떻게 상황에 대처하느냐가 중요하다"(非知之難也, 處知之難也.)고 말한다. 널리 알려진 역린(逆鱗. 용의 턱 밑에 난 큰 비늘. 이것을 건드리면 용은 그 사람을 반드시 죽인다고 함.)은 이와 같은 맥락에서 한비자가 이 「세난」 편의 결론으로 제시한다. 즉 "임금(왕)도 역린 있으므로 임금을 설득할 때 건드리지 않아야 설득에 다가갈 수 있다."(人主亦有逆鱗 說者能無嬰人主之逆鱗. 則幾矣.)는 것이다.

한비자가 역린을 말하면서 임금의 경우를 들었기 때문인지 사전에는 역린을 임금의 분노를 상징하는 말로 풀이하는데, 이는 좁은 관점이다. 역린은 모든 인간관계에 적용되는 말로 보는 것이 좋다. 누구에게나 꺼리는 생각이나 마음이 있는데, 이것이 일종의 역린이기 때문이다.

묵자(墨子)는 "설득과 공감을 위해서는 상대방의 속뜻을 잘 파악해야 한다"(服執說. 『묵자』 경편(經篇))는 간결한 메시지를 남겼다. 說(나)는 다른 사람의 속뜻(속마음)을 떠보거나 헤아린다는 의미다. 이는 묵자의 중심 사상은 서로 아끼고 사랑하면서 서로에게 이로움이 되도록 한다는 '겸상애 교상리'(兼相愛 交相利)와 연결되는 것 같다. 널리 알려진 묵자의 겸애(兼愛, 아울러 사랑함)는 관념적이고 추상적인 사랑이 아니라 상대방을 위한 구체적이고 현실적인 이익(利)을 낳을 때 의미가 있다.

『성경』에 기록된 예수(Jesus)의 말씀에는 소금, 누룩, 좁은문, 무화과나무, 그물, 티와 들보, 겨자씨, 알곡과 가라지, 씨뿌리는 자, 양과 염소 등 비유 표현이 많다. 예수는 당시 보통 사람들에게 낯설던 하나님의 뜻을 알아듣기 쉽도록 일상적인 비유를 통해 소통하고 공감을 이루었다. 이는 최고 수준의 커뮤니케이션 능력이다.

나는 소통과 감동을 한 단어가 아니라 두 단어로 끊어서 이해한다. 즉 '먼저 소(疏)해야 통(通)할 수 있고, 먼저 감(感)해야 동(動)할 수 있다'는 것이다. 말의 뜻을 깊이 이해하면 일상의 언행에 영향을 미칠 수 있다.

疏는 '⺪'(소. 疋과 같음)와 㐬(류)로 이루어진 글자이다. 㐬는 자식(子)을 나타낸다. 疏는 '아이가 뱃속에서 나오려고 문이 열리면서 발이 움직이는' 의미를 담고 있다. 이렇게 이해하면 소통은 서로 뜻이 통한다는 의미를 넘어 생명(生命)의 탄생에 닿아 있다. 소통을 말할 때마다 이같은 차원을 생각하면 소통에 대해 더욱 진지한 태도를 가질 수 있다.

感은 咸(함)과 心(심)으로 이루어진 글자이다. 함(咸)의 뜻(모두, 두루 미치다, 같다, 부드러워지다, 조화롭다)이 매우 좋다. 『주역』의 함괘(咸卦)는 남자와 여자, 음과 양, 우주만물과의 교감(交感)과 감응(感應)의 이치를 보여준다. 이런 교감과 감응은 『주역』 전체를 관통하는 핵심 메시지라고 할 수 있다. 이 괘를 풀이한 구절(단사 彖辭 및 상사 象辭)에 "함괘는 느낌으로 통한다는 뜻이다. 부드러움과 강함이 오르내리면서 두 기운이 감응한다. 하늘과 땅이 교감하여 삼라만상이 생기고 변한다. 자신을 비움으로써 다른 사람을 포용한다."(咸, 感也. 柔上而剛下, 二氣感應. 天地感而萬物化生. 虛受人.)라고 했다. 소통과 감동을 이렇게 이해하고 느끼면 일상의 소통과 감동에 도움이 될 것으로 생각한다.

▲ 계명아트센터

제3장

새로운 언어가 새로운 현실을 창조한다

나는 대학생 때 두께가 6센티미터 쯤 되는 국어사전을 'ㄱ'부터 'ㅎ'까지 살피면서 어휘를 노트에 정리한 적이 있다. <국어어휘공부>라는 제목을 붙인 이 노트는 지금도 책장에 꽂혀 있다. 사전을 훑어면서 '이런 말을 알아두면 좋겠다'를 기준으로 정리했다.

사전은 대개 책이나 자료를 읽거나 할 때 모르는 말이 나오면 찾아보는 방식으로 활용한다. 내가 국어사전을 통째로 외워버리고 싶은 욕심으로 어휘 노트를 만든 이유는 미리 새로운 어휘를 알고난 뒤에 이것을 글을 쓸 때나 현실을 파악하는 데 활용하고 싶어서였다. 사전 활용의 관점이나 시각을 바꾸고 싶은 시도였던 것 같다.

한자(漢字)로 된 어휘 사이로 한번씩 등장하는 순우리말을 만나면 무척 정겹다. 대학생 때 사전을 살피다가 새로 만난 순우리말 중에서 '미립' '동아리' '모꼬지' '울력' '가리사니' '몽니' 같은 말은 반가웠다. 처음 만난 사람이라도 오랫동안 알고 지낸 사람 같은 느낌이 드는 경우를 가리켜 일면여구(一面如舊)라고 하는데, 어찌 사람에게만 해당될 것인가. 말도 그렇다. 말(언어)을 떠나 사람을 알 수 없기에 말의 일면여구 또한 마땅한 이치라고 하겠다. 당시에는 흔하게 쓴 말이 아니었기에 "이런 말은 알아두었다가 나중에 꼭 활용해야지" 마음 먹었던 듯하다.

'동아리'(목적이 같은 사람이 한 패를 이룬 무리)는 이제 일상어가 됐지만 1980년대 대학가에는 낯선 말이었다. 서클(circle)이 일상에서 쓴 말이었다. 누군가 동아리라는 말을 서클 대신 자꾸 쓰면서 대학가에도 서클회원모집이 '동아리 회원 모집'으로 점점 바뀌었을 것이다. 그런 과정을 거쳐 동아리는 일상어가 되었다.

'모꼬지'(놀이나 잔치 같은 일로 여러 사람이 모임)는 아직 일상어로 자리잡지 않았지만 쓰는 경우가 늘어나고 있어 머지 않아 일상어가 될 가능성이 높다. 대학가에서 흔히 쓰는 엠티(MT)는 모꼬지로 바꾸면 적절하다.

'울력'(여럿이 힘을 합해 하거나 이루는 일)은 일상에서 자주 쓰면 좋겠다는 생각이 드는 말이다. '울력 다짐'(여럿이 힘을 합하여 그 기세로 일을 해치우는 행동)도 무척 정겨운 말이다. 울력이나 울력다짐은 같은 뜻의 협동(協同)에 비해 일면여구의 정감이 훨씬 세다.

수년 전에 합천 해인사에 갈 일이 있었다. 스님들의 일상어에 울력이 있는 것을 알고 반가웠다. 내가 갔을 때 스님들은 사찰 안에 있는 제법 큰 운동장에서 축구를 하려고 했다. 그것을 '공을 찬다'고 하지 않고 '울력 한다'고 했다. 스님들이 힘을 모아 하는 김장 담그기도 울력한다고 들었다.

사전에서 만난 낯설지만 정겹고 좋은 말을 일상에서 적극적으로 활용하는 것은 쉬운 일이 아니다. 용기도 필요하다. 이미 많이 쓰는 익숙한 말을 쓰는 게 무난하기 때문이다. "협동정신을 발휘하자"고 하면 충분한데 "울력다짐을 발휘하자"고 하면 상황을 좀 어색하게 만들 수 있다.

'가리사니'는 사물을 판단할 만한 지각 또는 사물을 분간할 수 있는 실마리이다. '가리사니 없는 사람' '가리사니를 잡을 수 없다'처럼 쓸 수 있다. '몽니'(음흉하고 심술 궂게 욕심 부리는 성질)는 일상어가 됐다. 정당끼리의 갈등을 서로 비난할 때 '몽니를 부린다'는 표현이 자주 뉴스에 등장한다.

'미립'은, 처음 듣는 사람이 무슨 뜻인지 모르더라도, 적극적으로 사용해서 빨리 일상어가 되면 좋겠다. '경험에서 얻은 묘한 이치나 요령'이라는 뜻이다. '난초는 십 년 이상 길러 보아야 그 미립이 난다'처럼 활용할 수 있다.

미립은 요령(要領)과 동의어이다. 일상어로는 대부분 요령이라는 말을 쓴다. 하지만 요령보다 미립이 더 많이 쓰이면 좋겠다. 요령은 사물의 요긴하고 으뜸되는 줄거리(골갱이)라는 긍정적 의미가 우선이지만 '요령을 부리다(피우다)' 같은 용례처럼 '대충 해서 넘기는 잔꾀'라는 부정적 의미도 있다. 이런 점에서 미립과 요령은 뜻이 같은 동의어라기보다는 비슷한 유의어라고 해야 할 것이다. 미립은 경험에서 나오는 슬기나 지혜라고 할 수 있다.

미립이라는 말은 나부터 자주 쓰고 싶은 마음인데, 그동안 글쓰기에는 실천하지 못했다. 이 책에서 지금 이야기하고 있는 미립이 공식적인 실천인 셈이다. 강의 때 학생들에게 "미립이 생기도록 하면 좋다"는 말을 하면서 일상어로 자리잡는 데 보탬이 되도록 하고 있다. 학생들이 과제나 시험지에 "이런 일을 하면서 미립이 생겼다"고 하는 표현을 발견하는 반가움이란! 이 좋은 미립이라는 말이 머지 않아 일상에서 널리 쓰일 것 같은 예감이 든다.

대학생 때 국어사전을 외워버리고 싶은 충동과 집착을 하게 된 계기는 철학수업이었던 것 같다.

언어와 관련하여 가장 자극적으로 다가온 말은 독일 철학자 하이데거(1889-1976)의 "언어는 존재의 집이다."와 오스트리아 철학자 비트겐슈타인(1889-1951)의 "나의 언어의 한계는 나의 세계(삶)의 한계이다." 였다.

하이데거 철학에서 존재와 존재자의 구별은 핵심이고 비트겐슈타인의 언어관은 깊은 차원이 있지만 이 두가지 명제가 주는 메시지는 '언어 = 사람됨 = 삶'이라고 이해했다. 내가 쓰는 언어가 좁고 낮고 얕고 초라하고 빈약하면 이는 곧 나의 삶의 집(이것이 나의 세계이다)도 그러하다는 것이다. 나의 사람됨의 그릇은 따로 정해져 있는 것이 아니라 그때 그때 상황에서 내가 어떤 언어를 쓰는가에 따라 결정된다는 의미이다.

말(언어)과 사람됨(인격)의 관계는 하이데거나 비트겐슈타인 같은 저명한 철학자가 말했다고 해서 그 의미가 특별히 살아나는 것은 아니다. 단지 언어의 중요성을 다시금 돌아보게 하는 정도이다. 동양의 학문에서 언어의 중요성을 강조하는 내용은 매우 많다. 언어에 대해 부정적 표현인 불립문자(不立文字) 같은 것도 있지만 이 또한 언어로 표현되지 않으면 의미를 전달할 수 없다. 사람은 언어와 조금도, 잠시도 분리될 수 없다.

'말은 몸의 무늬(결)다'(言身之文)라고 했다. 아름답고 신중하고 우아하고 좋고 향기롭고 바른 말(佳言, 愼言, 雅言, 好言, 蘭言, 正言)을 쓰는 사람은 아름답고 신중하고 우아하고 좋고 향기롭고 바른 사람됨이다.

공허하고 식상하고 진부하고 교묘하고 기울어지고 망령된 말(浮言, 食言, 陳言, 巧言, 側言, 妄言)을 쓰는 사람은 공허하고 식상하고 진부하고 교묘하고 기울어지고 망령된 사람됨이다. 말을 떠나 그 사람의 인격을 파악하는 것은 거의 불가능하다. 인격(人格)과 인품(人品)은 언격(言格)과 언품(言品) 그 자체이다.

말(언어) = 사람됨

어휘에 대한 집착은 신문기자로 일하면서 현실적으로 매우 절실해졌다. 삶은 현실(엄밀한 의미에서 현실이 드러난 '현상'이라고 해야 할 것이다)에 대한 인식과 판단의 연속이다. 자신의 삶과 관련된 현실을 판단하면서 살아가는 일도 매우 복잡한데, 직업으로서 기자는 자신과 관계 없는 온갖 사회 현실에 대해 판단을, 그것도 빨리해야 한다는 점에서 특수한 측면이 있다.

뉴스, 즉 새로운 현실을 표현하는 과정은 쉽거나 간단하지 않다. 뉴스 표현은 어떤 현실을 단지 거울처럼 비추지 않으며, 그렇게 할 수도 없다. 현실에 대한 주관적 판단, 즉 '해석과 가공'이 들어가지 않을 수 없기 때문이다. 언어를 수단(도구)으로 하여 해석과 가공을 하기 이전의 '현실 자체'가 무엇인지, 어떤 모습인지는 전지전능한 신이 아닌, 불완전한 인간으로서는 알 수 없다.

언어를 통해 드러난 현실을 이런 식으로 또는 저런 식으로 판단하면서 해석하는 과정을 통해 막연하던 현실이 어떤 현실로서 구체적인 모습을 비로소 드러나 사람들에게 알려진다. 수단과 도구인 언어는 인식 과정 속에서 현실을 담아내는 '인식 틀'이라는 위치로 높아진다.

어떤 대상이나 현실을 인식하고 판단한다는 것은 먼저 대상이 있고 그 대상을 따라 인식이 성립한다고 생각하기 쉽다. 독일 철학자 칸트(1724-1804)는 사람의 인식과정에 대한 새로운 관점을 제공했다. 대상이나 목적이 사람의 인식에 그냥 들어오는 게 아니라 사람에게 이미 있는 인식의 틀이 대상을 대상으로 담아내 구성함으로써 비로소 인식과 판단이 가능해진다는 것이다. 칸트는 이같은 관점을 폴란드 천문학자 코페르니쿠스(1473-1543)가 기존의 천동설에서 지동설을 새롭게 주장했던 일(아리스타르코스 등 그리스 천문학자들이 기원전 4, 5세기에 지동설을 주장했고 이는 코페르니쿠스에게 영향을 주었다)에 견주어 '코페르니쿠스적 전환'이라고 불렀다.

코페르니쿠스적 전환은 지금도 '근본적인 변화'를 나타내는 상징 표현으로 쓰인다. 그러나 천동설(지구중심설)과 지동설(태양중심설)에 대한 코페르니쿠스적 이해는 바로잡을 필요가 있다. 국어사전에는 여전히 천동설은 '지구가 우주의 중앙에 정지해있고 천체가 지구를 중심으로 돈다고 믿은 학설'로, 지동설은 '태양은 우주의 중심에 정지해 있고 지구는 그 주위를 회전하는 학설'로 풀이하기 때문이다. 비록 천문학이 발달하기 이전인 16, 17세기까지의 통념이었지만 지금도 사람들의 인식에 영향을 미칠 수 있다.

우리 은하(Our Galaxy)를 기준으로 하더라도 태양계는 변두리에 위치하고 있어 우주(우리 은하를 비롯해 천문학의 관점에서 보는 전체 우주)의 중심이라고 할 수 없다. 또 태양은 빠른 속도로 우리 은하의 중심부를 돌고 있으므로 정지하고 있는 천체라고 할 수 없다. 태양과 지구는 속도에 차이가 있을 뿐

자전과 공전을 하고 있는 것은 지금 시대의 상식이다. 그래서 나는 이 상황을 천동설과 지동설을 결합하여 태양과 지구가 함께 움직인다는 의미를 담아 '천지쌍동설'(天地雙動說)로 이름 짓고 싶다.

인식과 판단은 어떤 대상(현실)과의 만남이 이루어지는 현장에서 성립한다. 그러므로 대상(현실)은 그 자체가 아니라 언어로 해석되어 우리 앞에 나타나는 현상이다. 이런 현상의 좌표는 대상 자체와 인식 주체인 사람의 '중간쯤'이라고 할 수 있을 것이다. 다음과 같은 그림으로 설명할 수 있다.

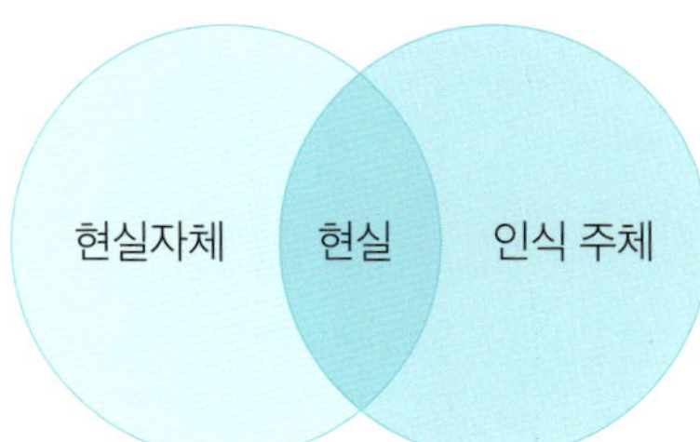

현실은 객관의 영역도 아니고 주관의 영역도 아닌 '중간지대'에 형성된다는 것은 말(언어)의 성격을 보여준다는 점에서 매우 중요하다. 말은 현실(대상)이 이미 있고 거기에 붙는 이름표 같은 기호가 아니라 현실을 구성해

내는 적극적인 역할을 한다. 이를 '언어의 현실 창조력'이라고 부를 수 있다. 언어를 통한 현실 창조는 이 중간지대(중간세계)의 애매모호한(vague and ambiguous) 성격과 닿아 있다. 애매모호하고 어렴풋하고 희미한 중간지대로서 현실과 언어는 불완전함이 아니다. 오히려 새로운 현실을 만들 수 있는 가능성이다. 중간지대의 애매모호한 모습은 개방적이고 유연한 태도를 가질수록 뚜렷하게 다가온다.

"뉴스는 급하게 쓰는 역사"라는 말이 있다. 어떤 사안의 상황(이 단계는 아직 '현실'이 아니다. 현실의 상황이 어떤 언어에 담겨 표현될 때 비로소 현실로 규정되고 드러나고 알려진다)을 어떻게 규정할지 오랫동안 생각할 수 없는 경우가 많다. 재촉하듯 다가오는 뉴스(기사)의 마감시간 같은 물리적 환경은 사안의 상황을 성급하게 판단하도록 강요하는 분위기를 만든다.

대체로 이와 같은 사정에서 '어떤 어휘를 써서 어떻게 표현하는 게 적절한가'라는 문제와 늘 부딪힌다. '내가 어떤 사회적 사안에 대해 바르게 판단하고 있을까'하는 반성은 신중하고 사려 깊어야 할 매우 두려운 일이다.

'이 현상을 잘 담아내는 언어(표현)는 무엇일까' '나는 그것을 위한 어휘나 표현을 알고 있을까' '가치중립적인 표현이 적합할까, 가치개입적인 표현이 적합할까' '새로운 상황인데도 상투적인 어휘를 써서 그 현실의 뉴스 가치를 오히려 떨어뜨리는 것은 아닐까' '이 상황에 어울리는 성어는 무엇이고 나는 그것을 알고 있는가' '내가 직접 눈으로 본 현장은 진실을 보여주는 것일까' '내가 취재를 위해 들은 취재원의 말은 어디까지 사실이고 어디까지 사실과 다를까' 같은 의문에 대처하면서 뉴스 표현을 고민해야 한다. 개인이든, 정부를 포함한 기관 단체이든 기자가 상대하는 취재원은 자신의 정보를 취사선택하는 게이트키핑을 하기 때문에 더욱 그렇다.

이와 같은 의문과 문제에 잘 대처하기란 매우 어렵다. 하지만 이런 어려움을 이겨내는 데 가장 시급하고 중요한 바탕은 '어휘력'이라고 생각했다. 어휘가 부족하고 빈약하면 '부실한 뉴스'를 생산할 수 밖에 없을 것이기 때문이다.

지금 매스미디어가 폭발적으로 늘어나 새로운 쟁명(爭鳴, 경쟁적으로 목소리를 높임)의 시대처럼 되면서 사실(fact)과 가짜(fake)에 대한 이야기도 늘어나고 있다. 하지만 사실과 가짜를 근본적으로 구분하는 것은 불가능할 지도 모른다. 사실이라고 해서 반드시 진실이라고 할 수는 없기 때문이다. 사실이 어떤 사안에 대해 '부분적으로 맞는 현실'이라면 진실은 '전체적으로 맞고 옳은 현실'이라고 할 수 있다. 이는 '부분적 사실'과 '전체적 진실'의 관계이다. 사실과 관련된 복잡한 현실에서 특정 사실을 부분적으로 선택하고 다른 부분은 선택하지 않는 취사선택의 과정이 주관의 개입이고 이는 전체적 진실과는 차이가 생기게 된다. 물론 명백한 사실을 부정하거나 허구를 사실처럼 포장하는 경우는 예외이다.

기자를 시작할 때 자주 듣고 저널리즘 관련 책에서도 매우 강조하는 아포리즘(격언)이 "사실 그대로 써라!" "있는 그대로 써라!"였다. "기자는 사실 그대로(있는 그대로) 취재해서 써서 보도하고 판단은 독자들이 하도록 한다"는 교육을 받는다. 저널리즘 관련 책에도 이런 자세를 기자의 사명으로 강조한다. 이런 말은 얼핏 매우 공정하고 객관적이며 엄격하게 느껴지는 기준이지만 그때나 지금이나 스스로 명확하지 않는 점은 '사실 그대로' '있는 그대로'의 정체(正體)가 무엇이며 과연 그렇게 알 수 있는가 하는 점이다.

어떤 현실의 상태는 고정적이지 않고 바뀐다. 어제가 다르고 오늘이 다르고 내일도 달라질 수 있다. 사람도 마찬가지다. 같은 사안을 보더라도 기분에 따라 다르게 판단하는 경우도 많다. 이전에는 이렇게 생각했는데 지금은 또 다르게 판단한다. 들쭉 날쭉 유동적이고 불안정한 경우가 상당히 많다. 사람의 인식 능력은 일정하지 않고 불안정하며 현실은 현실대로 가만히 있지 않고 계속 상태가 바뀐다.

이런 점을 고려하면 '사실 그대로' '있는 그대로'는 애매모호하게 들린다. '이 세상은 알 수 없는 것이다'는 말이 오히려 올바른 인식이나 판단의 어려움을 잘 보여주는 것 같다. 이 아포리아(aporia. 난관)를 어떻게 뚫어야 하는가. "일을 잘 하려면 반드시 먼저 사람됨이 잘 통하도록 해야 한다."(工欲善其事 必先利其器. 『논어』 「위령공」 편)는 공자의 말이 도움이 될 수 있다.

공자의 이 말을 다시 음미해본다. "공자가 말했다"(子曰)로 기록되어 있는데, 공자가 지어낸 말이라기 보다는 당시 세간에 알려진 속담 같은 말을 공자가 인용한 것으로 느껴진다. 중요한 것은 공자가 어떤 차원과 깊이에서 이 말을 했는가 하는 점이다. 고금(古今)의 풀이는 대부분 '기술자(장인)가 일을 잘 하려면(또는 물건을 잘 만들려면) 반드시 먼저 자신의 연장을 예리하게 해야 한다.'이다. 이 문장에 대해 공자가 '전해오는 말에' '속담에 이르기를' '옛 사람이 말하기를' 같은 단서를 붙였다면 기존의 말을 간접 인용한 것이 확실하지만(이런 단서를 붙이지 않고 당시의 성어를 인용하는 문헌이 상당히 많다) 이 문장은 그렇지 않으므로 공자가 어떤 메시지를 전하기 위해서 한 말로 보아야 할 것이다.

'기술자가 자신의 일을 잘 하려면 일에 사용하는 연장이나 도구를 잘 다듬어야 한다'는 풀이는 당연해서 음미할 가치가 별로 없다. 도구가 무엇이든 도구가 무뎌서는 일이 안된다는 것은 하나마나한 말이다. "어떻게 어짊을 실천합니까."(問爲仁)라는 제자의 질문에 대한 대답으로도 어울리지 않는다.

내가 생각하기에 이 문장에 대한 기존의 풀이는 工(공)과 利(리), 器(기)에 대한 뜻을 너무 좁게 이해하는 게 아닌가 싶다.

공(工)은 대개 '장인 공'으로 읽으면서 물건을 만드는 사람으로 풀이한다. 工은 업무의 종류와 관계 없이 각 분야의 업무로 이해하는 게 좋다. 여기서는 工의 뜻에서 '일'을 받아들인다. 일상에서 자주 쓰는 공부(工夫. 수양과 의지의 단련을 위해 힘씀)라는 말이 이를 위한 용례가 된다.

이(利)는 이해(利害. 이익과 손해) 또는 예리(銳利. 날카로움)의 뜻으로 쓰는 경우가 많다. 이해관계나 이해득실 같은 용례에서 보듯 利는 이익을 따진다는 뜻이 먼저 떠올라 그다지 좋은 느낌을 주는 말은 아닌 것처럼 느껴질 수 있다. 아니면 쇠붙이를 날카롭게 하는 예리라는 뜻으로 흔히 쓰인다.

利에는 '막히지 않고 통하다' '조화롭다' 같은 뜻이 있다. 『설문해자』에는 『역경』(易經. 주역)의 「건괘문언」(乾卦文言) 구절을 인용하면서 '의로움의 조화'(義之和也)라고 풀이한다. 利와 和에는 禾(화)가 공통적으로 들어있다. 『설문해자』는 禾를 '좋은 곡식'(嘉穀)을 가리킨다고 하고, 그 뜻은 '중도의 조화를 얻음'(得之中和)이라고 풀이한다. 利는 『역경』의 첫 구절에 등장한다. 즉 '하늘의 움직임은 원형이정이다.'(乾, 元亨利貞.)라고 했다. 천지만물을 살리는 네가지 근본원리 가운데 한 가지이다.

기(器)는 사람의 재능이라는 뜻과 함께 사람됨의 그릇이라는 두 가지 의미가 담겨 있다고 볼 수 있다. 재능을 잘 살리는 것은 자신의 사람됨을 높이고 넓히는 과정으로 이어지도록 하는 것이 바람직하다. 나는 공자가 이와 같은 뜻을 이 세 문자에 담았을 것이라고 생각한다. 필(必. 반드시, 틀림없이, 오로지)을 넣어서 강조하는 점을 보더라도 그렇다. 이를 종합하여 풀이하면 다음과 같다.

기존의 풀이

기술자가 물건을 잘 만들려면 반드시 먼저 연장을 예리하게 해야 한다.

이 책의 풀이

누구나 일을 잘 하려면 반드시 먼저 사람됨이 두루 통하여 조화롭게 되도록 해야 한다.

세상에 두루 통할 수 있는 통로는 언어이다. 그 통로가 좁고 빈약하지 않도록 하기 위해서는 어휘력으로 통로를 넓히고 풍성하게 하는 방법 이외에는 달리 방법이 없을 것 같다. '언어는 간결하고 신중하고 진실하고 절실한 것이 제일이다.'(言語以簡重眞切爲第一.)라는 말이 있다. 말을 어떻게 써야할 지를 매우 잘 함축하고 있다. 결국 '언어는 존재의 집' '언어의 한계가 세계(삶)의 한계' 같은 교훈을 어떻게 달성할 수 있느냐가 열쇠이다. 어휘의 확장을 통한 인식의 확장이 실질적인 방법이다.

내가 어휘에 대해 집착과 강박, 압박을 스스로 부담 지운 배경은 대략 이렇다. 지금 나에게는 <국어 어휘 노트> <한자 어휘 노트> <순우리말 노트> <관용 표현 노트> <성어 노트> <속담 격언 아포리즘 노트> <중국어 사전 노트> <암기용 필수 어휘 표현 노트> <대중매체 뉴스 표현 노트> 등 어휘력을 늘리기 위해 정리한 노트가 10여 권 있다. 언어의 한계를 넓히고 싶은 노력이다.

신조어(新造語)가 생겨 사회적으로 널리 쓰이면 사전에 들어가고, 이미 있던 말도 거의 쓰지 않으면 사어(死語. 죽은말)가 되는 경우가 있지만 어휘를 개인적으로 만들 수는 없다. 기본적으로 사전의 어휘를 잘 활용하는 것만으로도 '비일상적(非日常的)인 새로움'을 창출하는 활동에 충분할 것이다.

'일상'과 '비일상'은 무엇일까. 서로 어떻게 다른가. 자기 집을 중심으로 생활을 이어가는 경우와 집을 떠나 일주일 동안 해외여행을 하는 경우를 비교해본다. 자기 집을 중심으로 하는 생활은 일상이고 해외 여행은 그런 일상을 벗어난 비일상이다. 하지만 이런 구분은 좁은 의미를 기준으로 한 것이다. 주거 환경의 바뀜 같은 변화는 일상과 비일상의 질적(質的) 전환이 아니라 일상의 연장과 차이가 없다. 평소 자기의 집에서 먹고 자다가 여행지에서 그렇게 한다고 해서 일상과 비일상이 본질적으로 달라지는 것은 아니다.

나는 일상과 비일상의 본질적 차이가 '말(언어)'에 달려 있다고 생각한다. 통념과 고정관념의 언어를 쓰면 일상이고 그렇지 않으면 비일상이라고 본다. 통념이나 고정관념을 부정하는 것이 아니다. 통념이나 고정관념은 일상의 안정과 평안을 위해 중요한 역할을 한다. 다만 '삶의 새로움'을 위해서는 통념이나 고정관념에 머물지 않고 조금이라도 '넘어서야'한다는 뜻이다. 이는 오히려 '통념의 확장'이라고 할 수 있다. 일상과 비일상은 반대가 아니라 서로 맞물려 있다. 일상에서 비일상이 나오고, 비일상이 반복되면 일상으로 바뀐다.

통념이나 고정관념도 마찬가지다. 통념을 직시하고 기존의 통념이 보여주지 못하는 측면이나 차원을 새로운 관념이나 의미를 통해 보여줄 수 있다. 그런 경우 통념의 의미를 넓힌다는 점에서 '광(廣) 통념'또는 '확(擴) 통념'이라고 부를 수 있겠다.

일상(日常)	통념의 언어. 고정관념의 언어
비일상(非日常)	광(廣) 통념의 언어. 광(廣) 고정관념의 언어

몇 가지 예를 들어본다. 통념에 익숙하면 어떤 관념이나 어휘, 생각, 개념이 통념인지 아닌지 알기 어렵게 된다.

생일(生日)과 모난일(母難日)

자신이 태어난 날, 즉 생일(生日)이 없는 사람은 지구촌 인구 77억 명 중에서 아무도 없다. 생일을 맞이하는 기분은 사람에 따라 조금씩 다를 수 있지만 대체로 기분 좋은 날이다. 생일이면 주위의 관심도 자신에게 모이면서 축하를 받고 선물도 받고 케이크도 먹는다. 아이들은 생일이 다가오면 부모에게 미리 알리고 선물도 기대한다. 친구들을 초대하여 함께 밥을 먹으면서 축하를 받기도 한다. 성인도 비슷하다. 생일에는 아침에 생일상을 받는 것부터 시작해서 그날은 자신이 주인공이다.

이런 생일의 의미는 통념적인 것이고 그래서 일상이다. 올해의 생일 관련 행사를 지난해와 다르게 한다고 해서 생일의 통념적 성격이 달라지는 것은 아니다.

최근 한자(漢字) 사전의 어휘를 정리하다가 '모난일'(母難日)이라는 말을 발견했다. '어머니가 힘들어 했던 날'이라는 뜻이다. 모난일은 생일과 같은 말이지만 시각과 관점은 아주 다르다. 생일의 관점이 자기 자신에서 부모에게로 바뀐다.

생일을 보는 관점이 자신이 태어난 날에서 어머니(부모)가 어려움을 겪은 날로 인식하면 자신의 언행 등 태도가 달라질 수 있다. 생일 축하 인사를 받고 선물을 기대하는 자기중심적 생각에서 어머니의 고통을 생각하는 쪽으로 중심이 옮겨진다. 자신을 낳느라 고통과 어려움을 겪은 어머니를 위해 '모난일'에 무엇을 하여 어머니를 위로할 것인가를 고민할 수 있다. 이는 생일에 대한 기존의 인식과 태도와는 근본적으로 다른 '비일상'이다.

모난일을 통해 생일의 의미가 깊어질 수 있다. 이는 일상과 비일상의 결합으로 생일이라는 현실을 '새롭게 하는' 중요한 가치가 있다. 새로움을 위해서는 이처럼 넘어섬의 차원이 필요하다.

생일(生日)	내가 태어난 날
모난일(母難日)	어머니가 어려움을 겪은 날

독서(讀書)와 독책(讀冊)

책을 읽지 않는다고 걱정하는 목소리가 많이 나온다. 대학 도서관의 책 대출도 갈수록 줄어든다며 한숨을 쉰다. 국민의 독서률이 점점 낮아진다는 조사도 적지 않다. 독서를 권장하는 여러 가지 캠페인도 전국에서 연중 이어진다. 이런 가운데 전자책과 소리책(오디오북)은 활성화되고 있다. 그러니까 '책을 읽지 않는다'거나 '독서 인구가 감소하고 있다'는 말에서 책이나 독서의 대상은 종이책을 가리킨다.

'책읽기 = 독서'일까. 나는 독서를 책읽기와 동일하게 보는 것은 편견이라고 생각한다. 책읽기는 독서 행위의 한 가지 방식일 뿐이기 때문이다. 독서는 책읽기보다 훨씬 넓은 개념이다. 독서의 대상은 책을 넘어 매우 다양하다. 삶을 읽고 마음을 읽고 세상을 읽고 우주를 읽는 행위가 모두 독서이다.

독서가 책읽기와 같을 수 없다는 것은 독서(讀書)의 뜻을 살펴보면 드러난다. '讀'은 '(암호를 해독하듯) 뜻을 풀어 알아낸다'는 뜻이다. 대개 '읽다'는 뜻으로 풀이하는데, 읽는다는 것은 단순히 소리를 내는 행위가 아니라 뜻과 의미를 파악하는 것이다.

'書'는 '글'이다. 글은 생각을 글자로 나타낸 것이다. 어디에 어떻게 글을 나타내느냐는 다양한 방식이 있다. 종이를 비롯하여 백서(帛書. 비단에 쓴 글), 대나무 조각(竹簡), 돌, 청동기, 컴퓨터 등 얼마든지 가능하다. 책은 글을 담아내는 한가지 방식에 지나지 않는다.

'册'(冊. 책)은 나무, 특히 대나무를 다듬어 엮은 모양에서 생긴 글자이다. 2세기 무렵 종이가 발명되어 보급되기 이전에는 이런 책에 글을 기록했다. 대나무 20센티미터 정도 길이의 조각 한 개에 20~30자(字)를 기록했는데, 내용이 많으면 이런 조각을 여러개 연결했다. 이것이 죽간이다. 죽간은 종이를 붙여 제본하는 방식과 본질적인 차이가 없다. 전자책이나 소리책도 변형된 죽간이라고 할 수 있다.

그러므로 종이를 묶어 만든 책을 읽는 행위를 독책(讀册)이라고 하는 것은 맞지만 독서(讀書)와 동일하게 보는 것은 정확하지 않다. 따라서 '국민 1인당 독서량은 몇 권이다' '나는 독서를 좋아해서 한 달에 10권을 읽는다' 같은 표현은 독서의 의미를 매우 좁힌다. 신문이나 텔레비전, 인터넷 등을 읽는, 즉 뜻을 생각하며 이해하는 모든 행위가 독서이다. 마음을 읽어내는 독심(讀心)이 독서가 아닐 이유가 없다.

하늘과 땅의 일정한 변화를 살펴보면서 삶을 돌아보는 행위도 독서라고 할 수 있다. 나의 생각이나 고민을 살피면서 이를 글로 써보고 성찰하는 것도 독서이다.

독서의 대상을 책에 한정하면서 책읽기를 지나치게 강조하면 오히려 생각이나 사상의 다양성을 해치는 부작용이 생길 수도 있다. 책(종이책 전자책 소리책)이지만 내용은 인터넷 온라인에 가득한 내용보다 질이 떨어지는 경우도 얼마든지 있을 수 있다. 특정 이념이나 사상을 강요하는 편협된 시각을 담은 책도 적지 않다. 어떤 책을 읽을수록 독단이나 편견이 더욱 깊어지는 경우도 있다.

데카르트는 진리를 찾기 위한 여행을 떠나면서 '세상이라는 큰 책에서'(in the great book of the world)라는 표현(『방법서설』 1부 학문에 대한 고찰)을 한다. 책에 관한 넓은 관점으로서 좋다. 최고 수준의 독서 행위는 삶을 깊이 읽어내는 자세와 활동이라고 할 수 있을 것이다.

독서(讀書)	삶을 읽는 행위
독책(讀册)	종이책을 읽는 행위

경청(傾聽, 敬聽)과 겸청(兼聽)

상대방의 말을 듣고 이해하는 것도 독서 행위이다. 말을 듣고 이해하려면 그 대상(사람)에게 주의를 기울이는 태도가 반드시 필요하다. 상대방의 말을 '경청'해야 한다는 이야기가 매우 많다. 상대방의 의견이나 주장에 찬성하든 반대하든 우선 경청이 된다면 갈등과 대립을 줄이고 진정한 대화를 통해 서로 이해의 기반을 넓힐 수 있다는 주장은 당연한 것이다.

문제는 경청이 잘 되지 않는다는 것이다. 상대방의 입장에서 생각한다는 역지사지(易地思之) 같은 말이 공허해지기 쉬운 것도 경청이 되지 않기 때문이다. 경청은 소통과 공감인데, 경청 단계에서부터 막혀버리기 일쑤다. 경청하자고 아무리 목소리를 높여도 소용 없는 경우도 많다.

국가(정부)와 국민, 부모와 자식, 상사와 부하, 세대와 세대, 선배와 후배 등 모든 인간관계에서 경청이 잘 된다면 서로 신뢰와 믿음이 쌓여 무슨 일이든 얼마나 효과적으로 될 것인가. 세상일은 사람끼리의 갈등 대립 때문에 엉망이 되는 경우가 매우 많다.

나는 경청이라는 말이 갖는 일방적인 느낌이 경청이 잘 안되도록 하는 한가지 이유가 아닐까 생각해본다.

'경청'(傾聽)은 상대방의 말에 주의를 기울이며 듣는 것이다. 형식적인 면에서 이런 경청은 마땅하고 바람직하다. 하지만 경(傾)의 뜻이 좀 걸린다. 傾은 '비스듬히 기울이다'는 뜻이다. 여기서 몸을 상대방에게 기울여, 즉 귀를 상대방에게 가까이 한다는 의미가 나온다. 또 '위태롭다' '상처를 입히다'는 뜻이 있는데, 몸을 기울이면 넘어질 수 있어 이같은 의미가 생긴 듯하다.

경향(傾向)은 어떤 생각이나 사상, 행동이 한쪽 방향으로 기울어지는 부정적 의미를 가진 말이다. 경청은 말하는 사람과 듣는 사람이 가까운 상황이지만 기능적으로 듣는 느낌처럼 다가온다. 말을 주고 받는 행위는 내용의 전달과 이해에 그치지 않는다. 단순히 말을 주고 받는 행위는 인공지능으로도 가능하다. 사람끼리 말을 주고 받는 상황에는 마음이 들어가고 정감(情感) 같은 느낌이 흘러야 비로소 통한다. 이런 요소가 빠지면 말을 주고 받는 행위가 일어나더라도 피상적이고 형식적이어서 참된 대화가 되기 어렵다. 경청(傾聽)은 '너는 말한다' - '나는 듣는다'처럼 서로가 일방적인 듯한 느낌을 준다.

듣는 사람의 태도를 예의바르게 하여 상대방으로 하여금 마음을 열게 할 수 있는 말이 경청(敬聽)이다. 공경하는 자세로 듣는다는 의미이다. 경(敬)은 공경하다, 정중하다, 예의 바르다, 삼가다는 뜻이다. 敬聽은 傾聽에서 부족한 듣는 사람의 태도를 보완한다는 점에서 좀 진전된 개념이라고 할 수 있다.

하지만 말하는 쪽과 듣는 쪽이 분리되어 있기는 傾聽과 근본적으로 다르지 않다. 말하는 사람과 듣는 사람이 분리된 상태로는 듣는 쪽이 비록 공경스럽다고 하더라도 참된 대화가 어려울 가능성이 있다. '말을 제대로 못한다'거나 '말을 제대로 알아 듣지 못한다'면서 서로 탓할 수 있다. 이렇게 되면 대화를 진전되기 어렵고 대화를 하더라도 의미가 없다.

나는 겸청(兼聽)이라는 말이 위의 두 가지 경청의 의미를 융합적으로 버무리는 유익한 말이라고 생각한다. 겸청은 '서로 듣는다'는 뜻이다. 겸(兼)은 합치다, 아우르다, 포용하다, 함께 하다는 뜻이다. 그래서 '(결과적으로) 두 배가 되게 하다'는 뜻이 나온다.

경청(傾聽, 敬聽)이 화자와 청자의 일방적 전달과 들음을 나타내는 말인데 비해 겸청은 '쌍방적'이다. 정보의 일방적 전달이 아니라 서로 귀를 기울이는 모습이다. 말하는 쪽은 상대방이 자기의 말을 귀담아 들어서 오해하지 않고 온전히 들을 것인지 알려고(들으려고) 하고, 듣는 쪽은 상대방의 말을 바르게 들으려고 다가가는, 그래서 서로 '대등하게' 서로를 위하는 모습을 보여줄 수 있다. 쌍방 책임의 차원이다.

겸청은 말을 통하여 마음과 마음이 만나는 현장을 만들어 낼 수 있다. 겸청즉명(兼聽則明), 즉 '서로 들으면 밝아진다'는 말이 있는데, 서로 함께 귀를 기울여 들으면 이해의 바탕이 넓어진다는 의미라고 할 수 있다. 겸청은 이처럼 매우 바람직하고 멋진 모습이지만 저절로 쉽게 나타나기가 쉽지 않다. 화자와 청자가 더 높은 차원에서 만나는 어떤 인간적 태도가 필요하다. 겸청은 쌍방적인 만큼 쌍방적 책임과 자세가 요청된다.

나는 그것을 서로 공경하며 존중하는 '무불경(無不敬)의 태도'라고 생각한다. 공경(敬)은 '예의'에 한결같이 흐르는 사람됨이다. 사람을 바르게 마주하는 태도가 예의이다. 사람을 사람답게 하는 태도가 예의이다. 행동을 바르게하고 말을 상황과 도리에 맞게 하는 것이 예의이다. '예의가 있으면 편하고 없으면 위태롭다.'(人有禮則安 無禮則危.), '예의가 없으면 반드시 망한다.'(無禮必亡.), '예의는 몸의 기둥이다.'(禮身之幹.), '예의가 있으면 실패가 없다.'(有禮無敗.), '행동할 때는 예의를 생각한다.'(動則思禮.) 같은 말은 예의가 삶에서 얼마나 중요한 바탕인지 잘 보여준다.

예의는 일상에서 실천해야 할 구체적인 언행(곡례 曲禮라고 한다)부터 우주자연을 본받아 삶을 반듯하게 가꾸는 차원까지 그 폭이 넓고 높고 깊다. 일상에서 실천해야 하는 예의는 곡례삼천(曲禮三千)이라고 해서 종류가 아주 다양하다. 하지만 세세한 곡례를 하나하나 외워서 실천하기는 쉽지 않다. 무불경은 모든 예의를 관통하는 정신이다.

나는 예(禮)와 경(敬)을 '가지런함'으로 이해한다. 『예기』(禮記)의 첫 구절(「곡례」 편)은 다음과 같이 시작한다. "공경하지 않음이 없다. 삼가며 공손하기를 깊이 사색하듯 하고 말을 편안하게 하면 사람들의 걱정을 덜고 기쁘게 하지 않겠는가."(毋不敬. 儼若思 安定辭 安民哉.) 경청이든 겸청이든 무불경의 바탕이 없이는 참된 대화가 어렵다. '들음'은 기능이 아니라 높은 수준의 인품(人品)의 문제이다.

경청(傾聽)	주의 깊게 들음
경청(敬聽)	공경하는 자세로 들음
겸청(兼聽)	서로 포용하면서 들음

논리(論理)와 합리(合理)

'그 사람은 논리적이다.' '그 사람은 합리적이다.' 같은 말은 일상에서 긍정적 의미로 통용된다.

논리(論理)는 생각을 끌고 나가는 과정이나 원리 또는 사물의 이치를 논의한다는 뜻이다. 합리(合理)는 논리 또는 이치에 적합하다는 뜻이다. 그러니까 논리와 합리는 구체적인 내용이 없는 형식적인 말이 된다. 다시 말해서 '어떤 논리' '어떤 합리'인가에 대해서는 아무런 내용을 제공하지 못한다.

그래서 '논리적이어야, 합리적이어야 설득력이 있다.'거나 '말이나 글은 논리적으로, 합리적으로 해야 한다.'는 표현은 공허하다. 일상에서 흔히 '(우리 편만 옳다는) 진영 논리' '(이분법적인) 흑백 논리' '해괴망측한 논리' '억지 논리' '배척 논리' '(부정적 의미에서) 정치 논리' '좌우 극단 논리' '거짓 논리' '자폐 논리'(자폐 논리는 자기만의 세계에 갇힌 모습을 비유하는 표현으로 쓰는 경우가 있는데, 매우 부적절하다) 같은 표현이 가능한 이유도 이 때문이다. 따라서 논리와 합리는 '어떤 이치(理)'를 말하는지 구체적으로 언급해야 한다. 즉 윤리(倫理)인가, 도리(道理)인가, 순리(順理)인가, 의리(義理)인가, 정리(情理)인가, 법리(法理)인가. 또는 이치에 맞지 않거나 해당하지 않는 비리(非理)인가, 무리(無理)인가.

그는 논리적인(합리적인) 사람이다.

↓

(예) 그는 정리적인(또는 의리적인) 사람이다.

매미와 선탈(蟬脫)

여름의 상징인 매미를 생각해본다. 신문에는 매미에 관한 기사와 칼럼이 빠지지 않고 등장한다. 텔레비전에는 여름 풍경을 보여주는 상징으로 나무에 붙어 있는 매미 모습을 가까이 비춘다.

매미의 상징은 그 울음이다. 밤낮 없이 시끄럽게 울어서 짜증나고 밤에 잠을 방해한다는 기사가 보인다. 여러날 이어지는 장맛비 때문에 힘차게 울던 매미 소리가 멈춰 아쉽다는 칼럼도 있다. 조선시대 문장에도 매미의 울음을 둘러싸고 이야기를 나누는 내용이 있다. 예나 지금이나 매미의 상징은 울음이고 이는 매미에 관한 일상이며 통념이다. 나도 매미에 관한 어휘를 확장하기 전까지는 매미와 그 울음에 대해서는 그저 그렇게 별다른 느낌이 없었다.

매미는 한자로 '선'(蟬)인데, '아름답다'는 뜻이 있다. 선태(蟬蛻)는 매미의 허물인데, 깨끗이 벗어남을 비유한다. 선탈(蟬脫)은 매미가 허물을 벗는다는 뜻에서 구태의연한 습관이나 낡은 생각을 벗어나는 것을 의미한다. 선익(蟬翼)은 매미의 날개로, 섬세하고 아름다운 모양 또는 세속을 초탈함을 비유한다. 임금이 쓰는 모자에 양쪽으로 솟아 있는 장식을 매미 날개(선익)라고 한다. 그러고 보니 매미의 투명한 격자 무늬 날개가 예사롭지 않다. 나무에 허물(껍질)을 남기고 사라진 매미의 흔적에서 초탈(超脫)의 느낌을 받는다. 매미에 대한 이미지와 느낌이 아주 달라져 새로움의 상징처럼 다가온다.

매미	일상(통념)	비일상(광통념)
	시끄러운 울음	선탈과 선익

▲ 계명대학교 동산병원

제4장

지혜로운 뉴스가 삶을 성장시킨다

‘뉴스는 혼자 있고 싶다.
제발 누가 좀
찾아오지 않았으면 좋겠다.
사람들은 주말도 있고
방학도 있고
휴일도 있는데
뉴스는 하루도 놀 수가 없다.
오늘도 기차사고가 났다고 한다.
어제는 불이 났지,
그저께는 사람들이 싸웠지,
그그저께는 돌고래들이 죽었지,
제발 좀 하루만이라도
아무도 찾아오지 않았으면 좋겠다.
하루만이라도
뉴스를 부르지 않는
고요하고 평화로운
날이 되었으면 좋겠다.’

이옥용 님의 시집 『고래와 래고』에 실린 <뉴스는> 이라는 시이다. 뉴스(News)를 잠시도 쉬지 못하는, 그래서 몹시 피곤한 사람에 비유하고 있다. 시인은 하루만이라도 온갖 사건 사고를 알리는 뉴스가 없는 '평온한' 날을 기대하는 심정을 드러낸다.

시인의 이런 느낌은 대중매체 뉴스를 날마다, 아니 시시각각 접하는 심정과 동시에 뉴스(여기서 말하는 뉴스는 대중매체 콘텐츠로서 좁은 의미이다. 이 책에서 말하는 넓은 의미의 뉴스는 삶의 새로움을 가리킨다)가 살아가는 생리(生理)의 단면을 보여준다.

나는 기자로 일할 때 한번씩 다음과 같은 생각이 스치곤 했다. 신문의 1면에 기사 대신 '독자 여러분! 오늘은 1면에 배치할 만한 뉴스가 없으니 이렇게 비워둡니다.' 같은 안내문이 나오면 좋겠다는 것이다. 하지만 그런 경우는 한번도 없다. 종이신문의 얼굴인 1면 기사, 그 중에서도 가장 눈에 띠게 배치하는 톱 기사는 그 가치가 일정하지 않다. 객관적으로 봤을 때 1면 톱 기사로서 가치가 충분한 경우가 있는 반면 마땅한 기사가 없어 뉴스로서 가치가 떨어지는 것을 톱 기사로 배치하는 경우도 적지 않다.

텔레비전도 마찬가지다. "시청자 여러분! 오늘은 메인뉴스에 해당되는 기사가 없으니 뉴스 방영 시간을 줄이겠습니다."라고 하는 경우는 없다. 약간 긴장감을 조성하는 배경 음악 속에 톱 뉴스(신문의 1면 기사처럼 TV는 맨 먼저 소개하는 뉴스가 톱이다)를 시작으로 준비한 기사를 보여준다. 뉴스를 보도하는 기자는 목소리를 높이면서 보도 내용이 뉴스로서 중요하다는 분위기를 곁들인다.

뉴스가 하루라도 없는 평온한 날을 기대하는 시인의 소망은 실현되기 어렵다. 현실적으로 불가능하다. 시인은 실망하겠지만 뉴스는 본디 평화롭고 조용함과는 거리가 멀기 때문이다. 뉴스는 기본적으로 비일상적이고 특이한, 예외적이어서 놀라게 하는 현실과 맞물려 있다. 시인이 예로 든 사건 사고, 즉 뜻밖의 일은 일상의 평온을 깨는, 그래서 매스미디어가 뉴스의 원료로 관심을 갖는 사안이다. 뉴스 입장에서 보면 일상의 평온은 뉴스가 싫어하는 현상이다. 뉴스는 현실이 대체로 평온하더라도 평온하지 않은 틈새를 찾아 뉴스로 만들어낸다.

신문사와 방송사 등 언론사들은 여러 가지 사건 사고의 종류와 중요성, 사람들의 관심 등에 따라 뉴스가 될만한 가치를 판단한다. 뉴스는 일상의 평온과 비일상의 사고(事故. 뜻밖의 일)의 경계에서 탄생한다. 일상에서 흔히 상대방의 안부를 묻는 말로 "별일 없습니까" "별고(別故) 없습니까"라고 한다. 별일(별사. 別事)이나 별고는 '드물고 이상한 일'이다. '이상(異常)하다'는 일상과는 다른 일을 가리킨다.

"별일 없느냐"는 물음에는 두 가지 의미가 들어 있다. 상대방에게 일상의 평온을 깨는 사고 같은 일이 없기를 바라는 마음과 함께, 좋은 일이든 나쁜 일이든 '별일'이 있으면 알고 싶어하는 마음이 그것이다. 별일이 없으면 그만이지만 어떤 별일이 있으며 당사자들만의 사건에 그치지 않는다. 그 별일을 다른 사람에게 알리는 단계로 나아간다. 사람들은 별일을 알고 싶어하고 다른 사람에게 알려서 공유하고 싶어한다. "우리 임금님 귀는 당나귀 귀처럼 길다네!"(吾君耳如驢耳)라고 대나무 숲에서 홀로 외친 신라시대 어느 궁중 기술자의 이야기(『삼국유사』 경문왕 편)는 별일을 알리고 싶은 깊은 욕구를 잘 보여준다. 문헌에 기록된 우리나라 최초의 뉴스 크라이어(news crier. 새로운 소식을 퍼뜨리는 사람)가 아닐까 싶다. 지금은 매우 많은 사람들이 소셜미디어(SNS)를 통해 뉴스 크라이어 역할을 활발하게 하고 있다.

매스미디어 뉴스는 별일(別事)에 대한 관심과 흥미의 확장이라고 할 수 있다. 많은 사람에게 별일을 제공하기 위해서는 별일의 내용을 유통시키는 경로, 즉 미디어(media. 매개체)는 기업의 형태로 조직화된다. 뉴스 가치(news value)를 기준으로 별일은 가공(加工)을 거쳐 '생산'된다.

"별일 없습니까?"(What's new?)

↓ (매스미디어)

별일(뉴스)의 대량생산 및 유통

"개가 사람을 물면 그것은 뉴스가 아니다. 매우 흔한 일이기 때문이다. 그러나 사람이 개를 물면 그것은 뉴스이다. 왜냐하면 흔한 일이 아니기 때문이다."
(When a dog bites a person, it is not news. because it is very common. but when a person bites a dog, it is news. because it is not common.)

130년 전 미국의 신문업계에서 나온 이 말은 대중매체 콘텐츠로서 뉴스의 성격을 파악하는 기준으로 지금도 여전히 효용성이 있다. 무엇이 뉴스, 즉 별일인가를 판단하는 기본 공식인 셈이다.

개가 사람을 물어도 뉴스가 되지만(2019년 10월 뉴스에 따르면 최근 3년 동안 개에게 물려 건강보험에서 치료비 지원을 받은 사람은 646명이었다) 이 말은 뉴스 가치 판단을 위한 일종의 원리 또는 공식이라고 할 수 있다. 뉴스는 일상의 흔함이 아니라 '비일상과 흔하지 않음'에 달려 있다는 의미다. 어떤 현실과 그에 대한 생각, 의견, 주장, 시각, 관점, 해석, 판단에 대해 이 공식을 대입하면 뉴스인가 아닌가에 관한 실용적인 판단을 하는 데 도움이 된다. '이 일은, 이 생각은, 이 관점은 사람이 개를 무는 비일상인가? 그래서 별일인가, 뉴스인가, 새로움인가?'

개가 사람을 무는 일상과 흔함은 통념, 편견, 고정관념, 편협, 진부, 상투, 배타, 협애, 불통, 낡음, 고식(姑息. 눈앞의 편안함에 만족), 식상, 반복의 삶과 관련된다. 이런 맥락에서 뉴스의 공식은 삶의 새로움을 위한 척도로서도 매우 유용하다. 통념과 편견, 고정관념, 진부, 상투, 식상, 반복하는 언행의 태도로는 삶의 새로움을 추구하기 어렵다. 이런 요소들은 뉴스와 새로움의 적(敵)이다.

뉴스는 비일상과 직접 관련되지만 무엇이 일상이고 무엇이 비일상인지 그 정체(正體)를 명확하게 파악하기 어렵다. 어떤 사람에게 일상은 다른 사람에게는 비일상일 수 있고, 그 반대도 그렇다. 이는 일상과 비일상의 구분이 절대적으로 이질적인 것이 아니라 서로 그 경계를 넘나드는 상대적인 상황이라는 것임을 보여준다.

일상 속에 비일상의 싹이 있고 비일상의 반복은 일상화의 시작이다. 비일상은 일상의 부정이나 단절이 아니라 확장이요 연장이라고 할 수 있다. 뉴스의 좌표는 일상과 비일상이 맞물리는 '중간세계'에 위치한다고 볼 수 있다. 다음 그림과 같이 나타낼 수 있다.

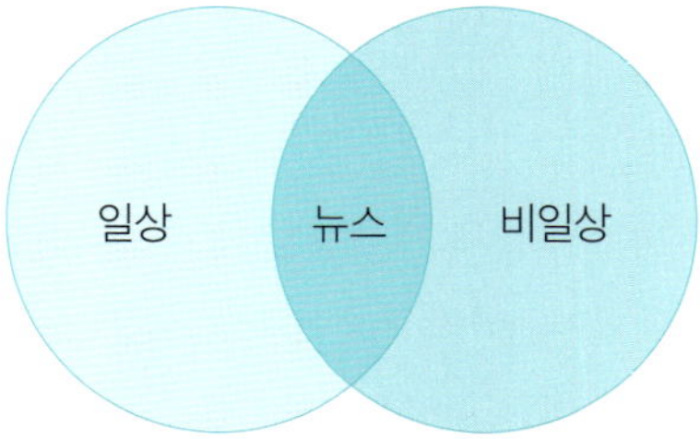

매스미디어는 '중간세계로서 뉴스'가 다양한 형태로 뿜어나오는 역동적인 마당(현장)이다. 개인이 인터넷을 활용해 생산하는 콘텐츠도 많은 사람이 공유하므로 1인 미디어가 아니라 매스(mass) 미디어이다.

인터넷 시대 이전에는 신문사나 방송사가 뉴스 공급자로서 독점적이고 배타적인 지위에 있었고 대중은 그런 뉴스의 소비자나 수요자로서 수동적 위치에 있었다. 하지만 지금 대중은 소셜미디어(트위터, 페이스북, 유튜브 등)를 통해 이미 뉴스 생산자로서 확고한 위치를 차지하게 되었다. 전통적 의미에서 뉴스 공급자와 수요자의 구도는 완전히 달라졌다. 이는 뉴스의 생산과 유통에서 코페르니쿠스적 전환이라고 할 수 있다. (한국언론진흥재단의 우리나라 언론산업 통계(2017년 기준)에 따르면 종이신문 1429개 업체, 방송사 51개 업체, 인터넷 매체 2796개 업체, 통신사 19개 업체 등 4295개 업체가 있다. 종사자는 6만여 명이며 이 가운데 기자직은 3만2243명이다. 그러나 이같은 통계는 소셜미디어의 세계를 반영하지 못하는 좁은 의미의 언론산업 통계라고 할 수 있다.)

뉴스가 되는 가치(value)를 발생시키는 기준에 대해서는 전통적으로, 어떤 사안의 영향력, 호소력, 시의성, 특이성, 신기성 같은 요소를 꼽았지만 각종 미디어가 폭발적으로 늘어난 지금 시대에서는 이같은 기준의 가치가 크게 떨어졌다. 가령 근접성, 즉 어떤 일이 자신의 주거지(생활 반경)에서 가까우면 뉴스로서 가치가 높고 멀 경우에는 가치가 낮다는 기준이 이전에는 뉴스 가치를 결정하는 중요한 기준이었지만 지금은 현실에 맞지 않다. 지구촌 곳곳의 온갖 뉴스가 휴대전화를 통해 실시간으로 전파되면서 뉴스의 공간적, 지리적 중요성은 의미를 잃었다.

나는 뉴스 가치를 발생시키는 본질적인 요소를 '흥미'(興味. interest)라고 본다. 흥미는 무엇에 대한 재미나 즐거움을 넘어 특별히 주의를 기울이는 태도이다. 흥미가 있으면 영향력과 호소력은 저절로 따른다.

흥미는 특이성이나 신기성과 뗄 수 없다. 흥미도 개인에 따라 느끼는 정도가 다른 상대적 성격이 있지만 다수 대중의 생각과 느낌에 구체적인 영향을 끼친다. 이 영향은 어떤 뉴스가 이를 접하는 사람에게 그냥 스쳐지나 가버리지 않고 최대한 오래 머물면서 음미하도록 하는 것이다. 이는 공공 분야에 관한 뉴스처럼 좀 딱딱한 뉴스든, 생활 정보 같은 일상과 가까운 부드러운 뉴스든, 재난이나 범죄 같은 나쁜 뉴스든 그 종류를 가리지 않는다.

흥미를 뉴스 가치를 발생시키는 기본 척도로 삼을 경우 기대와 우려가 섞인다. 사람들의 시선을 끌 수 있는 일을 찾거나 만드는 것은 설레지만 그런 경우는 쉽지 않다.

기자를 시작하고 얼마 지나지 않았을 때의 경험인데 아직도 기억에 남아 있는 일이 있다. 지자체가 추진하는 공사 현장을 취재하는 중에 현장의 담당자는 "기사를 쓸 경우 정확하게 표현해달라"고 부탁하다시피 했다. 공사를 하다보면 순조롭지 않아 예정보다 준공이 늦어지는 경우가 생길 수 있는데도 일부 기자들은 그 상황만을 보고 마치 공사가 중단될 위기에 놓인 것처럼 기사를 써 답답하다는 것이었다.

①'00 공사가 중단될 위기이다.'와 ②'00공사가 예정보다 늦어질 전망이다.'는 서로 다른 현실을 보여준다. ②가 현장의 상황에 가까운 사실(팩트)이라고 하겠지만 '비일상적인 흥미'는 떨어진다. 이를 접하는 사람들은 '공사가 좀 늦어지는가 보다' 정도의 느낌을 받는데 그칠 것이다. ①은 사실과 거리가 멀지만 비일상적 흥미를 준다. 공사가 중단된다는 말이 아니라 중단될 가능성이, 많든 적든, 어쨌든 있다는 뜻이다.

여기서 세 가지 현실이 드러나고 있다. 공사 현장 자체와 그에 대한 두 가지 뉴스 표현이다. 현장 담당자와 공사 관계자들은 ①을 오보(잘못된 보도)라고 할 것이다. 그러나 오보라고 단정할 수는 없다. 공사가 예정보다 늦어지는 만큼, 즉 비정상적인 상황인 만큼 예측하기 어려운 어떤 요인에 의해 공사가 중단되는 사태가 생길 수도 있다. '중단' '위기' 같은 말은 얼핏 사실을 부풀리는 과장(誇張)처럼 비칠 수 있지만 넓게 보면 공사에 더 이상 문제가 생기지 않도록 경계하는 측면도 있다. 이렇게 보면 ②보다 오히려 ①이 더 나은 표현일 수 있다.

하지만 현장의 공사 담당자는 ①을 가짜 뉴스(fake news)라고 하면서 반발할 수 있다. 뉴스는 '별일'이 아닌데도 '별일인 것처럼' 언어로 표현하기 쉽다. 나는 뉴스의 이같은 생리를 '뉴스의 욕망'이라고 부르고 싶다.

뉴스의 욕망은 매스미디어 콘텐츠로서 뉴스를 찾아 생산하는 에너지이다. 비일상적 흥미를 향한 욕망이 지나쳐 종종 자극적인 표현이 등장하기도 한다. 이런 경우 편파 뉴스라는 비난을 받는다. 어떤 사안에 대한 뉴스 표현이 편파(偏頗. 한쪽으로 치우쳐 공정하지 못함) 또는 편향(偏向. 한쪽으로 치우침)이라는 인식은 상대적인 측면이 강하다. 어느 한쪽이 어떤 뉴스 표현에 대해 편파적이라고 느끼면 관련되는 다른 쪽은 오히려 공정하다고 느낄 수도 있기 때문이다. 이런 경우 흔히 "언론(뉴스)이 오히려 갈등을 부추긴다"거나 "언론이 국론을 분열시키고 편가르기에 앞장선다"는 비난을 받는다.

신문사와 신문사, 방송사와 방송사, 신문사와 방송사끼리 뉴스의 편파성을 둘러싸고 대립하는 경우도 나타난다. 이같은 대립이나 갈등은 근본적으로 해결되지 않고 시간이 지나면 흐지부지 되고 또 다른 계기에 의해 반복되는 모습을 띤다. 개인의 가치관이 다르고 이해관계에 민감한 것처럼 언론사들도 기본적으로 차이가 없다. 편파성은 의도적인 어떤 관점이라기보다는 인식과 판단의 불완전성에 언론사들의 이해관계가 복합적으로 작용한 결과라고 할 수 있다. 공정성(公正性)이라는 보도 가치는 이념적 지향인 원칙적 목표이므로 현실과는 거리가 있다.

나는 이와 같은 현상의 뿌리 또는 본질은 비일상적 흥미에서 작동하는 욕망이라고 생각한다. 1인 미디어를 포함하여 어떤 매스미디어도 '어떻게 하면 사람들의 관심과 흥미를 집중시킬 것인가'하는 욕망에서 잠시도 벗어나지 않는다. 사람들의 관심과 흥미는 매스미디어의 존립 근거이기 때문이다. 대중의 관심과 흥미를 끌지 못하는 미디어는 그 존재가 없는 것이나 마찬가지이다. "잊혀지면 끝이다"는 말은 매스미디어에 가장 잘 적용될 것이다.

강행인가 시행인가, 세금인가 혈세인가, 해명인가 변명인가, 소통인가 쇼통인가. 한쪽의 어떤 주장에 대해 다른 쪽에서 그 주장을 궤변(엉터리 가짜 주장)이라고 단정한다고 해서 그의 주장이 실제 궤변으로 규정되는 것은 아니다.

최근 들어 자기 주장에 대한 공격과 방어에 많이 쓰이는 '가짜 뉴스'도 비슷한 면이 있다. 논의 또는 문제가 되는 어떤 현실을 어느 범위까지 넓히거나 한정하여 판단할 것이냐가 중요하다. 부분적 사실과 거짓(가짜)이 전체적 진실과 허구(가짜)와 반드시 일치하는 것은 아니다. 그래서 가짜 뉴스를 둘러싼 공방은 팽팽하기 일쑤다. 물론 명백하게 거짓으로 드러나는 경우는 예외이다.

'가짜 뉴스라는 주장이 가짜이다.' '그의 주장은 진짜 가짜 뉴스이다.' 라는 표현처럼 진짜와 가짜가 뒤엉켜 진위(眞僞)를 명확하게 구분하고 판단하기가 점점 어려워진다. 이는 단지 사실 여부의 문제를 넘어서는 인식의 차원이 있기 때문에 더욱 그렇다. 예를 들어 어떤 사안에 대한 찬성과 반대를 둘러싸고 거리에 모여 시위를 벌일 경우 참가자 숫자는 정확하게 파악하기는 어렵다. 상대방 시위 인원은 축소하고 자신의 시위 참가자 수는 부풀리기 쉽다. 10만 명이 참가한 시위의 인원을 100만 명이라고 주장할 경우 숫자 상으로는 사실과 다른 가짜라고 할 수 있다. 그러나 그 시위에 참가한 사람들은 10만 명을 100만 명과 마찬가지라고 느끼고 그렇게 됐으면 하는 기대감을 가질 수 있다. 이런 점은 현실에 대한 인식에 실제로 영향을 미친다.

나는 가짜 뉴스를 현실에 대한 불완전한 인식이라는 측면에서 볼 필요가 있지 않을까 생각한다. 진위가 빠른 시간 안에 명확하게 드러나고 다툼이 전혀 없는 경우를 제외하고 가짜 뉴스를 둘러싼 공방은 매우 복잡한 상황과 얽혀 진위 판단이 어렵고 진위를 가리더라도 당사자나 관계자들이 받아들이는 경우가 드물다.

"뉴스란 일정한 편향(한쪽으로 치우침)을 지닌 기자 집단에 의해 생성된 메시지의 체계이다" "뉴스는 기자의 관점에서 시작된다"는 말이 있다. 뉴스는 복잡한 현실에 대해 주관적 판단으로 취사선택하고 해석하며 가공(손질)한 결과이다. 이는 모든 뉴스가 언어나 영상으로 표현되는 과정에서 본질적으로 현실을 왜곡한다고 볼 수 있다. 사람의 인식에서 어떤 성향(性向, tendency)은 매우 중요하다. 무엇에 대한 인식이나 생각, 느낌이 특정 방향으로 기울어지는 것을 말한다. 보수 성향, 진보 성향, 좌파 성향, 우파 성향, 여당 성향, 야당 성향 같은 말은 이런 측면을 보여준다.

뉴스 = 현실의 취사선택 + 해석 + 가공

가짜 뉴스는 특정 사실에 대한 진위 뿐 아니라 당위(마땅함)의 측면도 포함한다. 그래서 어떤 사람(a)의 주장(반드시 또는 언제나 참인 것은 아니다)에 대해 상대편(b)이 "그것은 가짜 뉴스다"라고 하면서 반박할 경우 이는 a의 주장이 부분 또는 전반적으로 사실과 다를 수 있으며 b의 주장은 더 넓은 의미에서 a의 주장이 타당하지 않다는 뜻을 나타낼 수도 있다.

개인이나 단체(정부를 포함)는 자신에게 유리하고 도움이 되는 내용이나 상황은 적극적으로, 그래서 부풀리는 과정을 통해서라도 그것을 확산시키려고 한다. 그래서 국정 운영을 책임진 정부는 가령 경제 상황이 나쁘더라도(나쁜 상황을 어떻게 인식하느냐는 복잡한 문제이다) '악화'(惡化) '위기'라는 표현보다는 '일시적 어려움' 정도로 덜 자극적인 표현을 할 수 있다.

정부는 모든 나라에서 매우 중요한 취재원(뉴스의 재료가 나오는 근거)이다. 매체에 따라 정부에 대한 관계가 우호적, 대립적, 적대적, 협조적, 의존적, 종속적이냐에 따라 그 미디어가 생산하는 뉴스에 사용되는 기호(표현 용어)와 분위기 등은 매우 다르다.

이런 경우 과연 어떤 인식과 판단이 진짜(true, real, correct)인지 알기 어렵다. 언론으로 불리는 매스미디어가 정부의 어떤 정책이나 메시지에 대해 의혹을 제기하거나 비판(지적)하는 경우 정부는 가짜 뉴스라면서 대응하고 방어하는 경우가 늘어나고 있다. 언론의 의혹 제기는 맞을 수도 있고 틀릴 수도 있다. 많은 미디어는 정부가 편집해서, 즉 취사선택해서 가공한 자료를 다시 취사선택하고 가공 해석하여 뉴스라는 이름으로 보도하는 경우가 매우 많다. 받아들이고(取) 버리는(捨) 기준은 복잡하다. 받아들이더라도 무겁게 또는 가볍게 취하는 등 사안에 따라 다르다. 이 모든 과정에는 어떤 방향을 꾀하는 의도(意圖)가 개입한다.

정부든 언론사든, 개인이든 단체든 어떤 사안에 대한 판단을 할 경우 취사선택(取捨選擇. 일종의 게이트키핑이다), 즉 전체 내용에서 불리한 부분은 버리고 유리한 부분은 선택하고 부각(浮刻)시키는 과정 자체가 왜곡이고 조작이며 거짓이고 가짜의 시작이다. 원칙적인 차원에서 볼 때, 무엇에 대해 그것을 언어로 표현하는 순간 왜곡은 시작된다고 할 수 있다. 인식과 판단, 의견, 주장은 '현실 자체'가 아니다. 현실 자체에 대한 완전한 인식은 전지전능한 신의 영역이다. 가짜나 허위의 문제는 쌍방의 비난에 앞서 진위의 성격을 가능한 한 넓은 바탕에서 생각해보는 분위기를 만들 필요가 있다.

가짜 뉴스는 여러 차원이 있다. 어떤 일이 일어나지 않았는데도 일어났다는 소식이 여러 종류의 매스미디어를 통해 유포됐을 경우 이같은 가짜는 단순하기 때문에 사실 확인에 따라 곧 소멸된다.

그러나 어떤 상황과 맞물려 있을 경우 '가짜'의 의미는 상당히 복잡해진다. 그래서 "그 주장이나 의혹은 가짜(뉴스)이다"고 할 경우 이는 상대방의 말이 부분적으로 맞다고 하더라도 상황적으로는 부적절하다는 뜻을 품을 수도 있다. "가짜 뉴스는 근절해야 한다"는 주장에 대해 누구나 동의하지만 현실의 구체적인 상황에서는 가짜 뉴스를 놓고 서로 대립하고 공격하고 방어하는 일이 벌어지는 이유는 이와 같은 상황성(狀況性)이나 맥락성(脈絡性) 때문일 것이다.

이런 점을 생각하면 가짜 뉴스는 좁은 의미의 참과 거짓을 넘어 '이념적' 성격을 가진다고 할 수 있다. 진짜인가 가짜인가는 현실(사실) 자체가 아니라 '그에 대한' 인식이나 판단인 경우가 많기 때문이다. 의견, 감정, 느낌, 해석, 이해는 현실을 드러내는 방식이라는 점을 개방적으로 받아들이는 자세와 분위기가 요구된다.

사실이나 현실에 대한 인식에 차이가 나더라도 더 넓고 깊은 차원을 생각하면서 진위와 옳고 그름을 판단할 수 있다. 현실에 대한 다양한 인식에는 이같은 이념적 차원을 배제하기 어렵다. 이념(理念)은 기대와 희망, 목표에 닿아 있다. 상황이나 맥락에 대한 인식은 현재 뿐 아니라 과거와 미래에 대한 판단이 개입하는 경우가 많다. 그래서 이른바 팩트(사실)의 진위, 즉 진짜와 가짜를 좁고 단편적인 팩트를 기준으로 구별할 경우 입체적인 인식이나 소통에 실패할 가능성이 높아진다. 사람의 인식 작용에는 긍정과 부정, 비관과 낙관, 옳음과 그름, 타당과 부당, 좋음과 싫음 같은 이념적 차원이 섞인다. 이런 측면을 배제하면 사람의 독특한 인식 능력을 매우 좁혀버릴 수 있다.

어떤 사안이나 뉴스의 진위(眞僞)를 가리는 기준으로 '팩트'(fact) 라는 용어를 많이 쓴다. 팩트는 사람의 인식에 좌우되지 않는 어떤 객관적 사실을 가리키는 뜻으로 생각하기 쉽다. 해와 달, 지구가 우주 공간에 있다는 것은 팩트이다. 그러나 사람이 관계되는 많은 일에서 팩트는 매우 복잡한 측면이 있어 바르게 파악하기가 어렵다. 현실은 매우 복합적이므로 부분적으로 팩트(사실)이라 하더라도 그것이 전체적인 맥락에서 반드시 진실인 것은 아닐 수 있다. 이런 가능성을 열어두는 것은 개방적이고 입체적인 인식을 위해 요청되는 중요한 태도이다.

Fact 라는 말은 라틴어 '파치오'(facio)에서 나왔다. 이는 '행동하다, 무엇을 하다, 만들다, 낳다, 생산하다, 만들어내다'는 뜻이다. 파치오의 명사형이 '팍툼'(factum)이고 여기서 fact라는 말이 생겼다. fact는 make(만들다)라는 어원의 뜻을 생각해보면 팩트는 사람의 인식에 좌우되지 않는 어떤 현실이 아니라 사람의 어떤 행위가 낳는 현실이라는 것을 알 수 있다. 현실에 대한 인식과 판단에는 기대와 희망 같은 차원도 섞여 들어간다.

'역사적 사실'이라고 하면 매우 객관적이어서 누구나 인정할 팩트처럼 느껴지기 쉽다. 하지만 영국의 저명한 역사학자 카(E.H.Carr, 1892-1982)는 그의 『역사란 무엇인가』라는 책에서 "역사에서 사실이라는 것은 역사가가 부여하는 의미에 의해 역사의 사실이 된다"는 관점을 강조한다. 이는 어떤 사실(팩트)이 저절로 성립하는 게 아니라 의미와 해석의 관계 속에서 드러난다는 것을 보여준다. 이같은 관점도 팩트를 바라보는 인식의 지평을 넓혀줄 수 있다.

인식(판단)의 이념적 측면	기대 희망 긍정 부정 좋음 싫음 비관 낙관 옳음 그름 타당 부당 아름다움 추함 신뢰 불신 의미 맥락

현실의 실재, 즉 '있는 그대로'를 파악하고 인식하는 것은 불가능하다. 어떤 식으로든 취사선택하고 해석하여 가공하는 과정을 거쳐 알려지는, 말하자면 '2차 현실'만을 알고 공유하고 찬성하고 반대하고 칭찬하고 비난한다.

취사선택과 해석, 가공의 과정에는 정부나 기관 단체, 언론사 등 주체의 이해득실(利害得失) 관점과 주관이 반드시 들어간다. 과학적인 조사방법인 통계도 마찬가지이다. 어떤 결과가 25% 라고 할 경우 높은 것인지 낮은 것인지는 해석하는 주체가 어떤 위치와 입장, 상황에 있는지에 따라 달라질 가능성이 높다. 반컵의 물을 두고 "물이 반이나 남았다"고 하는 경우와 "물이 반 밖에 남지 않았다"고 하는 것과 원리적으로 다를 바 없다.

통계도 인구에 관한 통계처럼 액면 그대로 인식해도 되는 경우도 있지만 사람들의 주관과 느낌, 심리, 정서가 관련되는 사안에 대한 통계는 어떤 현실을 제대로 반영하는지 판단하기가 매우 어렵다. 그래서 25%를 '별일'로 해석하는 쪽과 '별일이 아닌 것'으로 해석하는 쪽의 현실 인식과 태도는 크게 달라진다. 여론조사라는 통계는 질문을 어떻게 하느냐에 따라 응답의 크게 달라질 수 있다. 여론조사는 여론조작이라는 의구심이 따라다니는 것도 이런 사정 때문이다.

어느 민간경제연구소에서 몇가지 지표를 제시하며 국가 경제가 '위기'

라고 진단한 경우, 몇가지 측면의 가공된 현실, 즉 현실 자체(이는 알 수 없다)가 아니라 해석되고 가공된 2차 현실이 나타난다. 위기(crisis)라는 말은 비일상적 흥미 또는 관심을 끌 수 있는 비일상적 용어이다.

이에 대해 정부는 다른 근거를 제시하면서 위기 상황이라는 진단을 부정하기 쉽다. 이같은 대립에 대해 매스미디어는 또 다른 현실을 보여준다. 가령 '정부가 위기에 둔감한 채 변명으로 일관하고 있다.' 또는 '위기 진단을 가짜 뉴스라고 반박하기에 급급하다.'라고 비판한다. 이럴 경우 경제 상황이라는 현실에 대한 세 가지 2차 현실이 등장하고 다른 견해, 즉 정부의 입장을 긍정하는 매스미디어의 보도가 나올 수도 있다. 어느 경우가 현실 자체에 가장 가까운지 판단하는 것은 매우 어렵다. 모두 가짜일 수도 있고 그 반대일 수도 있다. 진실은 아마도 앞에서 말한 것처럼 중간지대의 사이(間)에 있을지 모른다. 인식에서 이와 같은 유연한 개방성이 공유되어야 역지사지도 가능하고 갈등도 줄일 수 있을 것이다.

정도의 차이는 있지만 매스미디어 뉴스는 비일상의 흥미 또는 관심이라는 기준에서 통상(通常. 특별하지 않은 예사로움)의 일이라도 '별일', 즉 뉴스로 만들려는 충동과 욕구, 의지를 발동한다. 지나친 경우도 있지만 뉴스화(化)를 위한 욕망과 의지가 없다면 세상에 '별일'은 아주 적을 것이다.

'기자가 인식하는 대로 사물이 있다.' '기자가 있어서 사건 사고가 있다.'고 하는 말은 '뉴스', 즉 '별일'이 세상에 드러나는 데는 뉴스메이커로서 기자의 인식과 판단이 들어간다는 의미다. 별일이 아닌데도 별일인 것처럼 만드는 것인지, 별일인데도 별일이 아닌 것처럼 인식하는 것인지에 대해서는 명확하게 판단하기 어렵다. 'News is information about current events.'(뉴스는 지금 일어나고 있는 사회적 사건, 즉 시사에 대한 소식이다)같은 풀이(온라인 백과사전 위키피디아)는 뉴스에 대한 부분적 관점을 보여준다. 어떤 시사(時事)가 먼저 발생하고 뉴스는 그에 '대한 또는 관한(about)' 소식이라는 의미다. 하지만 뉴스는 어떤 사안에 의미 또는 가치를 넣어 만들어 내는 경우가 매우 많다.

인명 피해가 많거나 특이한 사건 사고, 재난 같은 종류의 비일상적인 일은 저절로 뉴스 가치를 발생시킨다. 하지만 이같은 사건 사고는 그다지 흔하지 않은데다 특별한 경우가 아니면 이전에 비해 사건 사고의 뉴스 가치는 낮아지고 있다. 사회가 복잡해지면서 사람들의 관심을 끌 수 있는 뉴스가 훨씬 다양하게 등장하고 있기 때문일 것이다. 뉴스(별일)를 만들지(making) 않으면 신문은 지면을 채우기 어렵고 TV는 뉴스 시간을 채우기 어렵다.(1978년 출간된 게이 터크만 Gaye Tuchman 의 저서 『Making News』는 'A Study in the Constrution of Reality'(현실의 구성에 관한 연구)라는 부제가 붙어 있다. 뉴스는 어떤 현실을 단순히 비추는 것이 아니라 적극적으로 재구성하는 것이라는 관점이다. 그래서 터크만은 뉴스를 프레임(frame, 인식틀)으로 규정한다. 터크만의 이같은 견해는 뉴스의 독특한 성격을 잘 보여준다. 프레임은 세상을 바라보는 인식의 액자 또는 창문이라고 할 수 있다.)

세상일은 일상의 시각으로 보면 "그럴 수 있겠다"고 하는 것처럼 이해하고 넘어가는 경우가 매우 많을 수 있다. 정치 경제 사회 국제 등 온갖 세상의 현실에 대해 "세상 사는 게 다 그렇지 뭐" 식으로 이해하면 세상은 오히려 평온하게 느껴질 수도 있다.

하지만 매스미디어는 잠시도 멈추지 않고 온갖 뉴스를 만들어 쏟아낸다. 신문과 텔레비전 중심의 매스미디어가 인터넷의 발달로 유튜브를 비롯한 다양한 소셜미디어가 분출하면서 뉴스의 세계도 매우 다양하고 풍성해졌다. 이럴수록 비일상적 흥미라는 뉴스화의 기준을 만족시키는 일은 더욱 어려워진다. 이전에 비해 자극적인 표현으로 뉴스를 구성하는 경우가 늘어나는 것도 이같은 상황이 영향을 미친다고 할 수 있다.

매스미디어 콘텐츠로서 뉴스는 언론기업의 제품이고 상품이다. 식품회사 상품의 맛이 떨어지면 소비자의 선택을 받지 못해 결국 회사를 운영할 수 없게 된다. 뉴스의 맛은 비일상성의 흥미, 즉 사람들의 관심이다. 이는 1인 미디어든 주식회사로서 미디어 업체든 동일한 생리이다. 그래서 "뉴스는 식품처럼 빨리 상하기 쉬우므로 소비자들이 빨리 먹도록 해야 한다"는 말이 있다.

뉴스는 매우 다양하지만 대립이나 갈등, 위기를 말하는 내용이 비일상적 흥미나 관심을 끄는 데 더욱 강한 작용을 하는 것 같다. 사람들은 그런 뉴스에 더 민감하므로 세상이 온통 갈등 투성이여서 불안한 느낌을 가질 수 있다. 어떤 상황이 실제로 갈등 상황인지, 발전을 위한 일시적 대립인지를 판단하는 것은 간단한 문제가 아니다. 뉴스화 입장에서는 갈등으로 표현하는 것이 비일상적 흥미라는 뉴스의 욕망에 더 가깝게 다가가는 경우가 많다.

갈등과 대립에 관한 뉴스가 전체 뉴스에서 차지하는 비중은 많지 않은데도 이를 접하는 쪽에는 자극이 강하므로 뉴스가 온통 갈등으로 넘치는 듯한 인식을 갖기 쉽다. 그래서 사람들의 가슴을 뭉클하게 하고 사회를 따뜻하게 만드는, 그래서 살아가는 맛이 나는 뉴스가 많으면 좋겠다는 반응을 보이는 경우가 적지 않다.

하지만 가령 어떤 종합일간신문에 미담(美談) 뉴스가 많이 담길 경우 결국 독자들의 외면을 받을 가능성이 높다. 미담은 '비일상성'(非日常性, unusualness)이라는 뉴스의 속성에서 대립이나 갈등에 비해 대중의 흥미나 관심이 떨어지기 쉽다. 대립이나 갈등을 느끼는 뉴스가 많아도 불안을 느낄 수 있지만 대립이나 갈등을 다루는 뉴스가 없거나 부족해도 불안을 느낄 수 있다. 뉴스 소비자인 대중은 긍정적이고 낙관적인 내용보다는 부정적이고 비관적인 내용에 더 민감하게 반응하기 쉽다. 뉴스의 부정 편향(不正偏向, negative bias)이라는 용어도 이런 측면을 보여준다. "진실이 운동화 끈을 매고 있을 때 거짓은 이미 지구를 세 바퀴 돈다"는 뉴스 격언은 거짓이라는 부정적 내용에 더욱 민감한 뉴스의 어떤 속성과 관련 있는 것 같다.

불안이란 마음이 편하지 않은 상태인데, 그 원인은 여러 가지이다. 세상이 떠들썩하여 마음이 편하지 않을 수 있는데, 사람들이 모여 사는 세상일에 관해 소식을 전하는 미디어가 소란스러운 것처럼 표현하여 그렇게 느껴지는 것인지는 명확하지 않다. "언론(뉴스)이 갈등을 조장하고 부추긴다"고 느끼는 사람이 많은 것도 이런 사정 때문일 것이다. 다른 측면에서 볼 때, 만약 뉴스가 사라진다면 사람들은 오히려 더 불안감을 느낄 수 있다. 세상에 어떤 일이 일어나고 있는지 알 수 없어 고립된 두려움이 밀려 올 수 있다.

매스미디어 뉴스의 성격을 파악하는 데는 뉴스와 관련해 전해오는 아포리즘을 음미하면 도움이 된다. 몇가지를 소개한다. 신문이라는 말은 뉴스로 바꿔 읽어도 될 것이다.

- 뉴스는 최대 다수의 최대 관심사이다.
- 뉴스는 인간적 흥미이다.
- 뉴스는 일상적 관념과는 거리가 먼 사건이다.
- 뉴스는 여론의 원료이고 의견의 양식이다.
- 뉴스는 신선한 놀라움이다.
- 뉴스는 급하게 쓰는 역사이다.
- 신문은 야생동물이다. 항상 그 힘을 사용할 새로운 방법을 찾는다.
- 신문은 아침 저녁으로 두드리는 종이 목탁이다.
- 뉴스를 찍어 내고 소동을 벌이는 것이 신문의 임무이다.
- 신문은 폭로에 의해 살아간다.
- 신문은 세계의 거울이다.
- 신문은 흥분이다.
- 신문은 거짓말의 소굴이다.
- 신문은 소란스럽다. 이 세상과 같이.
- 신문은 늘 호기심을 뿌리고 다닌다.
- 신문은 두 가지 S를 판다. 뉴스(News)와 의견(Views)이다.
- 신문은 이윤 추구와 양립하는 범위 안에서 진실을 보도한다.
- 성공적인 신문은 끊임없이 투덜거리고 호전적이다.

나는 뉴스가 대립이나 갈등을 선호하는 이유에 대해 단순히 사람들의 흥미나 관심을 끌기 위한 의도가 아니라 사회의 발전을 위한 '깊은 동기'(deep motive)에서 비롯된다고 생각한다. 뉴스메이커들 사이의 과열 경쟁에 따른 부작용도 있지만 그것은 본질이 아니라고 본다.

이와 같은 맥락에서 생각하면, 나는 가짜 뉴스라는 말이 매우 불편하다. 이전에는 뉴스 보도에 문제나 잘못이 있을 때 오보(誤報)라고 했다. 오보와 가짜 뉴스는 비슷한 뜻이지만 어감(뉘앙스)은 매우 다르다. 어감이 다르다는 것은 서로 다른 말이라고도 할 수 있다. 가짜, 공짜, 괴짜처럼 '짜'는 그다지 좋은 느낌을 주는 말이 아니다. 가짜 뉴스라는 말이 유행하니 이와 대립하여 진짜 뉴스라는 말도 늘어나고 있다. 한쪽에서 가짜 뉴스와 가짜 개혁을 주장하고 다른 쪽에서 진짜 뉴스와 진짜 개혁을 주장할 경우 진짜와 가짜를 떠나 갈등의 차원으로 번질 수 있다.

오보는 어떤 사안에 대한 뉴스화 과정에서, 의도적이든 아니든, 생기는 일시적이고 부분적인 잘못이라고 할 수 있다. 뉴스의 정체성(正體性)이 오보 때문에 무너지는 것은 아니다. 오보는 뉴스의 본질을 넘어서는 게 아니라 뉴스의 기능과 역할에서 생기는 흠(하자)이라고 할 수 있다. 오보는 지적을 받거나 하면 줄이는 등 개선을 하면 된다.

가짜 뉴스 또는 진짜 뉴스는 '새로움으로서 뉴스'의 본질과 정체성에 혼란을 주고 훼손한다. 다른 종류의 뉴스를 가리키기 때문이다. 매스미디어 뉴스라는 말 앞에 '좋은' '나쁜' '진짜' '가짜' '충실한' '부실한' '입체적인' '단순한' 같은 수식어를 붙일 수 있다. 하지만 이런 수식(꾸밈)은 뉴스의 본질과는 구별해야 할 방편적, 수단적, 기능적, 주관적 측면을 가리킨다. 실체와 본질로서 뉴스와 작용과 현상으로서 뉴스를 구별할 필요가 있다. 그래서 가짜 뉴스는 실체와 본질의 정체성을 가진 뉴스가 아니라 밖으로 드러난 하나의 뉴스 현상이라고 할 수 있다.

뉴스에 대한 정의(定義)는 많지만 '사람들에게 알려지지 않은 새로운 소식'으로 요약할 수 있고 '새소식'으로 바꿀 수 있다.(국립국어원 표준국어대사전) 이런 정의는 매스미디어 뉴스의 기능을 풀이할 뿐 본질에는 닿지 못한다.

뉴스(News)	실체와 본질
	작용과 현상

뉴스의 본질적이고 본래적 모습은 '올바른 새로움'이다. 올바르다는 것은 옳고 바름이다. 새로움은 사실과 어긋나지 않아야 하는 것에 그치지 않고 이치(理)에 어긋나지 않아야 한다는 당위(마땅함)까지 포함할 때 성립할 수 있다.

뉴스의 본질적 이치는 윤리적(倫理的), 도리적(道理的), 의리적(義理的), 순리적(順理的), 정리적(情理的), 철리적(哲理的) 차원에 닿는 새로움이다. 리(理)는 옥(玉)을 갈아 결을 가지런히 하듯이 개인의 삶과 공동체의 삶을 가지런히 바르게 한다는 뜻과 가치를 담고 있는 말이다. 새로움에 해당하는 한자는 창의(創意), 창신(創新), 창안(創案)이다. 모두 이전에 없던 새로운 생각이나 물건이라는 뜻이다.

창의는 윤리적 개념이다. 단지 새로운 생각이나 발명이라는 이유로 창의적(創意的) 이라고 할 수 없다. 반(反) 사회적인 행위인 어떤 범죄의 수법이 아무리 기발(奇拔. 유달리 뛰어남)하더라도 이를 창의적이라고 할 수 없다. 이는 두뇌를 써서 범죄 수법을 개발하는 지능이나 잔꾀이다. 지능은 두뇌의 한 가지 기능이고 지혜(슬기)는 몸 전체의 올바름이다.

이같은 맥락에서 보면 창의력(創意力)은 창의성(創意性)이라는 인성이 뒷받침하지 않으면 쌓일 수 없는 윤리적 역량이다.

창의성	→	창의력

'뉴스 - 새로움 - 창의'가 윤리적 차원, 즉 바람직한 삶과 사회와 뗄 수 없는 관계라는 점은 매스미디어 콘텐츠로서 뉴스를 삶의 새로움을 위한 방안으로 활용하기 위한 근거가 된다.

인륜을 파괴하는 범죄 뉴스는 단지 '이런 일이 있었다'는 소식을 전하는 데 그치는 게 아니다. 그렇다면 이런 소식은 신문이나 텔레비전이 뉴스로 다룰 가치가 없다. 이를 접하는 사람들에게 슬프고 안타까운 감정만 일으킬 수 있기 때문이다.

안타까움이나 분노를 일으키는 여러 종류의 사건 사고 뉴스는 궁극적으로 그와 같은 일이 일어나지 않도록, 최대한 줄어들도록 해야 한다는 당위(마땅함)의 윤리적 차원이 들어 있다. 뉴스에 많이 등장하는 사건 사고에 대해 사람들은 놀람과 안타까움, 분노, 짜증, 불안을 느낄 수 있다. 이런 경우에도 뉴스의 본질에 닿아 있는 당위성을 생각하면 사건 사고 뉴스에 대한 깊은 차원을 느낄 수 있을 것이다.

나는 20년 넘게 이어오는 습관이 있다. 15가지 종이 일간신문을 살피면서 여러 종류의 기사에 대한 뉴스 가치를 다시 판단해보고 표현의 다양성을 정리하며 삶의 새로움에 도움이 될 내용을 정리하는 등으로 활용하고 있다. 주위 사람들은 "인터넷으로 쉽게 뉴스를 볼 수 있는데 그렇게 할 필요가 있느냐"고 말한다. 많은 신문을 노끈으로 묶어 들고 다니는 모습을 보면서 이렇게 입에 올린다. 어떤 소식을 단순히 알리고 이를 접하는 차원이라면 종이 신문의 두툼한 뭉치는 의미가 거의 없다. 하지만 특별한 새로움으로서 뉴스, 그리고 이를 삶의 새로움을 위한 밑거름으로 활용하려면 이런 오프라인적 방식이 매우 효과적이다.

나는 15가지 종류의 신문을 '하나의 신문'(One Newspaper)으로 여긴다.

신문에 따라 뉴스 가치를 판단하는 기준이 다르고 취사선택의 과정(게이트키핑)에도 차이가 있다. 보수 진보 중도라는 이념을 기준으로 뉴스를 다루기도 한다. 특정 정권(정부)에 대한 지지 또는 반대, 우호 또는 반감도 뉴스 가치를 부여하는 중요한 기준이 된다. 언론사(신문사 또는 방송사 같은 주식회사로서 언론기업을 말한다. 매스미디어로서 언론은 좁은 의미이다. 넓은 의미, 나아가 본래적 차원에서 언론은 매스미디어 이전에 인간의 문자 구성 활동을 가리킨다)라는 기업은 기본적으로 영리를 추구한다는 성격을 고려하는 것이 중요하다.

언론기업은 정치 경제 사회 등 공동체의 발전을 위한 공공적 성격이 있지만 그 바탕에는 영업 활동이라는 측면이 놓여 있다. 기업으로서 경영을 하지 못하면 예외 없이 폐업을 하지 않을 수 없다. 언론기업도 마찬가지다. 독자 또는 시청자, 광고주 등을 위한 이해 관계 차원에서도 뉴스 가치를 판단한다.

이런 측면은 기업으로서 언론사의 불가피한 현실적 모습이다. 따라서 어떤 신문이 뉴스를 특정 방향으로 편향적으로 보도하거나 왜곡해서 보도할 경우 이를 지나치게 비난할 필요가 없는 차원이 있다. 세계의 어떤 언론사도 이와 같은 상황에서 벗어나지 않는다. 매스미디어 뉴스를 삶의 새로움을 위한 재료로 활용하기 위해서는 여러 매체의 콘텐츠로서 뉴스를 편향이나 왜곡이 아니라 넓은 바탕에서 전체적으로 보려는 관점이 필요하다. 이런 맥락에서 '하나의 신문'이라고 말한 것이다. 'One Newspaper'는 어떤 사안을 입체적으로 보면서 판단을 개방적이고 유연하게 하도록 하는 데 실질적으로 도움이 된다.

개인도 가치관에 따라 사물에 대한 인식과 판단이 다를 수 있는 것처럼 언론사의 뉴스 판단도 얼마든지 다를 수 있다. 이런 다름을 매체비평이라는 방식으로 비판하고 부정하면 복잡한 현실에 대한 보도(뉴스)의 다양성을 오히려 해칠 수 있다. 이는 현실을 둘러싼 소모적이고 낭비적인 갈등을 일으키는 원인이 될 수도 있다. 부분을 보여줄 수 있을 뿐이라는 인식을 바탕으로 다양한 뉴스를 아울러 최대한 전체적 현실을 보려고 하는 태도가 실질적이고 실용적으로 도움이 된다고 생각한다.

뚜렷한 시각 차이를 드러내는 정치 또는 경제 현상에 대한 뉴스도 중요하지만 뭉클한 휴먼스토리도 삶과 사회를 성장시키는 데 중요하다. 뉴스를 마주하는 개방적이고 입체적인 자세가 매우 중요하다고 생각한다. 매스미디어 뉴스의 빛과 그늘, 밝음과 어두움은 완전한 분리나 대립이 아니라 현실을 비추는 여러 가지 창문이라고 할 수 있을 것이다.

뉴스의 본질

↓

올바른 새로움

↓

삶의 새로움(창의성)

지금 세계는 이전에는 겪어보지 못한 아주 새로운 미디어 환경을 만들어 내고 있다. 인터넷과 디지털 기술로 뉴스의 가치 판단과 생산, 유통의 방식이 이전 시대와는 차원이 다른 시대를 맞이하고 있다. 뉴스의 생산과 유통을 기존의 신문사나 방송사가 독점하는 시대는 사실상 끝났다. 이전의 뉴스 소비자들이 이제는 생산자와 공급자로서 위상을 가지게 되었기 때문이다. 2019년 경우 인터넷 포털 뉴스에 댓글을 단 사람은 하루 평균 12만 8700명, 하루 생산된 평균 댓글 수는 36만 2000개였다.(한국일보 2019년 12월 21일자 '한국인의 뉴스 소비') 얼마나 많은 사람들이 뉴스의 현장에 활발하게 참여하는 지를 엿볼 수 있다.

다양한 소셜 미디어(SNS)를 통해 뉴스를 생산하고 공유하는 사람은 통계를 내기 어려울 정도로 활발하다. 오랫동안 뉴스를 독점하다시피한 기존 제도권 신문과 방송은 이제 생존을 심각하게 걱정해야 할 정도로 뉴스 시장과 환경이 근본적으로 바뀐 현실을 잘 보여준다. '어떤 사안에 대해 사람들이 어떻게 생각하는가'는 뉴스의 중요한 재료가 된다. 댓글은 사람들의 생각이 겉으로 드러나는 통로이고 광장이다. '댓글 저널리즘'이라는 말은 이런 현상을 가리킨다.

'뉴스의 생산자와 공급자 · 소비자와 수요자'라는 전통적인 이분적 구분이 허물어지면서 저널리즘과 뉴스에 관한 많은 연구도 시대에 맞지 않는 부분이 상당히 많다. 종이신문과 방송을 통해 일방적으로 생산되어 일방적으로 공급되는 뉴스를 불특정 다수 대중이 이를 어떻게 수용하고 반응하는가에 대한 연구가 많았다. 신문이나 방송이 제시하는 의제(어젠다) 제공 역할은 전통적으로 매우 중요한 연구 분야였다. 어떤 신문이나 방송이 중요하다고 판단하여 보도하는 내용은 다수 대중도 그렇게 받아들이는 경우가 많았지만 이런 역할은 이제 빠른 속도로 그 기능을 잃고 있다. 대중(大衆, mass)에 대해 국어사전은 '현대 산업사회 구성하는 대다수의 사람으로, 수동적이고 비합리적인 특성을 가진다'고 정의한다. 지금 시대에 이같은 대중 개념은 시대와 동떨어진 낡은 설명이다. 인터넷 등 새로운 매체(미디어)가 일상의 무대가 된 21세기 대중은 능동적이고 주체적이며 개방적인 특성이 훨씬 강하다.

지금은 "뉴스란 무엇인가"하는 뉴스 자체의 정의(定義)를 새롭게 해야 하는 상황이다. 거의 모든 사람들이 뉴스를 '함께 만들고 함께 유통하는' 차원을 활발하게 펼치고 있다. 이 새로운 현상은 앞으로 더욱 속도를 낼 것이 틀림없다. 뉴스에 대한 새로운 정의는 사회적 자원인 뉴스를 많은 사람들(누가 생산자 공급자인지 소비자 이용자인지 구분하기 어렵다)의 상호작용하여 생산하고 나누는 관점이 중요한 기준으로 포함되어야 할 것이다. 뉴스가 넘치는 시대를 맞아 뉴스의 올바른 모습을 성찰하고 대안을 찾아야 한다는 주장도 많아지고 있다.

나는 뉴스 연구의 세계적 권위자인 미첼 스티븐스 교수(뉴욕대학교)가 말하는 '지혜로운 저널리즘'(Wisdom Journalism)에 귀를 기울인다. 지혜로운 저널리즘은 완전히 바뀐 저널리즘(보도 및 논평)과 뉴스의 환경에서 인류는 어떤 저널리즘을 추구해야 하는가에 대한 그의 깊은 고민이 담긴 방향을 가리키는 표현이다.

스티븐스 교수는 2014년 『Beyond News - The Future of Journalism』이라는 제목의 책(2015년 『비욘드 뉴스 - 지혜의 저널리즘』 제목으로 번역 소개됨)을 펴냈다. 뉴스가 기존의 관점과 역할을 '넘어서야(beyond)' 한다는 뜻을 담고 있다. 단순하고 파편적인 것들을 뉴스의 이름으로 전달하는 방식은 지혜로운 저널리즘이 될 수 없다고 한다. 그는 저널리즘의 핵심 가치로 '지혜'와 '통찰'이라는 화두를 던진다. 지혜는 뉴스의 세계에 낯설지만 저널리즘의 생존을 위해 신선한 에너지가 되도록 새로운 목표를 설정해야 한다는 것이다.

그는 지혜로운 저널리즘을 위해 전통 언론이 중요하게 여기는 5W(누가 언제 어디서 무엇을 왜) 대신 '5I'를 제안한다. 새로운 저널리즘은 '교양있고'(informed) '지적이며'(intelligent) '흥미롭고'(interesting) '통찰력 있으며'(insightful) '해석적인'(interpretive) 뉴스에 높은 수준의 관심과 능력을 보여주어야 한다는 것이다.(『비욘드 뉴스』 219쪽)

지혜로운 저널리즘 = 지혜 + 통찰을 담은 뉴스

스티븐스 교수는 그의 유명한 『뉴스의 역사』(A History of News)에서 뉴스를 "사람들 사이의 신경조직을 넘어서는 사회적 감각(a sense that leaps over the synapses between people, a social sense)이라고 규정했다. 그가 지혜로운 저널리즘을 고민한 바탕에는 사회적 감각으로서 뉴스가 건강하게 작용

하도록 하는 기대와 희망이 담겼을 것으로 생각된다.

뉴스가 잠시도 멈추지 않고 소나기처럼 쏟아지고 홍수처럼 넘치면서 생활에 파고드는 시대에 "어떤 뉴스가 삶을 성장시키는 데 필요하고 도움을 주는가"는 유익한 기준이 될 수 있다. 나는 그런 뉴스를 '지혜로운 뉴스'(Wisdom News)라고 부르고 싶다.

우리나라의 뉴스와 언론에 대한 신뢰는 매우 낮다. 옥스퍼드대 부설 로이터저널리즘연구소가 38개국을 대상으로 뉴스(언론)의 신뢰도를 조사한 결과 우리나라는 2016년부터 지난해까지 4년 연속으로 최하위(20% 선)를 차지했다. 한국언론진흥재단이 2019년 발표한 언론 신뢰도 조사에서도 응답자의 28%가 신뢰한다고 답했다. 이같은 상황을 보더라도 정확하고 공정한 뉴스는 물론이고 이를 넘어 지혜와 통찰을 보여주는 뉴스를 통해 사회적 신뢰를 높이는 노력을 절실하게 고민해야 할 것이다.

▲ 성서캠퍼스 본관 전경

제5장

호감과 매력이 사람을 움직인다

기자로 일하면서 생긴 습관 가운데 하나는 만나는 사람의 됨됨이 등 성품을 자세히 살펴보는 것이다. 다른 뜻에서가 아니라 그 사람의 장점은 배우고 단점은 나를 돌아보는 계기로 삼기 위해서다. 공자는 "자기보다 나은 사람을 만나면 본받아서 그와 같아지도록 노력하고, 그렇지 못한 사람을 만나면 자신은 어떤지 돌아본다."(見賢思齊焉, 見不見而內自省也. 『논어』「이인」편)고 했는데, 이와 같은 태도를 실천하고 싶었다.

기관이나 단체의 책임자, 기업인을 만나면 그의 어떤 모습이 그 위치에 있도록 했는지 살피곤 했다. 중간 관리자 같은 간부를 만나면 그가 얼마나 더 성장하겠는지도 느끼려고 했다. 평직원도 마찬가지다. 상사나 동료의 인정을 받아 성장할 수 있을지를 보려고 했다.

잠시 이야기를 나누거나 밥을 먹는 짧은 시간을 통해 어떤 사람의 사람됨을 깊이 파악하기는 어렵다. 그렇지만 짧은 시간이라도 사람됨에 대한 느낌과 판단은 오래 겪어보지 않아도 어느 정도 드러난다고 본다. 긍정적인 느낌은 그 사람에게서 묻어 나오는 좋은 느낌, 즉 호감(好感. good feeling)이라는 분위기였다.

호감은 상대방에게 다가가고 싶은 마음이므로 매력(魅力)의 다른 모습이기도 하다. 호감과 매력은 사람의 말과 행동에서 풍기는 은은한 향기이다. 모두 그런 경우는 아니었지만 만난 기관 단체의 책임자들은 대체로 그런 사람이 많았다. '저런 사람이니 이런 조직을 맡아 이끌 수 있구나' '오랫동안 저런 모습으로 일을 해왔구나' '함께 일하는 사람들도 그에 대해 좋은 느낌을 가져 서로 본받으려고 하겠구나'하는 생각이 들었다.

무엇을 느낀다는 것은 어떤 감정을 체험하거나 깨닫는 일종의 인식이다. '느낌이 좋다' '느낌이 나쁘다'고 하면 무엇에 대한 판단히 피상적이고 인상적이고 충동적이어서 정확하지 않은 듯한 생각이 들 수 있다. 하지만 나는 느낌이야말로 이성과 감성이 결합되어 어떤 대상을 전체적으로, 입체적으로 파악하는 높은 수준의 종합적인 판단이라고 생각한다. 일상 대화나 뉴스 표현 뿐 아니라 학술 서적과 논문에서도 어떤 사실을 말할 때 "~처럼 보인다" "~듯한 인상을 준다" "~하는 셈이다" "~때문인 것 같다" "~할지도 모른다" "~기대된다" "~아닌가 싶다" "~하는 듯하다" "~라고 말할 수 있다" 같은 표현이 매우 많다. 이는 느낌이 현실에서 매우 중요한 인식의 근거가 된다는 것을 보여준다.

느낌은 현실이나 대상에 대한 종합적 인식이다. 그래서 가령 어떤 사람의 언행이 깔끔해서 특별히 흠 잡을 데가 없지만 느낌이 좋지 않아 마음에 들지 않는 경우가 있다. 반대로 말도 잘 못하고 행동도 서툴러보여도 전체적으로 느낌이 좋아 호감이 생기는 경우가 있다. 느낌에 따라 어떤 현실이 여러 가지 모습으로 드러나고 만들어진다.

느낌 = 이성적 판단 + 감성적 판단

나는 강의 때 학생들에게 경험을 들려주면서 인간적 호감과 매력의 중요성을 강조한다. 취업에서 면접 과정이 점점 깊고 세밀해지는 이유도 함께 일하고 싶은 마음이 가는 호감 있는 사람을 찾으려는 이유가 크다. 조직생활에서 매우 중요한 화합, 소통, 공감, 배려, 협력(팀워크), 창의 등 거의 모든 업무 환경에서 호감과 매력은 태도의 문제를 넘어 최고 수준의 역량이고 능력이라고 할 수 있다.

일어탁수(一魚濁水)라는 말처럼, 물고기 한 마리가 물을 흐릴 수 있다. 직원 한 명을 잘못 채용하면 조직 전체가 피해를 입을 우려가 있다. 내가 만난 기업 관계자들은 이런 점을 상당히 고민하면서 채용을 한다고 했다. 창업을 하여 기업을 경영해도 마찬가지다. 호감과 매력을 가진 사람과 거래하면서 회사를 키우고 싶은 경우가 많다. 인공지능(AI)이 발달할수록 호감과 매력처럼 대체하기 어려운 인간적 차원의 가치는 더욱 소중한 요소가 될 것이다.

호감·매력 = 최고 수준의 인간적 역량

호감과 매력이 사람을 움직이고 나아가 세상까지 움직일 수 있다면 호감과 매력은 어떻게 키울 수 있을까.

오래전 우리나라의 한 대기업은 사원을 채용하는 면접장에 관상가(觀相家)를 면접관으로 참여하도록 했다는 이야기가 전해온다. 이 관상가의 판단이 실제 채용에 얼마나 영향을 미쳤는지는 알기 어렵다. 요즘 이런 면접을 하면 적잖은 비난을 받을 수 있지만 이런 방식이 넌지시 보여주는 메시지가 있다. 관상을 통해서라도 '느낌이 좋은 사람' '호감이 가는 사람' '매력이 있는 사람'을 선택하려고 하는 것이다. 이런 기준은 관상가가 아닌 면접관들도 가질 수 있다. 질문과 대답을 하는 과정을 자세히 살펴보면서 지원자의 사람됨에 대한 종합적인 인식과 판단, 느낌을 가질 것이기 때문이다.

관상을 매우 중요하게 여기는 사람도 있고 미신처럼 여기는 사람도 있다. 2013년 개봉한 영화 <관상>은 세간의 관심을 모았다. 관상을 믿든 믿지 않든 대체로 관심은 있다고 하겠으므로 상(相)을 관찰한다는 관상에 대해 생각해본다.

관상이라고 하면 대개 얼굴 생김새를 관찰하여 길흉화복이나 운명을 판단하는 것으로 알기 쉽지만 모습(相)은 얼굴 뿐 아니라 다양하다. 얼굴에 대한 관상은 용상(容相)이나 안상(顔相), 면상(面相)이라고 할 수 있다. 그 외 손금을 보는 수상(手相), 뼈의 생김새를 보는 골상(骨相), 살의 모양을 보는 육상(肉相), 말투를 보는 언상(言相), 목소리를 보는 성상(聲相), 기운을 보는 기상(氣相), 다리 모양과 걸음걸이를 보는 족상(足相), 마음씀을 보는 심상(心相) 등 사람에 관한 모든 것이 관상의 대상이다.

이 가운데 얼굴을 보는 관상이 관상의 대명사처럼 여겨진 이유는 눈(目)을 비롯해 코와 입, 귀 같은 중요한 인체 기관이 모여 있는데다 몸의 꼭대기로 사령부 같은 위치 때문일 것이다. 이런 얼굴 관상은 얼굴 전체를 비롯해 이마, 눈썹, 눈, 코, 입, 입술, 혀, 치아, 귀 등으로 매우 복잡하다.

얼굴 관상의 기본은 관인팔법(觀人八法)이라고 해서 얼굴을 8가지로 구분해 보는 관상술이다. 눈, 코, 귀, 입 등 얼굴을 전체적으로 보고 분류한 것으로, △위맹(威猛. 위세가 있고 맹렬함) △후중(厚重. 도량이 넓음) △청수(淸秀. 깨끗하고 뛰어남) △고괴(古怪. 순박하면서도 괴이함) △고한(孤寒. 쓸쓸하고 가난함) △박약(薄弱. 허약하고 빈천함) △악완(惡頑. 흉악하고 둔함) △속탁(俗濁. 천박하고 어리석음)의 상을 말한다. 이런 관상의 기본적인 관점은 타고난 모습(相)이 길흉화복 같은 운명을 결정하는 데 영향을 미친다는 것이다. 그래서 가령 위맹의 상을 타고는 사람은 부귀영화를 누리고 속탁의 상을 타고난 사람은 박복하게 살아간다는 것이다.

이같은 운명 결정론적 관상을 넘어서려는 입장이 마음의 상, 즉 심상(心相)이다. 얼굴의 상이 나쁘더라도 마음씀을 바르게 하면 삶을 의지대로 가꿀 수 있다는 관점이다. 백범 김구 선생의 일화는 심상을 중시하는 근거로 인용된다. 백범이 관상 공부를 한 뒤에 자신의 얼굴을 거울에서 보니 눈,

코, 귀, 입, 이마 등 어느 부분도 귀하고 복스러운 곳이 없었다고 한다. 그렇지만 백범은 나라의 독립이라는 숭고한 가치에 삶을 던진 심상을 통하여 가장 귀하고 복 있는 상으로 역사에 이름을 남길 수 있었다는 것이다. 이런 경우를 두고 '얼굴 대로 사는 게 아니라 사는 대로 얼굴이 생긴다'는 심상을 위한 격언도 생겼다.

나는 이런 심상과 관련해 '얼굴'이라는 말을 새롭게 정의(定義) 한다. 얼굴을 사전에는 '눈 코 입 등이 있는 머리의 앞면'이라고 풀이한다. 통념적으로, 상식적으로 대부분 이렇게 이해한다. 하지만 얼굴을 한 단어가 아니라 '얼 + 굴'로 두 단어로 나눠 이해할 수도 있다. '얼'은 '정신'이다. '굴'은 '꼴'(생김새) 또는 '길(굴. 통로)'이다. 그러니까 얼굴은 정신이 나타나는 모습 또는 정신이 드나드는 통로로서 길이다. 이렇게 이해하면 앞에서 말한 관인팔법의 얼굴과는 다른 차원의 얼굴이 드러난다. 나는 관인팔법의 얼굴관보다는 '얼의 모양이자 통로'로서 얼굴의 뜻에 더 크고 깊은 가치를 둔다.

얼굴 = 얼(정신)의 모양 + 얼이 드나드는 길(통로)

관상과 관련해서 내가 읽은 글 중에서 매우 인상적인 내용은 『순자』(荀子)의 「비상」(非相) 편이다. 관상을 비판한다는 뜻이다. 순자(순황)는 전국시대 말기 조(趙)나라 학자로, 공자와 맹자와 더불어 유가(儒家)의 핵심 인물이다.

비상 편을 살펴보기 전에 순자의 인성론으로 널리 알려진 성악설(性惡說. '성오설'로 읽어야 정확할 수 있다. 이 점은 뒤에 설명한다)을 살펴보는 게 좋겠다. 비상(非相)을 이해하기 위해서도 필요하다.

성악설은 맹자의 성선설(性善說)과 함께 사람의 마음(심성) 상태를 간결하게 보여주는 표현으로 널리 알려져 있다.

성선은 사람의 성품이 선량하고 순박하다는 것이다. 사람의 가치를 높이 평가하는 긍정적인 주장이어서 거부감이 없다. 사람은 원래 선량하다고 하니 사람에 대한 깊은 신뢰가 느껴진다.

성악은 사정이 꽤 다르다. 사람은 본디 성품이 나쁘고 악하다고 한다. 사람을 낮춰보는 듯한 느낌이 들어 기분이 좋지 않고 거부감도 든다. 대중적으로 순자보다 맹자가 더 유명하고 '맹모삼천' 같은 고사를 통해서도 친밀감이 높다. 성선설이 맹자에 대한 긍정적 이미지에 영향을 끼쳤을 수 있다.

'본래 그렇다' '본디 그렇다' '원래 그렇다' '근본이 그렇다' 같은 표현은 부적절한 측면이 있다. 좋은 의미라면 그냥 그렇게 넘어 갈 수도 있지만 나쁜 의미라면 문제가 될 수 있다. 순자의 성악설은 '사람은 본래(본디, 원래, 근본적으로) 악하다'는 의미가 아니다. 사전은 성악설에 대해 '순자의 학설로, 인간의 본성은 악하다는 뜻이다'라고 풀이한다.

본성(本性)이라는 말은 주의가 필요하다. 본(本)은 근본이라는 말처럼 '뿌리' '밑바탕'을 뜻하는데, 이는 '변할 수 없는' '변해서는 안되는'이라는 의미가 들어 있다. 그래서 본성이라고 하면 사람의 성품에서 가장 바탕이 되는 뿌리 성품이므로 변할 수 없고 변해서도 안되는 어떤 정체(正體)나 실체(實體)를 가리키는 것이다. 사람에게 고정 불변의 본성이 있는지, 있다면 어떤 모습인지(즉 선한지 악한지), 그런 고정적 본성은 없는지 등에 대해서는 동서고금을 통해 수많은 논의가 있었지만 대부분 동의하는 명확한 결론은 없다. 성선이다, 성악이다, 상황이나 환경에 따라 성선이나 성악이 된다 같은 주장이 있을 뿐이다.

만약 성악(性惡)을 사람의 본성, 즉 변할 수 없는 고정된 실체로 규정한다면 사람이 자신의 부족함이나 잘못, 허물을 깨닫고 고치는 어떤 노력도 불가능하고 필요하지도 않다. 따라서 사람의 부족함을 채워나가는 교육도 필요 없다. 사람의 본성이 나쁘고 악한데 교육을 해봐야 무슨 소용이 있겠는가. 이런 관점에 따르면 사람이 범죄를 저질러도 비난하거나 처벌할 수 없다. 사람은 본디 악하다고 하면 그만 아닐까.

'사람의 성품에는 어떤 경향(傾向. 기울어져 쏠림)이 있다'는 주장과 '사람의 본래(타고난) 성품은 이렇다'는 주장은 질적(質的)으로 다르다. 성악설은 사람의 성품이 타고나기를, 그래서 변하지 않고 변할 수도 없는 성품이 악하고 사납고 추악하고 나쁘다는 주장이 아니다. 악(惡)은 '악할 악' 또는 '미워할 오'로 읽는데, 성악설은 '미워할 오'의 뜻에 가깝다. '오'로 읽을 때의 뜻은 미워하다, 두려워하다, 비방하다, 헐뜯다, 싫어하다, 화합하지 못하다이다. 이런 뜻은 '악'이라는 어떤 고정된 본성이 아니라 마음에 일어나는 부정적인 바탕의 모습이다. 순자의 성악은 성악이 아니라 '성오'로 읽어야 그 의미를 정확하게 이해할 수 있다.

『순자』「성악」편은 다음과 같이 시작한다. '人之性惡, 其善者僞也.' 이 문장을 대부분 '사람의 본성은 악하다. 선량하다는 것은 거짓이다.'라고 풀이하는데, 이는 부적절하다. '사람의 성품에는 (좋아하고 싫어하는) 어떤 나쁜 경향성이 있다. 성품이 선량하다는 것은 인위적으로 가꾸어서 그렇게 되는 것이다.'라고 풀이해야 적절하다. 惡은 실체적 본성으로서 악이 아니라 감정의 부정적 경향성이다. 위(僞)는 거짓이나 가짜가 아니라 인위적 노력(人 + 爲)이다.

이어지는 구절을 보면 惡은 감정의 부정적 경향성이라는 점이 명확해진다. 즉 '사람의 성품은 태어나면서부터 이익을 좋아한다. 이것을 따르기 때문에 다투고 뺏는 마음이 생기고 사양하는 마음이 없어진다. 사람은 태어나면서부터 질투하고 미워하는 마음이 있다. 이것을 따르기 때문에 잔인하게 해치는 마음이 생기고 충실하고 믿는 마음은 없어진다.'(今人之性, 生而有好利焉, 順是, 故爭奪生, 而辭讓亡焉, 生而有疾惡焉, 順是, 故殘賊生, 而忠信亡焉.)

性惡을 성악으로 읽든 성오로 읽든 핵심은 악(惡)이 인간 성품의 본성, 즉 불변의 고정된 실체가 아니라 얼마든지 바뀔 수 있는 감정 같은 성품의 유동적인 모습이라는 것이다. 이런 의미를 새롭게 인식한다는 측면에서 성악설은 성오설로 발음하는 것이 좋다고 본다. 성악설로 읽는 것이 상식처럼 되어서 성오설로 바꿔 읽는 것은 사실상 불가능할지라도 성악과 성오에 들어 있는 이런 측면에 대한 이해는 필요하다. 『설문해자』는 惡을 '지나침이다'(過也)라고 풀이한다. 성품이나 행동이 지나치면 잘못될 수 있다는 의미라고 할 수 있다. 사람의 성품을 고정불변의 어떤 상태로 단정하는 것이 아니라 개선(改善)의 가능성을 담고 있다.

사람의 성품을 유동적인 감정의 모습으로 보면서 그 부정적 측면을 줄이고 바로잡기 위해서는 개개인의 노력과 사회적 차원의 교육이 비로소 가치를 갖고 중요해진다. 본성이 악하다는 성악설의 관점이 되면 이런 노력과 교육은 할 필요도 없고 하더라도 본성을 바꿀 수 없다. 교육의 필요성은 성오설의 관점에서 존립 근거가 생긴다.

『순자』(전체 32편)는 「권학」(勸學. 배움을 권장함) 편으로 시작한다. 그 첫 구절은 '배움은 (죽을 때까지) 중단할 수 없다.'(學不可以已)이다. 이어서 '공부는 스승을 넘어서겠다는 자세로 열심히 해야 한다'는 뜻인 청출어람(青出於藍)을 말한다. 이는 성악설(성오설)을 비롯한 순자의 철학이 사람의 가능성과 잠재력을 깊이 신뢰하면서 이를 발휘하도록 격려하고 촉구하는 차원에 닿아 있음을 알 수 있다.

순자가 관상을 강하게 비판하는 이유도 이같은 맥락에서 이해할 수 있다. 배움(학문)이라는 후천적 노력을 중요하게 여기는 순자로서는 관상술로 사람의 길흉화복 같은 운명을 판단하고 결정하는 것을 매우 부당하게 여겼을 것이다. 아마 순자가 살았던 시대에 관상술이 세간에 크게 유행했기 때문에 「비상」 편을 지었을 것으로 짐작된다.

「비상」 편의 첫 구절은 이렇다.

> "관상 보는 것을 옛 사람들은 하지 않았고 배우는 사람들은 관상을 입에 올리지 않았다."(相人, 古之人無有也, 學者不道也.)

'옛 사람'이란 특정 시대의 사람이 아니라 현재 상황을 비판적으로 지적할 때 비교 기준으로 제시하는 수사적 표현이다. 관상은 바람직하지 않다는 의미다. 공부하는 사람은 관상에 대해 말하지 않는다는 것은 관상이 공부와 학문에 방해가 된다고 보기 때문이다.

이어서 말한다.

> "생김새를 살피는 것은 마음을 헤아리는 일보다 못하다. 마음을 헤아림은 학문(배움)의 방법(길)을 가려서 선택하는 것보다 못하다. 생김새는 마음을 이기지 못하고 마음은 학문의 길을 이기지 못한다."(相形不如論心, 論心不如擇術. 形不勝心, 心不勝術.)

여기서 순자는 '생김새'(形) → '마음가짐'(心) → '배움의 방법'(術) 순서로 그 중요성을 말하고 있다. 마음의 다음 단계로 배움을 강조하는 것이 순자다운 생각이다. 배움의 노력이 없다면 마음가짐이라는 것도 막연하고 공허할 수 있음을 말하려고 하는 것 같다.

이어서 말한다.

> "배움의 방법이 바르면 마음이 순조롭게 따르므로 비록 생김새가 나쁘더라도 마음과 배움이 정당하므로 군자(인격이 높은 사람)가 되는 데 방해가 되지 않는다. (이와 반대로) 생김새가 좋더라도 마음과 배움이 나쁘면 소인(인격이 낮은 사람)이 되는 것이다."(術正而心順之, 則形相雖惡, 而心術善, 無害爲君子也. 形相雖善, 而心術惡, 無害爲小人也.)

여기서 관상을 비판하는 순자의 뜻이 선명하게 드러난다. 군자(君子)와 소인(小人)의 대비가 그것이다. 군자는 인격이 높아 사람됨이 큰 그릇(大器)이고, 소인은 인격이 낮아 사람됨이 작은 그릇(小器)이다. 군자가 되느냐 소인이 되느냐는 외모 같은 생김새에 달려 있는 것이 아니라 올바른 배움과 마음씀이 결정한다는 것이다. 군자와 소인은 신분적 의미가 아니라 인격의 차원이다.

그래서 순자는 자신 있게 다음과 같이 말한다.

> "사람이 군자가 되면 그것이 곧 길한 것이고, 반대로 소인이 되면 그것이 곧 흉한 것이다. 키나 체격이 어떻든, 얼굴 생김새가 어떻든 그런 것은 길흉의 문제가 아니다."(君子之謂吉, 小人之謂凶. 故長短大小善惡形相, 非吉凶也.)

관상으로 사람을 판단하는 세태가 널리 퍼졌을 상황에서 순자의 이같은 주장은 통념을 넘어서는 새로움이 있다고 할 수 있다. 순자는 공자를 비롯해 공자가 가장 존경한 주나라 주공, 요순임금을 섬긴 고요, 주나라 문왕과 무왕을 섬긴 굉요, 은나라 고종을 섬긴 부열, 은나라 탕왕을 섬긴 이윤처럼 군자 중의 군자라고 할 수 있는 이들의 생김새는 매우 볼품 없었다며 구체적으로 소개했다.

이 가운데 공자의 얼굴을 순자는 '악귀를 쫓아낼 때 얼굴에 덮어 쓰는 무섭게 생긴 탈 같다'(仲尼之狀, 面如蒙倛.)라고 했다. 기(倛)는 눈이 여러개 달린 가면이다.

공자의 얼굴 모습에 대해서는 그의 이름 구(丘)에 실마리가 있다. 공자의 부모가 산동성 곡부(曲阜)에 있는 니구산(尼丘山)에서 빌어 태어났으므로 이름이 공구(孔丘)라고 알려져 있었다. 그런데 사마천은 어디서 어떻게 알았는지 공자의 머리 모양이 니구산의 언덕처럼 오목하게 패인 채 태어나 이름이 그렇다고 했다. (生而首上圩頂, 故因名曰丘云. 『사기』(史記) 「공자세가」) 우정(圩頂)은 오목하게 푹 들어간 정수리이다.

공자의 얼굴 모습에 대해 사마천은 「공자세가」에서 "공자는 키가 9척 6촌이었다. 그래서 사람들은 그를 키다리라고 하면서 특이하게 여겼다."(孔子長九尺有六寸, 人皆謂之長人而異之.)고 했다. 9척 6촌은 2미터 가량이므로 공자는 덩치가 상당히 큰 사람으로 추정된다. 사람들이 공자의 모습을 이상하게(異) 여긴 이유는 독특하게 생긴 머리 모양에 키가 큰 거구였기 때문일 것이다. 공자가 50대 중반의 나이에 제자들과 함께 천하주유라는 유랑을 온갖 고생 속에 14년 동안이나 했다. 유랑을 마치고 고국 노나라로 돌아와서도 왕성하게 교육과 문헌 정리 등을 할 수 있었던 바탕에는 그의 이런 신체와 체력이 뒷받침됐을 것이다.

사마천의 이런 설명에 비해 순자의 묘사는 지나친 면이 있다. 머리 부분이 언덕을 닮아 좀 움푹 들어갔다는 사마천의 표현과 귀신탈을 덮어쓴 것(蒙) 같다는 순자의 표현은 받아들이는 느낌이 아주 다르다. 두 사람이 공자를 직접 본 것도 아니고 사진도 없었지만 나름대로 어떤 정보를 가지고 이같은 표현을 했을 것으로 추정된다.

순자가 공자의 얼굴을 귀신탈바가지에 비유한 것은 관상은 중요하지 않다는 점을 강조하기 위해서였겠지만 유가(儒家. 공자의 유학을 따르는 학자나 학파)의 입장에서는 유쾌한 일이 아니다. 나는 성악설(앞에서 살펴본 것처럼 '사람의 본성은 악하다'는 뜻이 아니다)과 함께 공자의 생김새에 대한 이런 묘사 때문에 순자가 유가의 세계에서 특히 맹자에 비해 호감이 덜하고, 결과적으로 대중적으로도 덜 알려진 것이 아닌가 하는 생각을 해본다.

성선설로 호감을 얻은 맹자는 공자에 대해 다음과 같이 말한다.

> "이 세상에 사람이 생긴 이후에 공자 같은 분은 없다!"(自由生民以來, 未有孔子也. 『맹자』「공손추」 상편).

이 구절을 줄인 '生民未有'는 공자를 상징하는 말로 쓰인다. 공자의 고향인 곡부에 있는 대성전 사당에는 이 글을 새긴 현판이 걸려 있다. 『맹자』의 마지막 부분은 그런 공자를 제대로 계승할 사람은 맹자 자신 뿐일 것이라는 자부심으로 맺는다. 맹자가 공자와 함께 대중적으로 널리 알려지고 호감을 주는 유가의 대표적 사상가로 꼽히는 이유는 그의 인본(人本) 철학과 함께 이같은 태도가 영향을 미쳤을 것이다.

사람의 성품에 대해서는 맹자의 성선설과 순자의 성악설(성오설)이 널리 알려져 있지만 제3의 관점을 참고하면 생각을 넓히는 데 도움이 된다. 『맹자』고자(告子) 상편에는 맹자와 고자가 인성을 놓고 논쟁을 하는 부분이 있다. 맹자가 고자 편을 짓고 고자의 인성론을 소개하는 이유는 맹자 자신의 인성론에 대한 자신감에서 비롯된 것이 아닐까 싶다. 고자는 성이 고(告), 이름은 불해(不害)로 알려진 인물이다. 자(子. 선생)라는 존칭이 붙은 점으로 미뤄 당시 유명한 학자로 추측된다.

먼저 고자가 다음과 같이 말한다.

> "사람의 성품은 여울물과 같습니다. 그 물을 동쪽으로 트면 동쪽으로 흐르고 서쪽으로 트면 서쪽으로 흐릅니다. 성품에 선량하고 선량하지 않음의 구분이 없는 것은 물에 동쪽이나 서쪽의 구분이 없는 것과 마찬가지입니다."(性猶湍水也. 決諸東方則東流, 決諸西方則西流. 人性之無分於善不善, 猶水之無分於東西也.)

이에 대해 맹자는 말한다.

> "물에 동쪽이나 서쪽, 위쪽이나 아래쪽의 구분이 참으로 없겠는가. 사람의 성품이 선량함은 물이 아래쪽으로 흐르는 것과 마찬가지네. 사람의 성품에 선량하지 않음은 없고 물은 아래로 흐르지 않음이 없네."(水信無分於東西, 無分於上下乎. 人性之善也, 猶水之就下也. 人無有不善, 水無有不下.)

맹자의 이 말은 성선설의 근거가 되는 중요한 구절이다. 고자는 사람의 성품은 선량한 것도 아니고 선량하지 않은 것도 아니며 상황에 따라 달라지는 것이라며 이를 여울물(湍水. 단수)에 비유했다. 여울은 바닥이 얕거나 폭이 좁아 물살이 빠른 곳이다. 성품은 고정적인 것이 아니라 방향을 돌리기 쉽다는 것을 보여주는 비유로 쓴 것 같다. 맹자와 고자가 성품의 상태에 대해 선악(善惡)이 아니라 선불선(善不善)이라고 표현하는 점도 중요하다.

나는 고자의 인성론을 '성단설'(性湍說)로 이름 짓고 싶다. 사람의 성품은 상황과 환경에 좌우될 뿐 타고 나는 일정한 성품은 없다는 의미다. 음미할 가치가 있다.

성선설(性善說): 맹자	**성악설**(性惡說): 순자	**성단설**(性湍說): 고자

나는 『뉴스메이커 공자』라는 책(2015년)에서 공자와 『논어』가 왜 대중의 사랑을 받는지를 호감의 측면에서 살펴본 적이 있다. 매스미디어 뉴스에서 공자와 『논어』는 동양의 다른 사상가나 고전 문헌에 비해 압도적일 정도로 많이 등장한다. 나는 이런 현상에 호기심이 생겨 뉴스를 만드는 사람, 즉 뉴스메이커(Newsmaker)로서 공자와 『논어』의 호감 요소로 5가지를 제시했다. 즉 △일상 긍정 △개방적 배움 △반듯한 사람됨 △공존적 관계 △심미적 깊이가 그것이다. 이런 요소들이 아주 간결한 방식으로 편집된 『논어』에 담겨 많은 사람들이 부담 없이 편하게 접할 수 있도록 하여 호감을 더욱 높였다고 본다.

나는 공자와 『논어』에 담긴 호감 요소를 확대하여 삶의 호감과 매력을 위한 기준으로 삼아도 좋겠다는 생각을 한다.

호감경제학(Likeonomics)이라는 개념을 제시한 조지타운대 로히트 바르가바 교수(마케팅 분야)는 『호감이 전략을 이긴다』(2013년 번역 출간)에서 불신사회를 극복하는 키워드로 호감(Likability)을 대안으로 강조한다. 그가 제시하는 호감의 5가지 원칙은 △진실성(공정하고 솔직함) △관련성(메시지에 상대방이 귀기울이도록 함) △이타성(인간적 공감) △단순성(간결성. 상대방이 이해하는 소통) △타이밍(효과적인 메시지 연결)이다. 바르가바 교수의 호감 원칙도 좋지만 좀 상투적인 느낌이 든다. 나는 공자와 『논어』를 통한 호감 요소를 좀 더 깊이 음미해보려고 한다.

일상(日常)은 새로움(뉴스)을 위한 바탕이다. 새로움은 비일상성(非日常性)이지만 일상의 단절이나 초월이 아니라 일상의 확장이요 깊어짐이다. 비일상은 일상에서 싹튼다.

이런 이유에서 새로움을 위한 일상이라면 그 일상은 반드시 긍정(肯定)되어야 한다. 긍정한다는 것은 옳다고 인정하는 차원을 넘어서는 의미가 있다. 긍(肯)은 '즐긴다' '즐겁게 여긴다'는 뜻이다. 따라서 긍정한다는 것은 일상의 현실을 즐겁게 마주한다는 의미다. 일상을 즐거움의 시선으로 바라보며 마주할 때 일상은 점점 더 깊이를 더 할 수 있다. 일상을 그저 반복되는 일로 여기면 즐거울 수 없다. 즐겁지 않으면 새로울 수 없다.

즐거움은 어떤 대상(일상)과 합쳐 하나라 되는 합일(合一)의 차원에서 가능해진다. 개방적이고 유연한 태도로 일상을 끊임없이 재발견할 수 있어야 그 즐거움을 지속 시키면서 새로움을 낳을 수 있다.

일상 긍정

↓

일상의 즐거움

↓

일상의 재발견(새로움)

열린 마음으로 배우는 자세는 일상을 긍정하는 데 필수적인 조건이다. 겸손하고 유연한 태도로 자신의 부족함을 하나씩 채워나가는 과정은 자기

자신의 일상을 긍정하는 즐거움이다. 이같은 태도는 사람됨이 반듯하다고 할 수 있다.

다른 사람과 더불어 사는 공존은 자신의 일상을 긍정하는 태도에서 자연스럽게 가능하다. 일상을 긍정한다는 것은 자기자신과의 관계를 개방적이고 유연하며, 소통하고 공감하며, 그리하여 스스로 자신에게 호감과 매력을 느낀다는 의미다. 일상을 낙관하는 즐거움이다.

자신에게 폐쇄적이며 불통하여 일상을 비관할 경우 다른 사람과 건강한 관계를 형성하기 어렵다. 공존은 타인과의 관계 이전에 자기자신과 먼저 반듯한 공존을 할 수 있을 때 비로소 가능해진다. 자기자신의 인격 높은 삶을 가꾸는 수기(修己), 수신(修身), 위기(爲己)를 예로부터 강조하는 이유도 이같은 맥락에서 이해할 수 있다.

자신의 인격을 닦는 의미로 널리 쓰이는 성어에 수기치인(修己治人)이 있다. 대개 '자신의 인격을 닦은 후에(다음에) 다른 사람을 다스린다'고 풀이한다. 이같은 풀이에 따르면 수기가 먼저이고 치인은 그 다음이라는 의미가 된다. 즉 수기와 치인은 다른 차원이라는 것이다.

그런데 만약 '수기 후에(다음에) 치인'이라고 하면 수기치인은 영원히 실천할 수 없다. 자신의 인격을 닦는 수기는 죽을 때까지 완성할 수 없는 과정이기 때문이다. 누군가 "나는 수기(수신)를 끝낸 사람이다"라고 한다면 그는 이미 인격이 부족하다는 것을 드러낼 뿐이다. 공자의 제자(자로)가 인격 높은 사람(군자)에 대해 묻자 공자는 '수기이경'(修己以敬. 자신의 인격을 닦아 공경스럽게 함)과 '수기이안인'(修己以安人. 자신의 인격을 닦아 사람들을 편안하게 함), '수기이안백성'(修己以安百姓. 자신의 인격을 닦아 백성을 편안하게 함)이라고 답하면서 "이런 일은 최고의 인격자로 꼽히는 요순임금도 실천을 어렵게 여겼다."(堯舜 其猶病諸. 『논어』 「헌문」 편)고 답했다. 수기와 수신은 평생 추구해야할 목표이지 삶의 어떤 단계에서 완성될 수 없다.

나는 '수기가 곧 치인'이라고 생각한다. 수기가 일어나는 현장에는 치인도 동시에 일어난다는 의미다.

이같은 인식과 판단이 가능하려면 치인(治人)에 대한 풀이를 새롭게 할 필요가 있다. 治는 대개 '다스릴 치'라고 읽기 때문인지 사전을 비롯해 일상에서도 '다른 사람을 다스린다'는 의미로 풀이한다. (기(己)는 자기 자신을, 인(人)은 자신을 뺀 다른 사람을 가리킨다.) 다스린다는 것은 보살피다, 바로잡다, 고치다의 뜻이다. 그래서 치인은 상급자가 하급자를 이끌어 삶을 바로잡아 준다는 의미가 들어있다. 이같은 리더십이라면 '내가 너보다 나은 사람이니 나를 따르라' 같은 행위가 나올 수 있다.

수기와 치인은 서로 이질적인 상하관계가 아니라 같은 평면에서 이해하는 게 좋다. 이같은 이해를 위해서는 治의 뜻 가운데 '왕성하게하다' '무성하게 하다' '돕다'는 뜻을 받아들이는 것이 필요하다. 그렇게 하면 치인은 사람들의 기운을 왕성하게 한다는 의미가 된다. 기운이 왕성해지면 일상에 활력이 넘쳐 일이 잘 될 수 있다. 일상을 긍정하면서 재발견하고 즐거움을 느끼려면 기운이 왕성해야 가능할 것이다.

수기(修己), 즉 자신의 언행과 인품을 잘 기르는 노력을 자신은 물론이고 주위 사람들의 기분을 좋게 하고 활동력을 높일 수 있다. 이런 것이 세상이 왕성해지도록 만드는 것이 아닐까. 수기 또는 수신의 향기가 자연스럽게 은은하게 퍼져 나오면 사람들은 거기에 기분 좋게 젖어들 것이다. 이런 것이 수기치인의 뜻이고 바람직한 '우리(We) 리더십'이라고 생각한다.

수기(修己) = 치인(治人)

일상 긍정에서 시작한 호감과 매력의 최고 수준은 심미적(審美的) 태도일 것이다. 나는 어떤 사람이든지 심미적 태도가 있으면 군자, 없으면 소인이라고 생각한다.

심미는 사람이나 사물, 우주자연의 아름다움을 살펴서 깨닫는 감수성이다. 아름다움은 즐겁고 좋은 느낌이요 훌륭한 언행이고 마음씨이다. 자기 바깥 이전에 자기자신에 대해 즐겁고 좋고 훌륭한 몸을 느끼는 것이 아름다움의 시작이라고 하겠다. 미(美)는 선(善)과 뜻이 같다.

아름다움의 반대말은 추함(醜)이다. 추하다는 것은 언행이 지저분하고 더러워 아름답지 못하다는 뜻이다. 아름다움과 추함은 아름다움을 느끼고 판단하는 안목인 심미안(審美眼)으로 분별할 수 있다. 심미는 아름다움을 느끼고 깨닫는 데 그치지 않고 사람이, 사물이, 우주자연의 만물이 아름다워지도록 노력하는 활동을 포함한다.

미추(美醜)는 선악(善惡)과 비슷하지만 미추라는 말이 선악보다 널리 쓰이면 좋겠다는 생각을 한다. 두 단어의 어감(뉘앙스)는 꽤 다르다. 선악은 사람의 성품이든 사회현실이든 양분(兩分)해서 구별하고 낙인 찍는 듯한 의미가 강한 반면 미추는 포용하는 느낌이 들어 있다. 추한 모습이라도 반성하고 노력하고 개선하면 아름답게 된다는 유연함도 느껴진다.

선악은 흔히 '나는 선, 너는 악' '우리편은 선, 상대편은 악' 같은 배타적인 대결로 다가오는 경우가 많지만 미추는 배타적이기보다 서로 맞물려 있는 모습으로 다가온다. 선악보다 미추가 널리 쓰이면 사회에 갈등도 줄어들고 부드러운 분위기가 되는데 도움이 되지 않을까 싶다.

언행, 즉 말과 행동이 호감과 매력을 주지 못하는 이유는 아름답지 못하기 때문일 것이다. 이는 언행의 사실과 허위, 옳고 그름과는 다른 차원의 문제이다. 분명히 바른 말인데도 듣는 사람을 기분 나쁘게 만들면 소통과 공감, 협력은 이루어지기 어렵다. 이는 '아름답지 못한' 일이다.

아름다움의 느낌은 꽃다발을 한아름 가슴에 안길 때의 기분 같은 것이다. 그래서 말을 잘 한다고 해서 소통과 공감이 잘 되는 게 아니고 더듬거린다고 안 되는 게 아니다. 아름다움이라는 독특한 분위기가 스며드느냐 없느냐에 따라 달라진다. 서로 의견이나 생각이 달라서 도저히 일치할 수 없는 상황이더라도 서로 멀어지거나 대립, 갈등으로 되면 아름다움이 빠져서 그렇고, 반대 상황이 되면 아름다움이 스며들기 때문일 것이다. 이같은 모습이 심미적 태도이고 아름다운 차원이라고 하겠다.

아름다움(심미적 감수성) = 호감·매력

앞에서 관상과 순자의 관상 비판을 살펴봤는데, 이런 것과 다른 형상(形相, 생김새)을 생각해보는 것도 필요하겠다. 생각이나 인식의 형상이 그것이다. 무엇을 느끼고 생각하고 판단하고 인식하는 틀(프레임, frame)을 말한다.

누구나 이런 인식틀이 있지만 문제가 되는 경우는 좁고 낡고 진부한 인식틀이 자신을 감옥처럼 가두는 상황이다. 편견이 여기에 해당된다. 편견이 없는 사람은 없지만 문제는 어떤 편견이 폐쇄적이고 배타적으로 작동할 때이다. 편견에 갇혀 좁은 인식틀에 살고 있는가, 아니면 편견을 개방적 자세로 직시하면서 유연하게 고쳐나가는가 하는 두 가지 갈림길에서 어떤 선택을 하느냐가 중요하다.

심상(心相)이라는 것은 이같은 인식틀이 어떤 상태인지 자세히 살피고 개선하는 차원일 것이다. 좁고 낡은 인식틀에 자신을 고집스럽게 가두려는 사람에게 호감과 매력을 느끼기 어렵다. 스스로 자신의 마음과 마음(얼, 정신)의 모습이자 통로로서 얼굴을 살피는 자세가 필요하다.

이와 관련해 자신의 사람됨을 구체적으로 판단해보는 기준과 방법으로 유소(劉劭, 3세기 위나라의 정치사상가)의 『인물지』(人物志)가 도움이 된다. 이 문헌은 호감을 주는 인재를 어떤 기준으로 판단할 것인가에 대해 체계적인 내용을 담은, 인재학의 고전이라고 할 수 있다. 그 중에서 사람됨의 8가지 훌륭함(八美)과 사람을 관찰하는 8가지 기준(八觀)을 소개한다. 자신의 상태가 어떤지 돌아보고 개선하는 데 실용적 효과가 있다. 앞에서(5장 도입부) 언급한 관인팔법(觀人八法)은 얼굴의 눈코귀입 등의 모양을 살피는 좁은 의미의 관상이다. 유소가 말하는 '팔미'와 '팔관'은 이와 전혀 다른 차원이다.

인물지는 다음과 같이 시작(구징 九徵 편)한다. 훌륭한 사람됨의 기준을 어디에 두는 것인지 알 수 있다.

"인물(인재)의 바탕은 성품에서 나오는데, 그 이치는 매우 미묘하고 깊다. 성품의 바탕은 조화로운 태도가 가장 귀중하다. 조화로운 태도는 담백해서 맛이 없는 듯하다. 사람됨을 판단할 때는 이같은 바탕이 있는지 먼저 파악한 뒤에 재질을 살펴본다."(人物之本 出乎情性 情性之理 甚微而玄. 人之質量 中和最貴矣. 中和之質 必平淡無味. 觀人察質 必先察其平淡 而後求其聰明.)

팔미(八美)는 다음과 같다.

1) 사람의 말을 잘 알아들을 수 있는가.(聰能聽序)
2) 일의 근본을 만드는 사고력이 있는가.(思能造端)
3) 일이 일어날 기미를 살필 수 있는가.(明能見機)
4) 뜻을 말로 잘 표현할 수 있는가.(辭能辯意)
5) 잘못(실패)을 빨리 다스릴 수 있는가.(捷能攝失)
6) 다듬는 능력을 갖춰 지킬 수 있는가.(守能待攻)
7) 혼란스러운 상태를 다듬을 수 있는가.(攻能奪守)
8) 상대방과 함께 변화를 얻어낼 수 있는가.(奪能易予)

유소는 이 8가지 훌륭함을 두루 갖출 수 있어야 세상의 이치에 통할 수 있고(能通於天下之理) 그렇게 해야 사람들과 소통할 수 있다(能通人)고 말한다.

팔관(八觀)은 다음과 같다.

1) 강요하는지, 돕는지를 보면서 성품의 뒤섞임을 밝힌다.
(觀其奪救 以明間雜)
2) 감정의 변화를 보면서 성품의 일정함을 살핀다.
(觀其感變 以審常度)
3) 무엇을 추구하는지 보면서 성품이 충실한지 알아낸다.
(觀其志質 以知其名)
4) 행동의 동기를 보면서 성품의 진짜와 가짜를 가린다.
(觀其所由 以辨依似)
5) 사랑하고 공경하는 태도를 보면서 성품이 원만한지 막혔는지 알아낸다.
(觀其愛敬 以知通塞)
6) 정서의 움직임을 보면서 성품에 포용력이 있는지 갈팡질팡하는지 가려낸다.
(觀其情機 以辨恕惑)
7) 부족한 점을 보면서 그것을 장점으로 바꿀 수 있는 성품인지 알아낸다.
(觀其所短 以知所長)
8) 듣고 살피는 자세를 보면서 성품의 성장 가능성을 알아낸다.
(觀其聰明 以知所達)

『인물지』는 사람됨을 관찰하여 인재를 가려내는 기준과 방법을 보여주려고 한다. 따라서 팔미와 팔관의 기준과 방법을 자기자신의 사람됨을 돌아보면서 개선하는 척도로 활용하면 실질적인 효과를 거둘 수 있을 것이다.

"메신저가 메시지"라는 주장이 있다. 메시지의 내용보다 그 메시지를 전달하는 사람(메신저)이 어떤 사람이냐가 더 중요하다는 의미다. 영국 런던에 있는 행동과학 컨설팅사 '인플루언스 앳 워크 UK(Influence At Work UK)'의 대표인 스티브 마틴은 국내 신문과 인터뷰에서 이같은 견해를 보였다.

마틴은 『메신저: 우리는 누구의 말을 듣고, 듣지 않으며 그 이유는 무엇일까』라는 저술을 통해 메신저가 인간적이고 겸손한 태도로 호감을 주는 사람이어야 그 메시지도 상대방에게 공감을 일으킨다고 주장했다.(매일경제신문 2019년 12월 12일자) 깊이 음미할 가치가 있다.

호감과 매력은 아름다움의 차원이다. 호감과 매력은 사람을 움직이는 은은하고 강력한 힘이지만 그를 위한 출발점은 자기자신이어야 바람직하다. 내가 내 자신에게 호감과 매력을 느낄 수 있어야 그 향기가 다른 사람에게도 자연스럽게 스며들 수 있겠기 때문이다. 내가 자신에게 호감이 없는데 다른 사람이 느낄 수는 없는 것은 정직한 상황이다. 이는 새롭게 풀이한 '수기치인의 호감과 매력'이라고 부를 수 있다. 이같은 호감과 매력은 일상 긍정과 그 즐거움의 차원에서 나온다. 일상 긍정을 통한 일상의 재발견은 일상의 새로움이다. 호감과 매력은 새로움의 문제와 연결되어 있다.

▲ TABULA RASA (타불라 라사)

제6장

인터뷰는 삶의 시작이고 끝이다

인터뷰(Interview)라는 멋진 말이 보통 사람의 일상에서 멀어져 있다. 보통 사람들은 인터뷰라고 하면 자신과 관계 없는 일로 여긴다.

나는 평범한 보통 사람들이 일상 생활에서 인터뷰를 자연스럽게 하면 인간관계를 예의바르고 풍부하게 향상시켜 신뢰를 높이는 좋은 방법이 될 것이라고 생각한다. 그렇게 되면 사회에 호감과 매력의 분위기도 틀림없이 확산될 것이다. 부모와 자식이 서로 인터뷰를 하고, 이웃끼리 인터뷰를 하고, 친구끼리 인터뷰를 하고, 길을 묻는 관광객과 인터뷰를 하고, 반려동물과 인터뷰를 하고, 마을을 지키는 묵묵한 느티나무와 인터뷰를 하고, 나아가 해 달 별과도 인터뷰를 할 수 있다.

인터뷰가 사람들의 일상에서 멀어진 이유는 인터뷰에 대한 좁은 뜻에서 비롯되지 않았을까. 인터뷰에 대한 사전의 정의부터 정리해본다.

'특정한 목적을 가지고 개인이나 집단을 만나 정보를 수집하고 이야기를 나누는 일. 주로 기자가 취재를 위하여 특정한 사람과 가지는 회견을 이른다.'(국립국어원 표준국어대사전) '취재나 시험 등에서, 필요한 정보를 얻기 위하여 특정한 개인이나 집단을 만나서 갖는 회견.'(고려대 한국어대사전) '면접, 특히 기자가 기사를 취재하기 위하여 특정한 사람과 가지는 회견.'(민중엣센스국어사전)

이 풀이를 종합해보면 인터뷰는 신문사 또는 방송사에 소속된 기자가 특정인을 만나(대면 뿐 아니라 전화나 서면, 전자우편 등으로 질문과 대답을 주고 받는 행위를 포함한다) 질문과 대답을 하고 그 내용을 보도하는 것이 대체적인 의미이다. 일상적으로 생각할 때 인터뷰라고 하면 기자라는 직업을 떠올리는 경우가 많다.

다음으로 인터뷰는 기관 단체와 기업 등에서 채용을 위해 지원자를 평가하는 방법으로 널리 쓰인다. 채용과 관련한 인터뷰는 면접이라는 말이 익숙하다.

인터뷰라는 말은 사전의 풀이에서 '주로 기자가 취재를 위하여~' '특히 기자가 기사를 취재하기 위하여~'라는 표현에서 보듯 기자의 취재활동과 관련이 높은 것으로 여긴다.

2019년 5월 우리나라 대통령과 단독으로 인터뷰한 어느 방송사 기자의 질문 내용과 진행 태도를 둘러싸고 사회적 논란이 일었다. 대통령을 지지하는 쪽은 인터뷰어(interviewer, 인터뷰를 진행하는 사람. 인터뷰 대상이 되는 사람은 인터뷰이 interviewee 라고 한다)의 역량이 떨어진다고 비난했다. 반대로 대통령을 지지하지 않는 쪽에서는 인터뷰의 정석(定石. 최선)을 보여주었다고 칭찬했다. 이런 일은 인터뷰가 기자 또는 언론인이라는 특정 직업인만이 하는 것이라는 좁은 인식을 대중적으로 심어줄 수 있다.

인터뷰의 의미를 확장해서 누구나 인터뷰를 생활 속에서 즐길 수 있으려면 인터뷰 방법 등 인터뷰에 관한 지식이 필요하다. 이를 위해서는 직업적으로 인터뷰를 하지 않을 수 없는 기자들을 위한 인터뷰 방법이 도움이 된다. 기자들의 취재는 어떤 식으로든 인터뷰를 피할 수 없는 경우가 매우 많다. 미리 인터뷰 약속을 하고 질문 내용을 보내서 준비하는 경우도 있고 돌발적인 사고 현장에서 목격자를 인터뷰해야 하는 등 인터뷰 상황은 아주 다양하다.

인터뷰의 핵심은 인터뷰이가 누구든 그에게서 뻔한 대답이 아니라 뉴스(새로움) 가치가 높은 내용을 알아내느냐이다. 기자에 따라 역량의 차이가 크게 생길 수 있다. 뉴스 가치가 높은 인물은 인터뷰를 하기가 쉽지 않다. 이런 경우에도 기자의 역량에 따라 성사시킬 수도 있고 그렇지 못할 수도 있다. 인터뷰를 하더라도 인터뷰이는 상황에 따라 인터뷰어에게 평이한, 그래서 뉴스로서 가치가 떨어지는 내용을 말할 수도 있고, 반대로 뉴스 가치가 높은 내용을 대답할 수도 있다. 기자를 위한 인터뷰 교육은 대체로 이와 같은 상황과 관련 있다.

나는 1994년 8월 한국언론연구원이 주최한 언론사 신입기자 연수에 참가했다. 한국프레스센터에서 10일 가량 열린 프로그램은 언론인의 자세부터 취재, 기사작성, 법의학까지 다양한 내용으로 구성됐다.

인터뷰에 관한 교육은 신문기자 및 방송기자로 일한 오효진 당시 SBS 서울방송 편성이사가 맡았다. 이 분이 '자타가 공인하는 인터뷰의 대부'로 평가 받는다는 사실은 알지 못했다. 나는 그의 강의 내용을 노트에 부지런히 적었는데, 지금도 가지고 있는 그 노트에 있는 내용 중에 다음의 내용이 특히 와닿는다.

- 인터뷰는 인간이다. 인간 됨됨이의 문제이다.
- 기자는 '나'라는 인간을 파는 상인이다.
- 상대방에게 호감을 주지 못하면 기자 직업은 실패한다.
- 믿음을 주도록 말하고 행동할 것.
- 상대방이 자신을 눈에 쏙 넣어도 안 아플 만큼 쏙 들어가게 할 것.
- '나'를 상대방에게 확실하게 인식시켜야 한다.
- 상대방이 자신을 신뢰하도록 만든다.
- 취재원(상대방)의 출생지부터 취미까지 최대한 자세히 파악한다.
- 말하기 쉬운 분위기를 조성한다.
- 불쾌한 기분을 주지 않도록 친근감을 갖게 한다.

- 질문이 애매하면 안 된다.
- 알기 쉬운 문장으로 한입에 독자들이 먹도록 정리한다.
- 효과적인 리드문, 깔끔하고 충격적인 엔딩.

직업인으로서 기자 생활을 시작하는 교육생들에게 인터뷰에 관해 들려준 이야기지만 이런 내용은 일상의 인간관계에 꼭 필요한 태도이기도 하다.

오효진은 훗날 『인터뷰의 황제가 되는 길』(2004년)이라는 책을 출간했다. 그때 나는 한창 기자로 일하고 있었고 인터뷰 기사를 쓸 기회가 많았다. 나는 1994년 그를 통해 배운 인터뷰 교육 노트의 내용을 실천하려고 했으므로 그 책이 무척 반가웠다. 저자와 인터뷰를 한다는 느낌으로 책에 밑줄을 치면서 공부했다. 지금도 이 책을 가까이하면서 좋은 인터뷰가 몸에 배도록 관심을 갖는다.

지금 나의 생활에서 가장 중요한 인터뷰는 대학생들과 만나는 강의시간이다. 학생들에게 인터뷰에 대한 넓은 시각을 가지고 일상에서 실천할 것을 당부한다. 취업이나 창업에 필요한 인터뷰는 평소 일상에서 실천하는 인터뷰의 한가지 방식일 뿐이라는 뜻을 공유하려고 한다. 그래야 취업 인터뷰도 잘 할 수 있기 때문이다. 오효진은 책에서 다음과 같은 내용을 강조하는데, 사람을 상대하는 누구나 음미하면서 실천할 가치가 높다.

- 인생은 인터뷰 능력에 좌우된다. 상대방의 마음을 움직여야 한다.
- 좋은 인터뷰어가 되려면 좋은 사람이 돼야 한다. 좋은 인터뷰어가 되려면 겉멋, 건들거림을 버리고 진실한 마음으로 나를 낮추며 예의를 갖추는 사람이 돼야 한다.
- 취재의 98%는 인터뷰이다.
- 감동적인 문장으로 (인터뷰 내용을) 정리하지 못하면 소용 없다.

- 인터뷰어는 언제나 어디서나 누구에게나 겸손하고 상냥하며 친절해야 한다. 겸손 예의 성실 정직 신뢰 이미지를 만들어야 한다.
- 상대방을 안심시켜 말문을 트게 해야 한다.
- 인터뷰를 하는 동안 서로에게 인간적 신뢰가 맺어져 있어야 한다.
- 대화에 생동감을 불어넣는 방법을 연구해야 한다. 일체감이 형성된 가운데 이야기가 오가야 한다.
- 성공적인 인터뷰 기사는 독자를 감동시킨다. 처음부터 독자의 눈길을 확 잡아 끌어야 한다.
- 인터뷰어는 항상 쉬운말을 쓰려는 노력을 게을리 해서는 안된다.
- 리드(기사의 도입부)가 인터뷰 기사를 읽게 하는 미끼라면 엔딩(기사의 마무리)은 기사를 오래도록 기억하게 하는 값진 보석상자와 같다.

그는 책에서 자신의 인터뷰 방법을 적용한 사례를 다양하게 다루었다. 나는 1994년 교육과 그 확대 같은 책의 내용을 실천하려고 노력했다. 지금 생각해보면 1994년 교육 당시 새까만 후배 기자들에게 쾌활한 모습으로 강의하던 모습이 꽤 호감을 주었던 것 같다.

내가 인터뷰 교과서로 삼는 다른 책은 김창룡 인제대 신문방송학과 교수의 『인터뷰, 그 기술과 즐거움』(1994년 출간)이다. 이 책은 김 교수가 기자로 활동할 때 썼다. 나는 그를 기자로 일할 때 만난 적이 있는데 매우 호감을 주는 사람이었다. 그의 책에 줄을 치면서 공부한 내용을 소개한다. 기자든 아니든 귀 기울일만하다.

- 인터뷰는 인격끼리 부딪히는 영혼의 싸움이다.
- 기자의 기본이 다양한 계층의 사람들과 만남이라면 이 만남 속에서 의미 있는 정보와 숨겨진 진실을 캐내는 작업이야말로 언론 활동의 전부이다.

- 인터뷰는 말만 주고 받는 단순한 커뮤니케이션 행위가 아니라 전(全) 인격을 드러내는 자기 표현이다.
- 대학생들이 사회에 진출하기 위해 반드시 거쳐야할 관문도 인터뷰이다.
- 실패와 성공의 갈림길에서 인터뷰는 중요한 역할을 한다.
- 인터뷰는 사람을 만나 이야기를 나누는 것만이 아니라 취재원을 만나게 되는 과정까지 포함한다.
- (상대방이) 스스로 말하게 하는 것이 인터뷰의 요체이다.
- 기자의 설득력과 평소 원활한 인간관계가 토대가 된다.
  '훌륭한 기자는 인간성도 좋다'는 말이 있다.
- 기자는 말하는 사람이 신나게 떠들 수 있도록 늘 분위기 조성에 세밀한 신경을 써야 한다.
- 기자는 '잘 듣는 사람'(good listener)이어야 한다.
  독자는 기자의 말보다 인터뷰 상대자(인터뷰이)의 말을 더 듣고싶어 한다는 사실을 항상 기억해야 한다.
- 만나는 대상을 통해 새로운 정보나 가치 있는 뉴스거리를 캐내기 위해서는 기자 각자가 인터뷰의 명수가 되어야 한다.
- 기자의 자기 무장은 성실한 정보 수집, 취재원 사이에 인정 받는 신뢰성, 훌륭한 인간성이 바탕이 돼야 한다.
- 어떻게 접근해야 상대방에게 호감을 줄 수 있을까.

이와 같은 언행의 기준은 직업인으로서 기자만의 과제가 아니다. 일상에서 좋은 인간관계를 맺고 바람직한 결과를 내기 위해서 꼭 필요한 태도이고 실력이다. 사람들을 만나서 일을 하는 분야는 기자만 특별히 그런 것이 아니다. 거의 모든 직업이 그러하다. 기자나 영업 분야 사람들은 다양한 분야의 사람들을 찾아 다니지만 일정한 공간에서 손님을 맞는 자영업자들도 다양한 사람을 만나기는 마찬가지이다. 유능한 기자가 좋은 인터뷰를 통하여 영향력 있는 보도를 하면 성과를 낳는 것처럼 자영업자가 손님을 잘 응대(이것이 곧 인터뷰라고 할 수 있다)하여 호감을 심어주어 영업에 도움이 된다면 기자의 좋은 인터뷰와 다를 바 없다.

오효진과 김창룡의 인터뷰 방법론을 보면 인터뷰는 기법이나 요령 이전에 인격(人格)의 차원이라는 것을 알 수 있다. 사람됨, 호감, 신뢰, 예의, 배려, 공감, 겸손, 성실, 정직, 경청은 인터뷰의 덕(德)이라고 할 수 있다. 이런 덕은 사람끼리 부대끼는 일상에서 누구나 관심을 가져야 할 일이다. 다른 사람과 부대낀다는 것은 그때 그때 나의 언행과 사람됨이 드러나기 때문이다. 잘 듣기 위해서는 '좋은 질문자'(good questioner)여야 한다. 질문이 막연하면 인터뷰이의 대답도 막연할 가능성이 높다. 치밀한 준비가 인터뷰의 성패를 좌우한다.

덕은 흔히 쓰는 말인데, 그 뜻을 명확히 하면 유익하다. 덕은 △인품(품격) △행위 △능력 △유리한 결과를 가져오게 하는 원인 △공정하고 포용성 있는 마음이다. 덕은 득(得)과 승(升)과 통하는데, 이 글자는 모두 '이룬다'는 뜻이다. 덕이 있으면 일을 이룬다(일이 이루어진다)는 의미라고 할 수 있다. 덕의 옛 글자는 '悳'인데, '直'+ '心'으로 구성돼 있다. 直은 바르고 굳세다는 뜻이므로 悳은 바르고 굳센 마음이라고 할 수 있다.

인터뷰의 덕(德) = 인격의 만남

나는 24년 동안 신문기자를 하면서 여러 분야의 사람을 인터뷰했다. 대부분 소중한 경험이지만 그 중에서 공유하면서 음미하면 좋을 두 사람을 소개하고 싶다.

첫 번째는 '현대 경영학의 아버지'로 불리는 피터 드러커 박사(1909-2005)이다. 나는 그가 쓴 『단절의 시대』, 『자본주의 이후의 사회』, 『21세기

지식경영』, 『넥스트 소사이어티』같은 번역서를 읽고 '인간과 사회, 인류를 위한 통찰이 어떻게 이처럼 탁월할까'하는 느낌을 받았다. 인터뷰를 한 번 할 수 있다면 얼마나 좋겠는가 하는 생각이 당연히 들었지만 세계적으로 저명한 학자여서 개인적인 차원에서 인터뷰를 추진할 방법이 없었다. 그가 재직하던 대학(미국 캘리포니아주 클레어몬트대 드러커경영대학원)을 통하여 공식적으로 요청해야 하는데 이 또한 막연하여 거의 불가능했다.

그의 식견과 사상은 20여 가지 언어로 번역된 책을 통하여 대부분 접할 수 있지만 직접 얼굴을 마주하고 인터뷰를 하고 싶었던 이유는 드러커 박사의 사람됨을 잠시라도 느껴보고 싶었기 때문이다. 그는 한국전쟁이 끝난 후에 우리나라를 처음 방문하였고 그 이후로도 수차례 방한하여 우리나라의 기업가 정신에 특별히 관심을 가진 점도 그를 만나보고 싶은 마음이 더욱 생기도록 만들었다.

드러커 박사와 친분이 깊은 사람의 주선으로 2003년 11월 인터뷰 기회가 갑작스럽게 찾아왔다. 당시 그는 94세였다. 클레어몬트대에서 인터뷰를 하고 점심식사까지 하는 서너 시간 동안 나는 그에게서 소박하고 겸손한 말투와 몸짓, 호기심 어린 표정으로 다른 사람에게 관심을 보이는 모습, "지식근로자에게 은퇴는 없다"면서 새로운 연구를 끊임없이 구상하는 에너지를 느꼈다. 이런 점은 책을 통해서는 교감(交感)하기 어렵다.

나는 그를 만난 일을 계기로 지식근로자(knowledge worker)로 살겠다고 다짐을 하였고 지금도 실천하려고 노력하고 있다. 이 책을 쓰는 바탕도 같은 맥락이다. 드러커 박사는 인터뷰를 하고 1년 6개월 후에 세상을 떠났다. (드러커 박사의 인터뷰는 "知識(지식)은 21세기 최대 자본이자 에너지"라는 헤드라인으로 동아일보 2004년 1월 8일자에 전면으로 실렸다.)

두 번째는 노벨 물리학상(1998년)을 받은 로버트 러플린 박사(1950-)이다. 미국 스탠퍼드대 응용물리학 교수이던 그는 2004년 4월 아시아태평양

이론물리센터 소장으로 취임했다. 센터의 본부가 포스텍(포항공대)에 있었기 때문에 러플린 교수가 포항을 방문했다. 나는 포스텍에 요청하여 그를 인터뷰할 수 있었다. 노벨 과학상 수상자를 인터뷰하여 우리나라가 노벨상을 받는데 조금이라도 도움이 됐으면 하는 큰 목적이 있었지만 동시에 노벨상 수상자의 됨됨이가 어떨지 궁금했다. 그는 '분수양자홀 효과 규명'으로 노벨상을 받았는데, 그 내용은 이미 뉴스로서는 가치가 없는데다 일반 대중이 알 필요까지는 없을 것이다.

그래서 나는 두 가지 질문을 준비했다. 노벨상을 받을 만큼 뛰어난 과학연구는 어떻게 탄생하는가, 예술적 감성이 과학 탐구에 어떤 영향을 미치는가였다. 그는 작곡과 피아노 연주, 그림에 관심이 깊었다. 서명도 이름만 쓰는 게 아니라 그림을 그리듯 했다.

첫 번째 질문에 대해 그는 연구에서 독립적(independent) 태도가 중요하다고 강조했다. 러플린 박사는 "진정으로 무엇인가 새로운 것을 추구하는 사람 치고 의존적인 태도를 갖는 경우가 있는가. 기존의 연구를 완전히 뛰어넘으려는 태도가 중요하다"고 말했다. '독립적인 태도' '새로움의 추구' '기존을 넘어섬'은 뉴스를 위한 마인드라고 할 수 있다. 노벨상이 아니더라도 일상에서 뉴스를 찾아내는 자세를 위해서도 꼭 필요하다. 그는 자신이 어릴 때부터 내성적이고 적극적이지 못해 부모가 걱정할 정도였지만 그래서 오히려 어떤 문제를 스스로 해결하려는 태도가 생긴 것 같다고 했다.

두 번째 질문에 대해 그는 아주 달라진 표정으로, 즐거운 분위기로, 적극적으로 이야기하려고 했다. 예술과 과학은 너무나 밀접한 관계라고 했다. 자신의 과학 탐구 원동력으로 예술적 감성을 꼽았다. 그는 "자연의 미묘한 움직임에 귀를 기울이는 예술적 마음이 없다면 자연과 직접 마주하는 것이 가능할까. 내가 세상에 새로운 과학적 발견을 내놓았다면 바로 이런 태도 덕분일 것이다"라고 했다.

그는 과학 탐구를 위한 공간에도 피아노를 놓고 종종 연주하는 자유로운 분위기는 과학 탐구의 진보에 매우 중요한 요소라고 했다. (러플린 교수의 인터뷰는 "과학은 모험…기존 연구틀 과감히 깨라"는 헤드라인으로 동아일보 2004년 4월 28일자에 전면으로 실렸다.)

어떤 분야의 대가(大家)나 고수(高手)를 만나면 독특한, 그래서 오히려 평범하고 소박한 듯한 분위기가 느껴지는 경우가 많은 것 같다. 소박하고 겸손함, 진지하고 사려 깊음, 호기심과 흥미로운 표정으로 상대방에게 귀를 기울이는 태도 같은 것들이다. 이런 요소를 바탕으로 대가나 고수가 되었는지, 대가나 고수가 되었기에 이런 태도가 풍겨나오는 지는 알기 어렵다. 다만 이런 품성과 태도가 사람에 대한 호감과 매력을 결정하는 데 중요한 역할을 하는 것은 분명하다고 생각한다.

지금까지 이야기한 인터뷰는 인터뷰어와 인터뷰이가 '나와 너'의 관계처럼 분리된 방식이었다. 다시 말해서 '상대방'의 이야기를 듣는 방식으로 대화하는 인터뷰어였다. 인터뷰라고 하면, 사전의 정의처럼, 대체로 이같은 방식이고 이는 통념이라고 할 수 있다. 어떻게 하면 인터뷰 상대방에게서 새롭고 의미있는 내용을 끌어낼 것인가, 그리고 그 목적을 위해서는 어떤 태도와 방법이 필요한가에 초점이 맞춰졌다. 나는 이와 같은 인터뷰는 이차적(二次的)이고 이원적(二元的)이며 부차적(副次的)이라고 생각해왔다. 그 누군가를 대상으로 질문을 하고 대답을 듣는 방식으로 진행되기 때문이다.

일차적(一次的)이고 일원적(一元的)이며 본래적(本來的)인 인터뷰는 '자기 자신과 나누는 대화'라고 생각한다. 내 자신이 인터뷰어와 인터뷰이가 되어 진행하는 인터뷰이다. 내 안에는 하나의 자아(自我, self)가 아니라 여러 종류의 자아가 있다. 어떤 망설임, 주저함, 머뭇거림은 내 안의 자아들이 부딪히는 증거이다.

자기 자신과 하는 인터뷰, 즉 셀프 인터뷰는 어머니 뱃속에서 시작된다. 생명의 잉태(孕胎)는 만남이고 만남은 인터뷰이다. 면접(面接)이나 'inter

+ view'라는 말은 '함께 만난다'는 의미다.

태아의 발길질은 셀프 인터뷰를 위한 첫 몸짓 언어 표현이다. 어머니는 "애가 발길질을 하네"라고 하면서 배를 쓰다듬는다. 이 진동은 태아에게 전달된다. 태아는 10개월 동안 어머니와 교감(交感) 인터뷰를 한다. 태아는 인터뷰어이고 어머니는 인터뷰이가 되는 상황이 아니다. 태아의 몸과 어머니의 몸은 분리되지 않은 한몸이기 때문이다. 그래서 일원적이다. 태아는 어머니에 대한 느낌을 자신과 분리된 어떤 대상으로 인식하지 않는다. 주관과 객관, 주체와 객체로 나눠지기 이전의 한덩어리 상황이라고 할 수 있다.

어머니의 몸에서 자라는 태(胎)의 상태에서 밖으로 나옴, 즉 '태어남'의 의미는 생물학적, 법률적 측면이 있지만 나는 인식론적 관점에서 '나'와 '나 아닌 것'의 분리가 시작된다고 본다. 여기 있는 나(인식의 주체 또는 주관)가 저기 떨어져 있는 대상(인식의 객체 또는 객관)이 드러나는 현상(나타남)을 느끼고 생각하고 판단하기 시작한다. 오랫동안 한몸이던 어머니도 나와 분리된 대상이 된다. 모든 생각을 대상적으로 하는 방식에 익숙해지면서 일상이 된다. 자기 마음의 움직임도 대상으로 파악한다. 대상적으로 생각한다는 것은 내 자신과 분리시켜 그것을 관찰한다는 의미이다.

자연과학의 탐구는 대상적 관찰 인식 판단이 가장 체계적으로 발달한 방식이다. 자연과학이 이룬 눈부신 성과는 '과학'(科學)이라는 말을 '객관적 진리' '보편타당성'의 상징으로 여기도록 만들었다. 자연(인간을 포함하여 대상적으로 관찰할 수 있는 모든 것)이라는 말을 떼고 '과학'이라고만 해도 자연과학의 이같은 실증주의적 탐구를 떠올린다.

'과'(科)는 벼(禾. 화)를 말(斗. 두)로 잰다는 뜻에서 '품질의 등급'을 나타낸다. 과학은 개별의 탐구 분야를 가리키는 용어인데도 자연과학이 과학의 주도권을 가지면서 과학은 보편타당한 진리와 동일시되었다. 철학 문학 역사학 정치학 사회학 경제학 심리학 경영학 법학 등은 인문과학 또는 사회과학으로 분류되지만 여기서 과학이라는 용어의 의미는 자연과학의 경우와 '불편한 동거' 같은 처지이다. 정치학 경제학 등 한 분야(科)에 대한 고유한 탐구를 하면 그만일 것인데도 과학이라는 용어가 붙어면서 자연과학의 대상적, 실증적 탐구를 표준이나 기준으로 받아들이는 인식이 있다. 그런 과학이라고 해야 학문으로서 어떤 보편성을 확보할 수 있다는 일종의 보증 같은 것이라고 할 수 있다.

'객관적이다'는 표현은 보편적으로 타당하다는 의미로 통용된다. 사람의 주체 또는 주관과 단절될수록 객관의 타당성은 확보된다는 뜻이 들어 있다. 이에 비해 '주관적이다'는 표현은 사람에 따라 다르기 때문에 일정하지 않다, 그래서 보편적이지 못하고 믿기 어렵다는 뜻이 들어 있다. 주관과 객관을 분리하는 생각과 판단에 익숙해지고 객관을 보편타당의 원칙으로 중시하면 할수록 사람의 주관성 또는 주체성은 그 존재 가치를 잃을 수 있다.

그러나 대상(객관)에 의미를 부여하고 가치를 창출하는 주체는 '나'라는 삶의 현장에서 이루어진다. 어떤 대상에 대한 인식을 비롯해 모든 판단 생각 의견 느낌은 나의 주체적 활동이며 나는 내 자신이 그와 같은 판단을 한다는 것을 스스로 인식한다. 이와 같은 주체성의 자기반성 도는 자기인식은 사물을 관찰하듯 어떤 대상처럼 인식할 수 없다.

이같은 주체적 자아의 모습과 활동을 과학의 대상적 시각에서 보면 일정한 틀에 넣기가 어려워 비(非) 과학적인 상태로 생각될 수 있다. 그러나 주체적 자아를 과학 또는 비과학의 기준으로 보려는 방식은 탐구영역을 잘못 적용하는 오류라고 할 수 있다. 일종의 '범주착오'(category mistake)이다.

내가 셀프 인터뷰에 관심을 갖는 이유는 이와 같은 사정과 관련이 있다. 나 아닌 다른 사람을 인터뷰이로 하는 방식에서 방향을 돌려 인터뷰어와 인터뷰이가 내 자신이 되는 인터뷰가 되도록 하는 것이다. 내가 내 자신을 '나의 눈으로' 직시하면서 대화하는 방식이다. 자신의 모습을 더 잘 알기 위해서도 필요하다.

내가 내 자신과 하는 인터뷰는 주관과 객관, 주체와 객체가 나눠지기 이전의 삶의 현장이다. 나와 분리된 어떤 대상에 '대한' 인식이 아니다. 태아와 어머니 같은 한몸이라고 할 수 있다. 내가 인터뷰어로서 묻고 내가 인터뷰이로서 대답한다. 나는 그런 자신을 명경지수(明鏡止水. 맑고 고요한 심경)처럼 분명하게 느낀다. 내가 일상에서 어떤 생각을 하는지, 어떤 느낌을 갖는지 등에 대해 인터뷰어이자 인터뷰이인 나는 늘 그런 생각과 행동에서 의미를 찾고 가치를 낳으려고 한다.

이와 같은 차원의 삶의 현장은 오직 내 자신의 눈으로만 보고 느낄 수 있다. 셀프 인터뷰는, 잊고 있었을 뿐, 평소 나의 일상에서 잠시도 떨어지지 않는다. 내가 어떤 대상과, 그 대상이 사람이든 사물이든, 인터뷰를 하면서 대화할 때 그렇게 하고 있는 내 자신을 명확하게 인식한다.

이차적 인터뷰	인터뷰어와 인터뷰이의 분리
일차적 인터뷰	인터뷰어와 인터뷰이의 일치

셀프 인터뷰는 내 자신과 친해지기 위한 방법이고 노력이다. 내 자신과 하는 인터뷰를 통해 나는 나 자신과 바르고 정직하고 아름답고 개방적이고 유연하고 긍정적이고 매력있고 소통하고 공감하고 통찰력 있고 지혜로운 관계를 가꿀 수 있다고 생각한다.

관계(關係)에 대해 국어사전은 '둘 이상의 사람 사물 현상 등이 서로 관련을 맺음'이라고 풀이한다. 나는 이런 방식은 이차적 관계라고 생각한다. 일차적 관계는 자기자신과 맺는 관계이다. 자기자신과 바르고 단단한 관계를 맺으면 이차적 관계인 다른 사람이나 사물과의 관계도 바르고 단단하게 될 수 있을 것이다.

과학기술이 발달하고 그에 따라 대상적(對象的)이고 상대적(相對的)인 인식과 판단이 객관이라는 이름으로 보편성의 절대적 기준처럼 여겨질 때 나는 나 자신으로부터 점점 멀어질 수 있다. 내가 내 자신과 스스로 느슨해지면 그 틈으로 막연한 불안감을 비롯하여 세상에 떠도는 온갖 정체 불명의 떠돌이 같은 관념들이 내 삶의 현장속으로 들어와 주인 행세를 할 수 있다. '절대'라는 표현은 어떤 대상에 대한 인식과 관련해서는 쓸 수 없다. 절대는 상대를 끊어 비교할 수 없는 상황이므로 과학 탐구의 대상적이고 상대적인 인식과는 어울릴 수 없다.

절대적 상황은 어떤 비교도 불가능한, 주체와 객체의 분리 이전과 관련 있다. 어머니와 한몸인 태아의 상태를 이에 비유할 수 있다. 셀프 인터뷰는 이같은 상황과 닿아 있다. 셀프 인터뷰를 통해 내가 자신과 친해질수록 나의 일상은 통념과 편견, 진부함과 식상함을 넘어서면서 '새로움의 깊이'를 더할 수 있다. 셀프 인터뷰의 목표와 효용성은 삶의 새로움이다. 친해져야 새로워질 수 있다.

친하다는 뜻의 '친'(親)은 사이좋게 지내다, 가까이 하다, 화목하다는 의미와 함께 새롭다, 새롭게 하다는 의미가 있다. 親과 新(신)은 서로 통하는 글자이다. 먼저 자기자신과 친하고, 그것을 바탕으로 다른 사람과 친해지고, 나아가 세상의 사물과 친하면 '올바른 새로움'은 그와 같은 바탕에서 가능하다.

자기자신과 친하여 가깝다는 것은 배타적인 이기주의자가 아니라 개방적이고 유연한 자아(自我)로 성장하기 위한 바탕이다. 자신이 먼저 이와 같은 품성과 정서를 갖추면 타인도 같은 차원에서 이해하고 가까워져 화목해질 수 있을 것이다. 사람끼리의 소통과 화합, 이를 기반으로 새로움을 만드는 창의적 태도는 '나와 너' '너와 나'의 인간적 친밀함 없이는 어렵다.

자신과 스스로 친해지는 방법은 나의 내면에 깊이 들어가 귀 기울이는 것이다. 내가 어떤 생각을 어떻게 하고 있는지, 그런 생각은 크고 높고 넓은지 아니면 작고 낮고 좁은지, 여러 가지 감정과 정서는 나의 삶을 좁게 가두는지 아니면 넓게 열어나가는지 내려다보듯 훤하게 살펴보는 것이다. 나는 이런 자신의 움직임을 일차적이고 본래적인 경청(傾聽, 敬聽)이고 동시에 겸청(兼聽)이라고 생각한다. 자기 자신과 최대한 가까워져야 가능한 차원이다.

다른 사람이나 사물에 귀 기울이는 경청은 이차적이고 파생적인 방식이라고 할 수 있다. 경청은 단지 목소리를 잘 듣는 것이 아니라 표정이나 어감(뉘앙스), 분위기 등을 세밀하게 파악하는 것까지 포함하므로 '움직임을 잘 느끼는 행위'라고 할 수 있다.

1차적 경청	자신의 내면에 귀 기울임
2차적 경청	타인이나 사물에 귀 기울임

자신에게 귀 기울일줄 알아야 타인이나 사물의 움직임에도 진실로 귀를 기울일 수 있다는 점에서 1차적 경청은 2차적 경청의 성립을 위한 본질적 조건이라고 할 수 있다.

스스로 자신을 경청하면서 자기자신과 대화하는 셀프 인터뷰는 다른 사람의 눈이 아니라 '내 자신의 주체적이고 실존적인 눈을 통하여' 내 자신을 직시(直視)하는 행위이다.

사람들이 이와 같은 주체성 위에서 함께 만날 때 서로에게 귀 기울이는 겸청(兼聽)의 차원도 비로소 그 모습을 드러낼 것이다. 서로 함께 귀 기울이는 겸청의 차원이야말로 주체성이 함께 만나는 '인터(inter) - 뷰(view)'의 본질적 의미이자 가치라고 생각한다.

인터뷰의 마지막 모습은 죽음을 앞두고 하는 유언(遺言)이 아닐까 싶다. 유언은 자기의 삶을 돌아보면서 하는 마지막 말이라는 점에서 그 내용은 유족 등 상대방에게 전달하는 방식 이전에 자기 자신에게 하는 말이라고 할 수 있다.

유언도 인터뷰어와 인터뷰이의 구분이 없는 원초적이고 본래적인 일차적 인터뷰라고 하겠다. 유언이라는 인터뷰는 평생의 삶이 녹아있어야 바람직하다는 점에서 가장 어려운 인터뷰이다. 간결하고 함축미 있는 유언이어야 하고 유족이나 지인, 나아가 세상에 오랫동안 울림과 여운을 준다면 가장 좋은 유언 인터뷰라고 할 수 있을 것이다.

최초의 인터뷰	태아의 몸짓
최후의 인터뷰	유언

역사 인물의 유언을 모은 책도 있다. 독일 작가 한스 할터(Hans Halter)가 쓴 『역사를 움직인 157인의 유언』(한윤진 옮김. 말글빛냄, 2006년)이 그것이다. 저자는 성인(聖人) 5명(부처, 공자, 예수, 소크라테스, 마호메트)을 시작으로 왕, 군주, 정치가, 군인, 혁명가 등의 유언을 다루었다.

이 가운데 공자(孔子)에 대해서 다음과 같이 표현되어 있다. '그가 남긴 최후의 말은 다음과 같이 전해지고 있다. 지팡이에 의지한 채 80세 공자는 노래했다. "지는 꽃잎처럼 현자는 그렇게 가는구나." 옮긴이는 머리말에서 "현자란, 시든 꽃이 떨어지는 것처럼 사라진다"고 했다.

저자가 어떤 문헌을 참고했는지는 알 수 없는데다 독일어 원문을 확인할 수 없지만 여기서 말하는 공자의 유언은 관련 문헌의 내용과 차이가 크다.

공자는 기원전 551년에 태어나 기원전 479년에 만72세로 숨졌다. 따라서 '80세 공자'라는 표현은 사실과 다르다. 공자의 출생에 대해서는 기원전 552년이라는 기록이 있다. 이 기록을 근거로 해도 공자가 숨졌을 때 나이는 72세 또는 73세라고 하는 것은 가능해도 80세라고 할 수는 없다.

공자의 생애 마지막 모습은 『예기』 「단궁」 상편에 기록되어 있다(『공자가어』 「종기해」(終記解) 편에도 같은 기록이 실려있다. 7일 동안 병들어 누워있다가 숨졌다는 내용에 이어 '그때는 공자가 72세였다 時年七十二矣'는 구절이 붙어 있다). 즉 '공자가 어느날 일찍 일어나 손을 뒤로 돌리고 지팡이를 끌며 문에서 천천히 거닐며 노래를 불렀다. "태산이 무너지는구나. 대들보가 쓰러지는구나. 철학자가 시드는구나."…이리하여 공자는 7일 동안 병들어 누워있다가 숨졌다.'(孔子蚤作, 負手曳杖, 逍搖於門, 歌曰. 泰山 其頹乎, 梁木 其壞乎, 哲人 其萎乎. … 蓋寢疾七日而沒.)

자신의 삶을 태산과 대들보, 철학자에 비유하는 자부심과 함께 아쉬워하는 마음이 묻어난다. 공자가 실제 이런 행동과 유언을 했는지는 확인할 수 없다. 어쨌든 이 기록을 근거로 하면 공자의 유언을 "지는 꽃잎처럼 현자는 그렇게 가는구나"라고 하기는 어렵다.

퇴계 이황(1501-1570)의 유언을 생각해본다. 퇴계는 숨지는 날 아침에 곁에 있던 제자들에게 "매화 화분에 물을 주게"(灌盆梅)라고 했다. 누워 있던 퇴계는 제자들에게 일으켜 달라고 한 뒤 앉은 채 숨을 거두었다. 천원 권 지폐의 앞면에는 퇴계의 초상화와 함께 매화가 그려져 있다. 퇴계는 매화를 특히 좋아해 항상 '매화형'(梅兄)이라고 부르며 존중했다. 추위를 이겨내고 이른 봄에 꽃을 피우는 모습에서 군자다움을 느꼈을 것이다. 퇴계는 숨지기 며칠 전 "매형에게 누추한 모습을 보이면 내 마음이 편하지 않다"면서 방에 있던 매화 화분을 다른 곳으로 옮겨달라고 제자에게 부탁했다. 퇴계의 유언에는 그의 고매한 인품이 잘 느껴진다.

죽음을 높여 "돌아간다"고 표현한다. 어디로 돌아간다는 것일까? 개인의 가치관에 따라, 종교적인 관점에 따라 다르겠지만 『열자』(列子)에 다음과 같은 내용이 있다. 도가적(道家的) 관점이지만 음미할 만한다. 즉 "(죽음으로)

정신과 육체가 나눠지면 각각 진정으로 머물 곳으로 돌아간다. 그것을 '먼 곳'이라고 한다. 먼 곳은 본디 있었던 곳으로 돌아간다는 뜻이다. 진정으로 편안한 곳으로 돌아간다."(精神離形 各歸其眞. 故謂之鬼. 鬼歸也. 歸其眞宅. 『열자』「천서」 편) 歸는 그냥 돌아가는 뜻이 아니라 본디 있었던 곳으로 돌아간다는 의미다. 鬼에는 '멀다' '먼 곳'이라는 의미가 있다. 진택(眞宅)은 진정으로 편안한 곳이라는 뜻이다. 죽음으로 비로소 진택으로 돌아가기에 앞서 하는 유언은 깊고 그윽한 말인 유언(幽言)이 되면 좋을 듯하다.

▲ 동천관

제7장

뉴스 헤드라인은 최고의 문장이다

▲ 아담스채플

"새로움이 삶을 성장시킨다."

"새로움은 일상의 깊이에서 나온다."

"새로움이 사람됨을 이끈다."

"생각의 수준이 삶을 결정한다."

"1%의 확실한 차별화에 도전하라."

"새로움에 민감하라."

"뉴스 마인드로 일상을 깨워라."

"뉴스 마인드는 창의적 삶의 디딤돌이다."

<뉴스와 창의력> 과목을 강의하면서 학생들에게 제시한 헤드라인(headline)이다. 이 헤드라인에 한 학기 수업의 약도와 나침반, 등대를 담으려고 했다. 헤드라인의 특별한 의미를 고려하여 유학생을 위해 중국어와 베트남어로 번역하여 알려준다. 헤드라인은 수업 내용이 학습 목표에 적합한지 빗나가는지 판단하는 기준이기도 하다. 학생들은 헤드라인을 통해서 공부의 방향을 늘 살피면서 돌아볼 수 있다.

나는 학생들에게 '삶의 헤드라인'을 창작하는 자율 과제를 낸다. 학생들은 얼핏 쉬워보이는 헤드라인 만들기가 높은 수준의 현실 감각과 언어

표현 능력이 맞물려야 가능한 어려운 활동이라는 것을 느낀다. 이런 어려움은 멋진 헤드라인 작성을 위한 의미있는 출발이다. 헤드라인 감각과 표현 능력은 전공이 무엇이든 대학생 때부터 키우면 매우 유익한 능력이 될 수 있다.

개강 때는 헤드라인에 대한 인식이 거의 없던 학생들이 종강 무렵에는 헤드라인 마인드가 분명해진다. 2019년 2학기 <뉴스와 창의력> 과목의 기말고사 답안지에 학생들은 다음과 같은 수준 높은 헤드라인을 보여주었다.

"새로움과 함께 한 2019년, 새로움과 함께 할 2020년."

"뉴스 마인드는 나에게 필수불가결한 존재이다."

"소통과 공감의 길라잡이 뉴스 마인드."

"새로움에 눈뜨지 않음은 그저 고여 있는 물이다."

"뉴스 마인드로 취업에 승부를 걸다."

"뉴스 마인드로 나의 일상에 미립이 생기다."

"새로움을 통한 숙성의 시간이 나를 성숙하게 만든다."

"내 삶의 비문(非文)은 나가고 정문(正文)으로 들어가기."

헤드라인은 뉴스(기사)의 표제 또는 제목, 광고의 짧은 문장(카피)을 가리킨다. 뉴스 헤드라인과 광고 카피는 본질적인 차이가 없다. 뉴스에 비해 광고(이미지+카피)는 신뢰가 낮은 것처럼 인식하는 경우가 적지 않지만 기사든 광고든 다수 대중에게 최대한 널리 공유하려는 의도와 목표는 동일하다. 뉴스와 광고는 공통적으로 널리 알리려는 홍보(弘報) 욕구가 강하다.

헤드라인과 관련하여 다음과 같은 말이 있다.

"(신문의) 헤드라인은 최고의 문장이다."

"(신문의) 헤드라인은 만들면 되는 것이다."

서구의 영어권 신문업계에서 생긴 말 같은데 원문을 확인할 수 없어 정확한 의미를 파악하기 어렵지만 헤드라인의 독특한 좌표를 엿볼 수 있다. 이 말에서는 신문이라고 했지만 매스미디어의 뉴스 일반 및 광고 카피, 슬로건, 캐치프레이즈에 공통적으로 해당된다.

기자들은, 특별한 경우를 제외하고, 어떤 사안에 대한 뉴스의 가치 판단을 아주 빠르게 하는 편이다. 현실은 매우 복잡하지만 뉴스 가치가 있다고 판단되는 부분이나 측면에 주목한다. 그 취사선택된 '부분 현실'을 어떤 언어로 어떻게 표현할 것인가가 뉴스화, 즉 편집(編輯, edit)의 시작이다. 넓은 의미의 편집은 현실에 대한 취사선택과 뉴스 가치 판단, 게이트키핑을 거쳐 언어로 표현되기 전까지의 과정이다. 좁은 의미의 편집은 뉴스 소비자(수요자, 수용자)를 위해 내용을 여러 방식을 동원하여 '펼쳐 보여주는' 것이다.

넓은 의미든 좁은 의미든 편집이라는 뉴스화 과정 전체에 흐르는 목표는 뉴스 소비자들의 관심과 선택을 받는 일이다. 이는 시장에 쏟아지는 수많은 제품이 소비자의 선택이나 외면을 받는 문제와 본질적으로 차이가 없다. 이런 점에서 보면 전통적 의미에서 신문사 또는 방송사는 제조업체이며 규모면에서는 대체로 중소기업에 해당한다.

이들 기업은 다소 막연하게 언론사라는 이름이 붙어, 가령 다른 업종의 기업군(群)에 사회적 의미와 가치에서 다소 특별한 좌표가 있는 것으로 받아들여진다. 그러나 이런 분류나 인식이 다소 추상적이고 관념적이라면 언론기업으로서 경영은 구체적이고 현실적이다.

어려운 과정을 거쳐 만든 '뉴스 상품'이 소비자의 선택을 많이 받으면 사회적 영향력이 커지고 이익(가령 광고 수입)이 많아진다. 반대로 선택을 적게 받거나 받지 못하면 회사의 손실로 돌아온다. 이같은 원칙은 수백명의 기자가 일하는 신문사든 방송사든, 서너명이 일하는 온라인 미디어든, 혼자 뉴스를 생산하는 1인 미디어든 차이가 없다.

상품은 판매를 목적으로 만드는 재화(사람의 욕망을 만족시키는 물질)이다.

'상품으로서 뉴스'도 이와 같은 기준에서 벗어나지 않는다. 언론사라는 기업을 유지, 그것도 소비자 대중의 지지를 최대한 많이 받아 경영할 수 있어야 뉴스와 광고를 중심으로 하는 사회적 역할도 기대할 수 있다.

헤드라인은 상품으로서 뉴스(광고를 포함)를 판매하기 위한 절실하고 절박하며 간절한 상황과 연결되어 있다. 헤드라인만 살펴보고 내용(뉴스의 본문)까지 볼 것인지 아닌지를 순식간에 판단하는 헤드라인 독자(headline reader)가 매우 많은 지금의 매스미디어 폭발시대에는 더욱 그렇다. 뉴스 상품은 치열한 생존 경쟁에 직면해 있다. 인터넷 포털 사이트는 24시간 쏟아지는 뉴스가 소비자의 선택을 받기 위해 분투하는 각축장이다. 뉴스 소비자들이 어떤 뉴스를 소비하는지 여부를 쉽고 편하게 하는 세상에서 공급자인 언론기업은 사느냐 죽느냐의 갈림길에서 순간 순간 놓인다.

헤드라인은 뉴스 및 광고 상품의 상표이며 브랜드이고 간판이다. 본문을 소비자들이 보도록 이끄는 견인차이고 선봉장이다. 뉴스 소비자들의 눈길을 끌어 오래 기억되도록 하고 내용에 대한 동조 등 뉴스가 의도하는 행동까지 유발시키는 임무를 맡는다. 이 과정에는 소비자의 감정을 흥분시키는 자극적 표현의 욕망이 들어가기 쉽다. 헤드라인이 최고의 문장이라는 말은 "최고의 문장이 되어야 한다"는 욕구와 당위의 측면이 있다.

이같은 헤드라인의 역할을 대체로 다음과 같다. 뉴스 소비자의 눈길을 끌어 선택을 받기 위한 노력이다.

- 간결한 압축
- 호기심과 암시
- 리듬과 생동감
- 비유와 상징
- 재치와 신조어
- 독특한 분위기

이태준(1904-?)은 글쓰기 교본으로 평가받는 『문장강화』(1947년 출간)에서 제목에 대해 세 가지 주의할 점을 제시했다. 문학 작품의 제목과 매스미디어의 헤드라인은 성격이 다르지만 기본적인 역할에는 비슷한 점이 있다. 그는 "첫째 동뜨지 말 것이니, 어디까지나 본문의 내용에만 솔직해야 할 것이요, (동뜨다는 다른 것보다 훨씬 뛰어나다, 평상시와 다르다는 뜻이다. 이태준은 본문과 동떨어진 제목이 되지 않도록 한다는 맥락에서 이렇게 표현한 것 같다) 둘째 매력이 있을 것이니, 본문보다 큰 글자로 씌어지는 제목이 얼른 독자의 마음을 끌어야 자질구레한 본문까지 읽힐 것이다. 셋째 새것일 것이니, 될 수 있는 대로 남이 이미 붙여놓은 이름은 피하고 새것을 지어 제목만 들어도 새로운 맛이 나게 할 것이다"라고 했다. 좋은 헤드라인을 위한 기준으로 삼아도 충분하다.

뉴스 표현의 기본 방식은 '헤드라인 + 본문'이다. 본문은 복잡한 현실을 뉴스 가치를 기준으로(뉴스 가치를 판단하는 과정에서 주관적이고 의도적인 관점이 들어가는 경우가 대부분이다) 취사선택하여 해석하고 일정한 메시지로 가공(加工)한다. 이 과정에서 현실의 여러 측면이 새어나가고 뉴스의 본문에는 '단순화된 현실'이 담긴다. 이 책에서 '현실 자체'(현실 자체는 알 수 없다)와 그에 '대한' 2차 현실, 즉 뉴스 표현으로 해석되고 가공된 현실을 구분하는 이유는 뉴스 자체에 대한 인식을 입체적으로 하기 위해서다.

어떤 현실을 뉴스 가치 판단이라는 취사선택에 따라 드러내는(표현하는) 방식은 특정 미디어의 성향(性向)이나 기질(氣質)에 따라 매우 다르다. 미디어의 성향이나 취향 같은 가치관에 따라 '현실 덩어리'의 일부를 떼어 두드러지게 부각(浮刻)하는 방식과 내용이 아주 달라진다. 이는 개인이 자신의 취향에 따라 사물을 아주 다르게 인식하는 것과 마찬가지다.

사회적 갈등이나 대립 현상이 나타날 때는 미디어의 이같은 특징이 선명하게 드러난다. 어떤 미디어의 성향이 가령 보수적인가 진보적인가 중도적인가에 따라 같은 현상에 대해 서로 완전히 다른 보도를 하는 경우가 흔하다. 현실의 단순화는 더욱 파편적으로 된다. 복잡한 현실의 특정 부분을 부각시킨다고 할 때 '부(浮)'는 뜨다는 뜻과 함께 덧없다, 진실성이 없다, 지나치다는 의미가 있다. 현실의 일부를 취사선택하여 언어로 부각시키는 모양의 이중성을 보여주는 말처럼 느껴진다.

뉴스가 뉴스 소비자들의 성향을 분석하고 그에 맞추어 의도적으로 현실을 특정 방향으로 취사선택하는 것인지, 뉴스 소비자들이 특정 방향으로 선택된 뉴스를 통해 현실에 대한 특정 인식을 갖게 되는지는 알기 어렵다. 다만 늘 생각할 점은 뉴스는 현실 자체가 아니라 '부분적으로 단순화된 현실'이라는 것이다.

헤드라인은 이렇게 부분적으로 단순화된 현실로서 뉴스를 더욱 단순화시킨다. 간결과 압축은 헤드라인 뿐 아니라 대부분의 표현에서 미덕(美德)이지만 뉴스 표현에서는 당장의 현실에 대한 인식에 즉각적인 영향을 미친다는 점에서 특별히 주의를 기울일 필요가 있다. 여러 종류의 미디어를 통해 온갖 뉴스가 24시간 범람하면서 뉴스 소비자들이 헤드라인을 판단하는 속도 또한 더욱 짧아지는 현실을 미디어 쪽에서는 촉각을 곤두세우지 않을 수 없다.

현실 덩어리

↓

1차 단순화(뉴스 본문)

↓

2차 단순화(헤드라인)

선동적(煽動的) 또는 선정적(煽情的)이라는 표현은 사람들을 부추겨 감정을 불러 일으키고 특정 행동까지 유발시킨다는 부정적 의미로 쓰인다. 선(煽)은 부채질하다, 부추기다, 꼬드기다는 뜻이다. 그래서 '선동적인 보도' '선정적인 뉴스(기사)' 같은 말로 비난하는 경우가 있다. 하지만 정도의 차이가 있을 뿐 선동과 선정은 뉴스를 발생시키고 소비되도록 하는 데 꼭 필요한 양분이다. 어떤 현실(현상)을 비일상적인 뉴스라고 주장하는 것 자체가 사람들의 평온한 감정을 흔드는 선동이고 선정이다. 헤드라인은 이런 전투적 상황에서 선봉장 역할을 해야 하는 중대한 임무를 성공적으로 수행해내야 한다.

헤드라인에 대해 사전은 '신문기사나 광고의 표제로, 독자의 주의를 환기시켜 본문으로 유도하기(이끌기) 위한 호소력 담긴 간결하고 함축미 있는 말. 시간에 쫓기는 독자(소비자)가 헤드라인만 보아도 본문이 무슨 내용인지 알도록 해야 하므로 짧은 표현에 생생한 감각을 넣어야 한다'고 풀이한다.

이같은 풀이에서 특별하게 생각할 측면은 '헤드라인만 보고도 본문 내용을 알 수 있도록 한다'는 부분이다. 이 요청은 아주 간단한 사안은 별 문제 없이 그냥 되지만 복잡한 사안에는 적용하기 어려운 점이 있다. 그럼에도 헤드라인은 꼭 필요하므로 헤드라인과 본문의 불일치, 표현의 과장(부풀리기), 자극적인 표현 같은 문제가 생긴다.

나의 경우에도 기사가 신문에 보도됐을 경우 기사를 판단하고 평가하는 기준이 헤드라인에 많이 좌우된다는 것을 실감하곤 했다. "본문 내용은 그렇지 않은데 제목이 마음에 들지 않는다"거나 "내용은 대체로 이미 알려진 것인데 제목이 새롭고 좋다"거나 "인터넷에 떠 있는 기사의 제목이라도 바꿔달라"같은 반응이 그것이다. 취재기자가 현실을 취사선택하면서 뉴스가치에 욕심을 내는 것처럼 기사의 본문을 재료로 하여 헤드라인을 생산하는 편집기자는 특정 뉴스가 소비자들에게 많이 선택되도록 욕심을 낸다. 이는 뉴스라는 상품을 위한 분투 노력이다.

어떤 일회적 사안에 대한 헤드라인은 단순한 요약에 그치거나 눈길을 끌기 위한 약간의 표현 기교를 넣는데 그친다. 그러나 특정 미디어의 생존에 영향을 미칠 정도로 중요한 사안에 대해서는 사정이 매우 다르다. 현실을 이런 식으로 또는 저런 식으로 담아내는 언어 표현에 특정 미디어의 특정 의도가 반영되어 등장하는 경우가 많다. 이런 현상은 불특정 다수 대중인 뉴스 소비자를 모두 만족 시키는 것은 불가능하기 때문에 소비자를 취사선택하지 않을 수 없는 상황과 연결되어 있다. 뉴스 공급자와 소비자 사이에 일종의 이해관계가 일치되도록 하는 마케팅이라고 할 수 있다.

헤드라인은 독립적 성격이 더 강한 것 같다. 본문을 읽도록 유도하는 기능은 오히려 부차적으로 느껴진다. 그래서 헤드라인에 대해 완성도 높은 책임이 필요하다는 생각이 든다. 이는 헤드라인만 읽고 지나가는 소비자들이 많고 적고의 문제와 다른 차원이다. 현실이 뉴스화 과정을 통해 단순화되는 인식의 문제에 닿아 있다.

뉴스(헤드라인 + 본문)가 현실을 단순화시키는 의미는 양면적(兩面的)이다. 단순화는 현실의 다양하고 복잡한 측면을 상당 부분 빼버리는 결과를 가져온다. 동시에 복잡한 현실을, 비록 부분적이고 그래서 편견이 되더라도, 간략하게 파악하는 틀(프레임)을 제공해준다.

헤드라인 = 현실의 단순화 + 인식의 프레임

나는 평소 『논어』를 읽으면서 "논어 구절은 헤드라인으로 구성된 것 같다"는 생각을 자주 했다. 『논어』에는 첫 구절('배워 때에 맞춰 익히면 얼마나 기쁜가')부터 마지막 구절('언어를 모르면 사람을 알 수 없다')까지 "공자가 말했다"는 구절이 490여 개 들어 있다. 이는 대부분 헤드라인이라고 해도 좋다. 『논어』가 오랫동안 많은 사람의 사랑을 받는 데는 헤드라인 같은 간결한 표현으로 구성된 문헌의 특징이 큰 역할을 하는 것으로 생각한다.

『논어』 전체 구절 가운데 「위정」 편에 기록된 아래 공자 말씀을 나는 헤드라인 중의 헤드라인, 헤드라인의 백미(白眉)로 꼽는다.

"시(詩) 삼백 편을 한마디로 요약하면 순수함이다."

(詩三百, 一言以蔽之, 日, 思無邪.)

'시삼백'은 지금 전하는 『시경』을 가리킨다. 『시경』은 기원전 3000년 무렵에 불려진 시를 모은 동양에서 가장 오래된 시가(詩歌) 문헌이다. 여러 종류의 시 305편이 실려 있다. 『시경』은 경전의 뿌리이자 꽃일 정도로 권위가 높다. 그래서 고전으로 분류되는 동양의 많은 문헌에는 내용의 근거와 정당성을 위해 "시에도 그렇게 말한다"(詩曰)라는 표현이 매우 많다. 공자의 이 간결하고 함축적인 헤드라인 덕분에 '사무사'(思無邪)라는 말은 조선시대는 물론이고 지금도 공자 말씀 중에서 바른 삶을 상징하는 말로 많은 사람들의 입에 오르내린다. 백범 김구 선생은 사무사 붓글씨를 남겼으며 안중근 의사의 삶은 사무사 그 자체라는 평가가 있다.

사무사는 『시경』의 노송(魯頌. 노나라를 칭송하는 노래) 가운데 '경'(駉)이라는 시에 나온다. 駉은 말이 튼튼하고 듬직한 모습을 의미한다. 이 시는 듬직한 말이 수레를 끌고 들판을 힘차게 달리는 모습을 칭찬하는 내용이다.

공자가 사무사라는 말을 지었는지 아니면 이 시의 구절에서 가져왔는지는 알 수 없다. 나는 이 시에서 가져왔다고 본다. 엉뚱한 생각을 하지 않고 힘차게 달리는 말이 순수함을 칭찬하는 사무사를 시삼백에 흐르는 정신으로 삼았을 것이다. 여기다 자신의 모국인 노나라의 노래여서 더욱 애착이 생겼을 것이다.

일언이폐지(一言以蔽之)는 지금도 일상에서 종종 쓴다. 복잡한 설명을 하는 대신에 "일언이폐지하여 말하면~"식이다(일언이폐지도 길다고 보고 '폐일언 蔽一言'으로 줄여 쓰기도 한다). 복잡하게 말하면 이해와 소통이 어렵기 때문이다. 동시에 일언이폐지해서 간결하게 압축하면 이해는 쉬우나 배경 또는 맥락, 전후 사정 같은 세부적인 내용이 빠진다. 폐(蔽)는 하나로 덮다, 포괄하다는 뜻과 함께 가리다, 속이다는 뜻이 있는데, 헤드라인의 양면성을 보여주는 것 같다.

사마천의 『사기』 「공자세가」에 따르면, 공자가 당시 전해오던 3000여 편의 시 가운데 예의(禮義)에 맞게 쓸 수 있는 것을 300여 편으로 골라 뽑았다(取). 이 기록에 근거하여 공자가 시삼백을 편찬했다는 이야기가 나왔는데, 이에 대해서는 예로부터 논란이 있다. 공자가 시삼백(공자 시대에는 『시경』이라는 말이 없었다)을 편찬했든 아니했든 그가 시를 공부의 핵심으로 강조한 것은 틀림없다. 「공자세가」에는 공자가 시삼백을 모두 거문고로 연주하여 노래로 불러보았다(弦歌)고 했다. 시삼백의 내용을 매우 깊이 이해했다고 짐작할 수 있다. 『논어』에는 공자가 시를 강조하는 구절이 13곳 기록되어 있다.

내가 여기서 공자의 사무사를 특별히 음미하는 이유는 '간결한 압축'(일언이폐지)이라는 헤드라인의 정신과 자세를 보여준다고 생각하기 때문이다.

『시경』은 국풍(國風. 15개 나라의 민요), 아(雅. 궁중 노래), 송(頌. 종묘의 조상 제사용 노래)으로 구성되어 있는데, 내용이 다양하고 방대하다. 이런 시삼백을 일언이폐지하는 것은 불가능하고, 하더라도 적절하지 않을 수 있다. 그럼에도 일언이폐지하려면 전체 내용을 입체적으로 파악하고 압축하는 실력이 있어야 한다.

사무사를 제외하고 시삼백을 일언이폐지하라고 하면 나는 '경신'(敬愼. 공경하고 삼감)이라는 말을 선택하겠다. 나는 『시경』을 읽으면서 시삼백에 경신의 마음이 흐르는 느낌을 많이 받았다.

아무튼 시삼백은 읽지 않더라도 공자가 시삼백의 키워드로 사무사를 제시한 덕분에 사무사는 『논어』에 기록되어 2500년이라는 오랜 생명력을 지니는 길고 긴 여운(餘韻, 남아 있는 좋은 느낌 또는 울림. 여운이라는 말을 흔히 쓰지만 '남아 있는 맛이나 기분'을 뜻하는 여미 餘味라는 말도 좋다)으로 지금까지 살아있게 되었다.

헤드라인에서 헤드(head)는 '머리'이고 머리는 '얼굴'이다. 얼굴은, 앞에서 언급한 것처럼, 얼(정신)의 모습이요, 얼이 드나드는 통로이다.

나는 매스미디어의 헤드라인이 미디어 소비자들의 눈길을 끌어 선택되고 기억되는 기본적인 기능과 역할에는 얼굴, 즉 정신이 스며야 한다고 생각한다. 그것이 헤드라인이라는 명칭(名)과 그 실질(質)이 어울리는 명실상부의 차원일 것이다.

온갖 미디어를 통해서 헤드라인이 넘치는 상황에서 헤드라인의 얼굴(정신)까지 일일이 생각해서 그에 부합하도록 하는 것은 간단하지 않다. 뉴스는 급하게 쓰는 역사라는 말처럼 가급적 빨리 생산해서 유통되어야 하는 뉴스의 특징에 비춰보더라도 그렇다. 하지만 헤드라인의 올바름을 위해 늘 염두할 필요가 있는 소중한 가치라고 할 것이다. 헤드라인을 급하게 작성하더라도 올바른 헤드라인의 기준과 가치를 생각하는가 안 하는가는 근본적으로 차이가 있다.

원칙적인 의미에서, 올바른 헤드라인과 구별되는 부적절한 헤드라인을 나는 '데드라인'(deadline)으로 부르고 싶다. 데드라인은 기사를 작성하는 마감시간 같은 한계시간을 가리키는데, 여기서는 데드(dead), 즉 생명력이 없어 여운을 주지 못하는 헤드라인을 의미한다. 헤드라인과 데드라인의 구별은 생동감, 즉 얼(정신)이 주는 여운에 달려 있다고 할 수 있다.

공자의 사무사를 생각할 때, 좋은 헤드라인은 여운이 있는지 없는지, 있다면 얼마나 강하고 오래 가는지에 달려 있다고 할 수 있다. 일회적이고 일시적인 뉴스와 헤드라인이 대부분이라고 할 수 있지만 헤드라인이 이상적(理想的)인 정체성(正體性. 바른 모습)을 추구하는 차원에서는 이런 여운을 고려할 필요가 있다. 사무사의 여운은 공자의 생애를 기준으로 2500년이다. 매스미디어 뉴스 헤드라인에 이같은 기준을 그대로 적용할 수는 없지만 음미할 가치는 충분하다.

헤드라인	여운 있는 간결한 압축
데드라인	여운 없는 간결한 압축

2019년 9월 미국 언론의 전설로 불리는 밥 우드워드(76) <워싱턴포스트> 신문의 부편집인이 방한하여 국내 언론과 '4차 산업혁명과 허위조작정보(가짜뉴스)로 인한 저널리즘의 위기'를 주제로 공동 인터뷰를 가졌다. 그는 1974년 워터게이트 사건을 특종 보도하여 리처드 닉슨 대통령이 임기 중 사퇴하도록 한 주인공이다.

관련 보도를 살펴보면 우드워드는 언론과 기자의 역할을 비롯해 페이크뉴스(가짜뉴스), 한미 동맹, 트럼프 미국 대통령에 대한 평가 등 여러 분야에 걸쳐 많은 이야기를 한 것 같다. 이에 대한 뉴스의 몇몇 헤드라인은 다음과 같다.

- "가짜뉴스 표현 폐기해야" (중앙일보)
- "가짜뉴스 규제, 정부가 할 일 아니다" (동아일보)
- "가짜뉴스는 정치적 의도 있는 표현" (연합뉴스TV)
- "가짜뉴스? 트럼프 대통령이 만든 것" (YTN)
- "언론인은 인내심과 공격적인 자세를 가져야 한다" (한국기자협회보)
- "늘 생각하죠, 권력자가 숨기는 게 뭘까" (조선일보)

헤드라인에 가짜뉴스라는 말이 들어가 경우가 많은 이유는 우드워드의 언급("가짜뉴스는 트럼프 대통령이 언론을 정치적으로 압박하고 신뢰에 흠집을 내기 위해 지어낸 표현이므로 폐기하면 좋겠다.")과 함께 우리나라를 비롯해 가짜뉴스에 대한 우려와 대책 논란이 매우 많기 때문일 것이다. 그래서 헤드라인에 가짜뉴스를 언급하면 뉴스 소비자의 눈길과 관심을 모을 것으로 예상했을 수 있다.

그러나 트럼프 대통령이 어떤 의도에서 가짜뉴스라는 말을 지어내 활용하든 이는 이미 트럼프 대통령이나 미국의 문제에 한정되지 않는다. <뉴욕타임스>는 2019년 9월 23일자 온라인판에 게재한 발행인 칼럼을 통해 "최근 몇 년 동안 세계 50개국 이상의 (정치)지도자들이 가짜뉴스라는 말을 사용하면서 언론자유의 억압을 정당화하고 있다. 여러 나라 지도자들이 트럼프 대통령의 가짜뉴스 매도 전략에 전염됐다. 트럼프 대통령은 2017년 취임 후 트위터에만 가짜뉴스라는 단어를 600번 가량 언급했다. 공정하고 정확한 보도를 위해 최선을 다하는 언론사를 표적으로 삼는다"고 주장했다. (이같은 주장에 대해 트럼프 대통령은 "한마디로 가짜뉴스"라는 반응을 보이지 않을까 싶다.)

가짜뉴스 공방은 이제 지구촌의 거의 모든 나라에서 영역을 가리지 않고 일상화되고 있다. 프랑스와 독일, 싱가포르 등은 2018년부터 가짜 뉴스와 허위 정보 유포를 금지하는 법률을 만들어 대처하고 있다. 가짜뉴스 때문에 생기는 갈등과 혼돈을 막겠다는 취지다.

우리나라 경우 허위조작정보(가짜뉴스)가 유통되는 경로에 대한 조사에서 유튜브(22%)가 가장 많았다. 이어 주위 사람(15%), 페북 카카오스토리 등(12%), 카톡 페북메신저 등(12%), TV방송뉴스(12%), 인터넷 뉴스(11%), 인터넷 커뮤니티 등(9%), 트위트(6%) 순이었다. (매일경제신문 2019년 10월 2일자. 이상우 연세대 교수가 소비자 555명을 대상으로 2019년 8월 조사) '주위 사람'이 많은 이유는 유튜브 등 소셜 미디어로 유통되는 가짜뉴스를 일상에서 주고 받는 경우가 많기 때문으로 추정된다.

가짜뉴스에 대한 현실이 이미 이와 같은데도 가짜뉴스라는 말을 없애야 한다거나 트럼프 대통령이 만든 것이라고 하는 것은 새로움을 주지 못하고, 그래서 여운이 없다. 우드워드라는 사람이 이런 말을 한다고 해서 특별한 의미가 생기는 것도 아니다. 언론인은 인내심과 공격성을 가져야 한다는 말은 신중하고 적극적인 취재를 강조하는 원칙적인 말이어서 특별히 와닿는 게 없다.

이런 헤드라인을 접하는 소비자들은 "요즘 사방에서 가짜뉴스 가짜뉴스 하는데, 세계적으로 유명한 기자도 가짜뉴스를 말하는 것을 보니 가짜뉴스가 문제는 문제인가보다"는 느낌을 스치듯 갖는 데 그칠 것이다. 본문을 읽도록 하는 역할을 하기 어렵고 소비자의 인식을 넓혀주지도 못한다.

권력자가 무엇을 숨기는 게 있는지 늘 생각한다는 헤드라인은 여운을 준다. 권력자는 정치적 권력을 유지하기 위하여 국민을 속일 가능성이 있다. 잘못하는 일은 가급적 숨기거나 축소하고 잘하는 일은 부풀려 설명할 가능성은 늘 있다. 정부는 국가에서 최고의 기득권이므로 잘하는 일은 과장하여 부각시키고 잘 못하는 분야나 잘못한 일은 축소하거나 숨기는 것은 생존 욕구라고 할 수 있을 것이다. 언론의 역할 가운데 정치권력에 대한 견제와 비판을 중요하게 여기는 이유는 이런 사정과 관련된다.

우드워드는 "아침에 일어나면 제일 먼저 권력자가 뭘 숨기고 있는지를 생각한다"고 하였다. 그가 닉슨 대통령의 불법도청을 취재하여 보도했을 때가 29세였다. 47년이 지난 지금도 권력에 대한 감시와 견제라는 기자정신을 그대로 간직하고 있는 모습을 잘 보여준다. 이 헤드라인은 우드워드의 정체성과 어울리는데다 언론, 즉 기자의 역할을 다시금 환기시키는 역할을 한다. 헤드라인 자체가 던지는 메시지가 있는데다 본문을 살피고 싶은 마음을 이끌어 준다.

보도된 내용을 종합하여 내가 헤드라인을 작성한다면 다음과 같이 하겠다.

"훌륭한 기사로 가짜뉴스 이겨내야."

근거는 우드워드가 본문에서 "언론이 적극적이고 탄탄한 취재를 통해 좋은 기사를 쏟아내면 민주주의 시스템이 작동한다. 연필제조기업이 심이 잘 부러지는 연필을 만들면 망하듯 언론도 그럴 것이다. 장기적인 관점에서 훌륭한 보도를 계속하면 허위조작정보의 문제는 해결될 것이다"라고 말한 것을 주목했다.

헤드라인이라는 얼굴을 보고 뉴스를 판단하는 뉴스 소비자들이 많을수록 헤드라인의 완성도를 높이려는 노력이 더욱 필요하고 소중하다고 생각한다. 알맹이가 없는 헤드라인을 대충 붙이면 그 자체가 일종의 가짜뉴스라고 할 수 있다. 가짜는 사실에 어긋나는 내용일 뿐만아니라 부실하고 성의 없는 내용도 포함된다고 본다. 공자의 사무사 정신을 깊이 생각할 필요가 있다.

가짜(fake. false) = 사실과 다름 + 부실 공허 무성의 편견

기획재정부는 2019년 10월 9일 세계경제포럼(WEF)의 국가경쟁력 순위를 발표했다. 141개국을 대상으로 12개 항목을 평가한 결과이다. 우리나라는 17위(2017년) - 15위(2018년) - 13위(2019년)로 꾸준히 상승세를 이었다. 관련 보도의 헤드라인을 살펴본다.

- 한국 국가경쟁력 두 단계 올라 세계 13위 (한국일보)
- 세계경제포럼, 한국 국가경쟁력 13위…2단계 상승 (경향신문)
- 한국 국가경쟁력 두 단계 상승…세계 13위 (YTN)
- 韓, 국가경쟁력 세계 13위…거시경제안정성 '최우수' (뉴시스)
- 국가경쟁력 2계단 올라 13위…노동시장은 바닥권 (조선일보)
- 국가경쟁력 15위→13위, 기업활력은 22→25위 (중앙일보)
- 韓 경쟁력 세계 13위라지만…기업활력.창업순위 '뒷걸음질' (디지털타임스)
- 13위로 오른 韓 국가경쟁력…노동유연성은 97위 (한국경제)
- 韓, 국가경쟁력 갉아먹는 노동시장 (국민일보)

• 한국 노사협력 경쟁력 141개국 중 130위 (동아일보)

• 베트남 국가경쟁력 세계 67위…지난해보다 10단계 상승 (뉴스핌)

'세계 13위'만 제시한 헤드라인은 여운이 떨어진다. 3년 연속 2단계씩 높아진데다 우리나라의 전체적인 국력이 세계 10위 권이라는 것은 널리 알려진 사실이기 때문이다. 순위 자체가 뉴스 가치가 있으려면 '10위권 첫 진입'이거나 9위처럼 처음으로 10안에 들어 '첫 한자리수' 같은 눈에 띄는 내용이 있어야 좋다. 또는 '세계경쟁력 큰 폭 하락 또는 상승' 같은 경우에도 가치가 생긴다. 그렇지만 15위에서 13위로 상승은 감도가 떨어진다.

세계 13위는 아주 높은 순위지만 노동시장의 유연성이나 노사협력, 기업활력 같은 분야의 경쟁력은 취약한 것으로 나타났다. 이런 부분은 헤드라인에 잘 요약해서 담아야 뉴스 소비자들의 인식을 넓힐 수 있다. '한국 국가경쟁력' '韓 국가경쟁력'에서 '한국'이나 '韓'은 빼는 게 낫다. '세계 13위'에서 '세계'도 마찬가지다. 이런 말이 없더라도 여기서 국가경쟁력이라고 하면 당연히 우리나라를 가리키며 13위라고 하면 당연히 세계 순위를 가리킨다. 이런 말 대신에 하나의 글자라도 의미있는 표현을 담으려는 세심한 자세가 필요하다. 헤드라인에서는 더욱 그렇다.

나는 베트남의 순위를 다룬 헤드라인에 높은 점수를 주고 싶다. 67위로 전체 순위는 중간 조금 위에 있지만 지난해보다 10단계 상승했다는 점이 의미 있다. 우리나라와 경제적 관계와 문화관광 교류협력 등에 매우 중요한 국가여서 헤드라인에 반영했을 것이다. 우리나라의 순위는 본문에서 한줄로 간단히 다루었는데, 지난해 순위에 비해 특별히 주목할 부분은 없다고 판단한 것으로 보인다.

헤드라인에는 표현의 기교가 다양하게 쓰인다. 뉴스의 내용을 압축하면서 소비자의 관심과 눈길을 끌기 위한 목적이다. 나는 헤드라인 표현을 △(사자)성어 △비유어 상징어 △아포리즘(속담 격언) △재치 유머 △상황어

△변형어 신조어 △의성어 의태어로 구분하여 살펴본다. 이 중에서 성어와 비유 및 상징, 상황어 표현이 두드러진다. 몇가지 예를 들어본다.

- **성어**: 사면초가, 각자도생, 과유불급, 후안무치, 기우, 합종연횡, 만신창이, 고립무원, 수수방관, 속수무책, 동상이몽, 이율배반, 용두사미, 어부지리, 설상가상, 조삼모사, 탁상공론, 적반하장, 절치부심, 노심초사, 혹세무민, 반면교사, 표리부동, 자중지란, 독불장군, 개과천선, 연목구어, 유언비어, 수오지심, 망연자실, 복지부동, 무용지물, 만시지탄, 아전인수, 우후죽순, 소탐대실, 내우외환, 교각살우, 무신불립, 발본색원, 역지사지, 안하무인, 무소불위, 사필귀정, 새옹지마, 읍참마속, 부화뇌동, 이전투구, 자화자찬, 외화내빈, 전전긍긍, 사후약방문.

- **비유어, 상징어**: 치킨게임, 샌드위치 신세, 롤로코스터, 균형 잡는 자전거 외교, 마중물, 부메랑, 낙하산 인사, 그림의 떡, 당근과 채찍, 화수분, 의혹 백화점, 공염불, 빙하기 관계, 불황 먹구름, 나사 풀린 안전, 뜨거운 감자, 고무줄 잣대, 계륵, 갈라파고스, 동네북, 솜방망이, 김칫국, 찻잔속 태풍, 종이 호랑이, 딜레마, 회전문 인사, 밀실행정, 나팔수, 춘추전국시대, 희생양, 바늘구멍, 양치기 소년, 엑소더스, 맹모(孟母). 아킬레스건, 지구의 허파 아마존, 돛단배 한국, 돌파구, 철밥통, 나비효과, 풍선효과, 기울어진 운동장, 뻥튀기, 몸살, 낮잠, 신음, 소화불량, 봐주기, 프로크루스테스 침대, 앵무새 발언, 우물안 개구리, 끓는 냄비속 개구리, 오리발, 낙동강 오리알, 게걸음, 인간 미꾸라지, 법꾸라지, 가마우지 경제, 미운 오리, 거북이 걸음, 쥐꼬리, 돈 먹는 하마, 메뚜기 불법도박 사이트.

- **상황어**: 기지개, 눈독, 모르쇠, 두둔, 덤터기, 요구 봇물, 오락가락, 뒤숭숭, 꼼수, 퍼주기, 숨고르기, 싹쓸이, 딴죽, 딴지, 입김, 된서리, 땜질, 날치기, 안갯속, 저울질, 짬짜미, 엉망진창, 물밑 신경전, 망신살, 산 넘어 산, 물꼬, 뭉개기, 급물살, 신호탄, 장밋빛 구상, 벼랑끝, 반토막, 버팀목, 지렛대, 민낯, 맞불작전, 날벼락, 미지근, 트

집, 발뺌, 가물가물, 흐지부지, 깜깜이, 군침, 미지수, 쥐락펴락, 속앓이, 모락모락, 몽니, 군불때기, 샅바싸움, 헛발질, 변죽, 곤두박질, 찬밥신세, 콧방귀, 수위조절, 속도조절, 숨통, 눈치작전, 실마리, 우왕좌왕, 밥그릇싸움, 갈팡질팡, 뒤죽박죽, 독식, 헛구호, 진흙탕싸움, 달래기.

이와 같은 표현은 매스미디어 헤드라인에서 비교적 자주 만날 수 있다. 언어의 현실 규정력(현실을 이런 식으로 또는 저런 식으로 드러내는 구성력)을 생각할 때 언어 표현의 다양성은 곧 현실(현실 자체가 아니라 언어를 통해 드러나는 현실의 현상)이 다양성이다. 만약 헤드라인에 특정 언어가 반복적으로 자주 등장하면 구체적이고 개별적인 현실의 상황을 단순하고 획일적인 것처럼 보여줄 수 있다.

이태준은 『문장강화』의 「제2강 문장과 언어의 제 문제」부분에서 "언어에 대한 인식으로는 무엇보다 먼저 유일어(唯一語)의 존재를 의식해야 한다. 유일어란 그 중 골라진 말, 최후로 선택된 말임에 틀림없다. 선택이란 만취일수(萬取一收)를 의미한다. 여럿에서 하나를 골라내는 것이다. 먼저 여럿이 없이는 고를 수 없다. 먼저 말을 많이 알아야 할 것이다"고 했다.

그의 말에는 언어 표현의 구체성과 개별성을 위해서 꼭 생각해야 할 깊은 뜻이 들어 있다. 대중의 현실인식에 큰 영향을 미치는 매스미디어의 헤드라인에서는 이같은 '유일어 만취일수 정신'이 더욱 필요할 것이다. 많은 어휘에서 특정 상황에 어울리고 적합한 표현을 선택해야 바람직한데도 반대로 적은 어휘로 다양하게 개별적인 현실을 담아내려고 하면 그 상황을 좁은 틀에 가둘 위험이 있다. 예를 들어 사면초가, 뜨거운 감자, 벼랑끝 같은 표현이 헤드라인에 자주 등장하는데 본문과 거리가 느껴지는 경우가 적지 않다.

동물 비유 표현은 어색함을 넘어 불편함이 느껴지므로 표현에 세심하고 신중한 자세가 필요하다고 본다. 개구리, 미꾸라지, 하마, 메뚜기, 오리발,

오리알 등 사람들의 뉴스 현실에 아무런 관계가 없는데도 마음대로 부정적인 비유와 상징으로 표현하는 것은 부적절하다고 생각한다. 가령 법을 교묘하게 악용하는 행태를 '법(法)꾸라지'처럼 표현하는 것은 부적절하다. 손에 잡기가 쉽지 않을 정도로 미끄러운 미꾸라지의 특성을 교활한 인간에 비유하는 것은 미꾸라지에 대한 예의가 아니다. 우주적 관점에서 보면 사람과 미꾸라지는 대등한 관계가 아닐까. 상투적으로 쓰는 '우물안 개구리' 같은 비유도 마찬가지다. 장자(莊子)의 "이것과 저것의 대립을 없앤 도의 관점에서 보면, 우주만물에 무슨 귀하고 천한 구별이 있겠는가"(彼是莫得其偶. 以道觀之, 物无貴賤. 『장자』「제물론」 및 「추수」 편 구절)라는 말은 동물을 헤드라인에 편리하게 수단적으로 이용하는 생각을 돌아보게 한다. 또 열자(列子)에는 다음과 같은 말이 있다. "천지만물은 사람과 닮아 나란히 공존한다. 그 닮음에 귀천은 없다."(天地萬物與我竝, 類也. 類無貴賤. 『열자』「설부」 편)

최근들어 헤드라인에 '갈라파고스'라는 비유 표현이 많이 등장하고 있다. 새로운 비유어가 생기면 여기저기서 유행처럼 쓰면서 습관적인 비유어로 자리잡곤 한다.

우리나라 외교가 불리한 상황에 처한 현실(이것이 사실인지 아닌지는 별개의 문제이다)을 '갈라파고스 외교'라고 표현한다. 경제활동에 규제가 많다면서 우리나라를 '갈라파고스 규제 국가'라고 규정하기도 한다. 정부와 국회가 4차 산업혁명에 대응하는 속도가 늦다며 이를 갈라파고스 같다고 말한다

갈라파고스 비유의 의미는 '세상과 단절된 외딴섬'이다. 갈라파고스(남아메리카 에콰도르 영토로 유네스코 세계자연유산)는 거북과 이구아나 등 독특한 고유종이 많은 섬으로 세상에 널리 알려져 있다. 찰스 다윈은 1835년 갈라파고스를 탐험하면서 진화론의 영감을 얻었다.

갈라파고스는 육지에서 1000여 킬로미터 떨어져 있는데 19개 섬으로 구성돼 있다. 크기는 7800여 제곱킬로미터, 인구는 2만 5000여 명이다. 세계적인 관광지로도 유명하다. 이런 갈라파고스를 고립된 외딴섬이라고 비

유하면서 우리나라 현실과 연결하는 것은 적절하지 않은데다 갈라파고스 주민 입장에서 보면 불쾌한 일이라고 할 수 있다.

울릉도를 '한국의 갈라파고스'로 부르는 경우가 있다. 울릉도는 크기가 73 제곱킬로미터 정도이며 인구는 1만 명 가량이다. 경북 포항에서 200여 킬로미터 떨어져 있다. 식물의 고유종이 많은 점 등으로 비춰볼 때 갈라파고스와 어느 정도의 비유는 가능하다. 갈라파고스라는 유명한 지명을 헤드라인에 쓰면 눈길을 잠시 끌 수 있겠지만 부적절한 의미 연상으로 인하여 뉴스 소비자를 혼란스럽게 만들 수 있다. '고립'의 뜻으로 쓰는 갈라파고스는 데드라인에 가깝다.

▲ 대명캠퍼스 본관 담쟁이

제8장

기업은 진지한 발돋움으로 넘어섬이다

학생들에게 취업과 창업을 이야기하면서 기업에 관해 어떤 가치관을 공유하면 도움이 될까 고민하였다. 이는 기업을 '삶의 새로움'이라는 바탕 위에서 어떻게 이해하는 것이 좋고 바람직한가 하는 문제이다.

새로움(뉴스)을 강의의 콘셉트로 삼아 진행하는 측면을 고려하더라도 기업에 대한 새로운 가치관은 성찰하지 않을 수 없었다. 그리고 이는 기업에 대한 이해와 성찰에 그치지 않고 어떻게 취업과 창업에 연결할 것인가, 나아가 기업을 성장시키면서 기업가 정신을 오랫동안 삶의 태도로 견지할 것인가 하는 과제이다. 더 나아가 우리 사회가 기업에 대해 어떤 의미와 가치를 공유하면 좋을까 하는 데까지 생각이 닿았다.

나는 매스미디어 뉴스를 수업에 다양하게 활용하는데, 기업의 가치관에 도움이 될 내용은 찾기가 쉽지 않다. 경제 성장도 고용도 줄어드는 시대, 거의 모든 산업에서 공급과잉 시대, 기업의 경영환경이 근본적으로 바뀐 시대 같은 진단이나 주장은 많다. 또 이같은 현상에 대한 대책으로는 정부의 친기업 정책을 비롯해 사회의 반기업 정서 극복, 100년 장수기업 육성, 벤처창업 장려, 기업의 사회적 책임 강화, 기업가 정신 고양 등을 제시하는 내용이 많다.

이런 이야기들은 모두 기업이 놓인 사회적 환경을 정확하게 진단하고 그 대안도 바람직한 것으로 보인다. 하지만 취업과 창업의 현장인 기업이 머릿속에 가득한 대학생들에게 들려주기에는 이들의 현실과 동떨어진 이야기로 들릴 것이다. 특히 기업가 정신을 높여 저성장 시대를 이겨내야 한다는 주장이 많다. 기업가 정신으로는 위기를 기회로 바꾸는 혁신, 창조적 파괴, 현실에 대한 문제의식, 실패의 두려움을 극복하는 의지, 사회적 책임으로 동반 성장 같은 내용을 말한다. 하지만 이는 꼭 기업가 정신에만 해당하는 자세나 태도가 아니라 발전을 꾀하는 사람이나 기관 단체라면 마땅히 필요한 것들이다.

기업에 대한 통념적 정의는 '영리를 목적으로 재화나 서비스를 만들어 파는 경제활동을 하는 조직체'이다. 이런 기업이 국가 공동체를 운영하는데 핵심 기반이 되는 것은 상식이다. 기업은 대학교육의 존립 근거이기도 하다. 대학생 시기는 취업이나 창업을 준비하는 과정이기 때문이다. 기업으로서도 대학 교육을 받은 인재를 채용해야 기업을 유지 발전시킬 수 있다.

기업과 대학생, 대학생과 기업은 서로 뗄 수 없는 관계인데도 기업에 관한 사회적 논의(매스미디어 뉴스는 이와 관련해 중요한 역할을 한다)에는 기존 기업 중심의 공급자 위주 메시지가 대부분이다. 기업가 정신만하더라도 실제 기업을 경영하는 사람이라도 실천하기가 결코 쉽지 않다. 기업은 1년 내내 위기 속에서 경영을 하는데도 "위기를 기회로 바꾸는 기업가 정신을 발휘하여 저성장 시대를 이겨내자" 같은 주장은, 이를 부정하거나 틀렸다고 하는 것이 아니라, 공허하게 들릴 수 있다. 이를 대학생에게 강조할 경우에는 더욱 공허하게 들릴 것이다.

기업 경영인이든 대학생이든 현실에 대한 문제의식과 창조적 파괴를 싫어하는 경우는 거의 없을 것이다. 하지만 구체적으로 무엇을 어떻게 해야 창조적 파괴나 혁신이 되는지 하는 문제는 사정이 매우 다르다.

나는 이같은 상황을 고민하면서 대학생 입장에서 기업에 대한 관점과 가치관을 어떻게 설정하면 좋겠는지 암중모색하였다. 앞에서 언급한 기업에 대한 통념적 정의와 그에 따른 분류(대기업 중소기업 1인기업 공기업 사기업)가 아니라 기업 자체에 대한 인식을 조금이라도 넓고 깊게 생각해보고 싶었다. 이 의도가 이루어지면 대학생이나 기업인, 직장인을 넘어 기업의 사회적 의미와 가치를 넓히고 높이는 데도 보탬이 될 수 있다는 기대감도 들었다.

나는 '기업'(企業)의 새로운 의미와 가치를 '기'(企)에서 그 실마리를 찾으려고 한다. 어느 기업인은 企를 사람 인(人)과 그칠 지(止)를 합친 글자라면서, 사람을 모아 머물게 한다는 의미라고 설명했는데, 企는 그런 뜻이 아니다.

『설문해자』는 企를 '擧踵也'(거종야), 즉 '발꿈치를 드는 것이다'라고 풀이한다. 이는 발돋움을 하고 멀리 내다 볼 만큼 간절히 바라고 기다린다는 의미이다.

企는 人과 止가 협쳐진 글자이다. 인(人)은 그냥 사람이 아니라 인품, 인격, 인자함, 사랑의 뜻이 있다. 그래서 '뛰어나고 훌륭한 사람'을 가리킨다. 止는 보통 읽는 '그칠 지'가 아니라 발 모양을 본뜬 글자로 발(足)을 뜻한다. 『설문해자』는 止를 다음과 같이 풀이한다.

> '아래터이다(下基也). 초목을 뚫고 나올 때 그 터가 있는 모양이다(象艸木出有址). 그러므로 止는 발(足)의 뜻으로 쓴다(故以止爲足). 止가 속하는 글자는 모두 그 뜻에 따른다(凡止之屬皆從止).'

족(足)은 발을 기본 뜻으로 하여 뿌리, 근본, 가다, 달리다, 밟다, 채우다, 이루다, 더하다, 북돋우다는 뜻이 나온다.

이와 같은 뜻을 종합하면 企는 훌륭한 사람됨과 관련되는 어떤 태도나 정신과 관련 있다. 그 내용은 발돋움, 내다봄, 기대감, 북돋움이다.

기(企)	발돋움. 내다봄. 기대감. 발돋움을 추구하는 훌륭한 사람됨

발돋움은 키를 돋우느라 발끝만 디디고 서는 것인데, 이는 목표를 위해 안간힘을 써 나아가는 모습이다. 돋움은 의욕이나 느낌이 높아지거나 뚜렷해지도록 하는 것이다. 내다봄은 멀리 앞을 바라보거나 앞일을 미리 헤아리는 것이다. 북돋움은 기운이나 정신을 더욱 높이는 것이다. '북'은 초목의 뿌리를 감싸고 있는 흙이다. 기대감은 목표로 하는 일이 이루어지기를 바라고 기다리는 심정이다.

企가 들어가는 말은 모두 이같은 뜻을 담고 있다. 예를 들면 기대(企待. 일이 이루어지기를 바라고 기다림), 기도(企圖. 일을 이루려고 꾀함), 기망(企望. 발돋움하여 바라봄), 기상(企想. 발돋움하여 바라보며 생각함), 기선(企羨. 발돋움하여 바라보며 그리워함), 기종(企踵. 발돋움하여 애타게 바라봄), 기획(企劃. 일을 꾀하여 계획함) 등이다.

업(業)은 일, 생업, 직업이라는 통념적인 뜻과 함께 기초, 시작, 두려워하다, 위태롭다는 뜻이 있다. 업업(業業)은 두려워하는 모습이나 위태로운 모양이다.

業의 뜻에서 생각할 점은 '두려워하다'와 '위태롭다'이다. 두려워한다는 것은 겁내며 무서워한다는 의미가 아니라 어려워하면서 신중하다는 의미다. 위태롭다는 위험하다는 의미인데, 여기서는 위(危)의 뜻이 중요하다. 危는 사람이 높은 곳에 있어 위태로운 모양을 나타낸다. 여기서 아슬아슬하다, 두려워하다, 조심하다는 뜻이 나온다. 『시경』의 상송(商頌. 상나라를 칭송하는 노래) '장발'(長發) 시에 有震且業(유진차업)이라는 구절이 있는데, 떨리고 위태롭다는 뜻이다. 나라의 정세가 위태로운 모습을 나타냈다.

또 높다는 뜻에서 '발돋움하다'는 의미가 생긴다. 위족(危足)은 발돋움하는 것이다.

기(企)와 업(業)의 뜻에서 공통점은 '발돋움'이다. 발돋움은 더 높은 차원이나 목표를 위해 뛰어오르는 모습이지만 위태로울 수도 있으므로 신중해야 한다는 의미가 담겨 있다. 발돋움하여 내다보는 안목과 자세는 바람직하지만 반드시 사려깊은 태도를 바탕으로 하여 지나치지 않도록 해야 한다는 뜻을 읽을 수 있다.

이런 상황과 관련하여 『도덕경』에 나오는 다음 구절(24장)은 음미할 가치가 있다.

"발돋움하는 자세로는 똑바로 서기 어렵다."(企者不立)

노자(老子)의 이 말은 까치발로 발돋움을 하면 오랫동안 바르게 서 있기에는 자연스럽지 못하다는 의미다. 따라서 24장 마지막 구절은 "그래서 (무위자연의) 도가 있는 사람은 자신을 옳다고 자랑하거나 과시하는 군더더기 행동을 하지 않는다."(故 有道者 不處)라고 하였다.

나는, 노자의 의도와는 별개로, 기자불립이라는 말은 발돋움의 태도와 가치를 자만하지 않고 사려 깊게 추구해야 한다는 뜻으로 이해한다. 왜냐하면 발돋움이 자칫 현실의 변화 상황에는 눈을 감고 둔감한 채 추상적이고 관념적인 조급함이 될 수 있기 때문이다. 그래서 기(企)는 그냥 발돋움이 아니라 구체적이고 현실적인 기반 위에서 신중하게 반발짝 앞서 나아가는 진지함이라고 할 수 있다.

발돋움은 '넘어섬'이다. 우쭐거리며 오만한 넘어섬이 아니라 신중하고 진지하게 기존의 현실을 조금씩 넘어서는 노력이다. "삶에서 가장 위험한 일은 익숙함이 주는 편안함이다"는 말이 있다. 개인이든 기업을 포함한 기관 단체이든 자신이 놓인 상황에 만족하면서 안주(安住)하면 발전은커녕 퇴보한다는 의미이다. 부진즉퇴(不進則退)라는 말은 이런 상황에 꼭 들어맞는다. 진전하지 못하면 제자리 걸음인 현상유지가 아니라 퇴보한다는 것이다.

발돋움으로 넘어선다는 것은 '새로움'(뉴스)을 위한 조건이다. 기존의 현실 상황, 통념의 세계를 넘어서지 못하면 새로움은 돋아날 땅이 없다. 이런 발돋움과 새로움에 대한 인식을 분명하게 하면서 이를 자신의 삶에서 실천하는 태도를 나는 '주체적인 기업가 정신'이라고 부르고 싶다.

기업 (통념적 의미)	영리 목적의 경제적 조직체
기업 (주체적 의미)	신중하고 진지한 발돋움

이같은 두 가지 기업 개념이 쌍두마차처럼 잘 굴러갈 때 개인적 차원과 사회적 차원에서 기업의 의미와 가치가 높아져 경쟁력을 키울 수 있을 것으로 생각한다. 매스미디어 뉴스를 통해 '신중하고 진지한 발돋움'으로서 기업을 실천하여 경제적 조직체로서 기업을 발전시키는 몇 가지 사례를 살펴본다. 이런 '넘어섬'의 자세가 널리 공유되면 좋겠다.

나는 오래전에 '날개 없는 선풍기'를 구입한 적이 있다. 퇴근길에 우연히 찾은 가전제품 판매장을 둘러보다가 '날개 없는 선풍기 입하'라고 쓴 안내문을 보고 놀랐다. 선풍기의 상징은 날개인데 날개 없는 선풍기라니! 날개는 없고 파란색의 둥근 고리 사이에서 어딘가 바람이 새어나오는 듯했다. 지금은 날개 없는 선풍기가 널리 알려졌지만 그때는 그 제품을 날개 없는 선풍기라고 소개하지 않으면 그 제품이 선풍기라고 알기는 어려웠다. 바람의 세기는 좀 시원찮았지만 나는 그 '새로움'을 구입했다.

편견이나 선입견이 돌처럼 단단하게 굳어버리면 그것이 편견인지 선입견인지 최소한의 분간 가능성도 갖기 어렵게 된다. '선풍기 = 날개'(프로펠러나 풍차 같은 회전 날개)도 이런 돌 같은 편견이나 선입견이라고 할 것이다. 회전 날개형 선풍기는 1800년대에 개발된 것으로 알려져 있다.

선풍기의 '선'(扇)은 부채인데, 부채는 새의 날개를 닮은 일종의 '펼침 날개'라고 할 수 있다. 선풍기 날개라고 하면 대개 회전 날개를 가리킨다. 공장에서 쓰는 대형선풍기는 회전날개식 선풍기여 센 바람을 일으키는 데 적합하다. 가정용 선풍기는 날개 없는 선풍기로도 더위를 식히는 기능을 할 수 있다.

나는 집에 있는 날개 없는 선풍기를 보면 어릴 때 겪은 일이 떠오른다. 나는 초등학교를 마칠 때까지 섬에서 살았고 큰 도시에는 가본 적이 없었다. 어느날 마을의 형들이 "부산에 가면 계단이 움직이는데, 타고 가만히 있으면 아래쪽 위쪽으로 올라가고 내려간다"고 했다. 나는 그 말을 믿을 수 없어 거짓말이라고 했다. 그때까지 내가 생각한 계단은, 가만히 있는 계단을 사람이 딛고 올라가거나 내려가는 방식 이외에는 본 적도 들은 적도 없었다. 그래서 계단이 움직인다고 하는 것은 상상조차 할 수 없었다. 나중에 도시에 가서 보니 그 움직이는 계단은 에스컬레이터였다.

날개 없는 선풍기와 에스컬레이터라는 두 물건은 나에게 유익한 깨달음을 심어 주었다. 내가 확신하고 믿는 생각이나 관점, 시각, 의견, 가치, 해석을 돌처럼 딱딱하게 여기지 않고 '어떤 새로운 가능성'을 열어두게 되었다는 점이다. 지금도 날개 없는 선풍기를 볼 때마다, 에스컬레이터를 탈 때마다 이런 각성(覺醒)이 스친다.

이같은 추억 때문인지 날개 없는 선풍기를 만든 주인공을 매스미디어 뉴스에서 만났을 때 마치 내가 인터뷰를 하는 듯한 느낌이 들었다. 영국의 세계적인 가전업체인 다이슨을 창립(1991년)한 제임스 다이슨(72)이 2019년 9월 27일 우리나라를 처음 방문해 국내 언론과 인터뷰를 가진 내용이 보도(조선일보 2019년 10월 5일자) 되었다.

기존 제품과 확실하게 다른 혁신 가전제품을 성공적으로 출시하기까지 과정이 얼마나 많은 노력이 있었는지에 대해서는 구태여 말하지 않아도 짐작만으로도 충분하다. 내가 궁금한 것은 인터뷰 내용 중에 넓은 의미에서 기업, 즉 발돋움하여 넘어서는 자세에 해당하는 그의 말이었다. 다음과 같은 내용이 이에 해당된다.

- "우리의 임무는 명료하다. 남들이 그냥 지나쳐버리는 문제를 해결하는 것이다."

- "장거리 달리기를 할 때 속력을 낼 타이밍은 남들이 지쳤을 때입니다. 마의 구간, 고통의 극한점을 뛰어 넘어야 해요. 제품 개발할 때도 그렇습니다. 아무것도 안 되는 순간을 맞닥뜨릴 때가 있어요. 대부분 포기할 시점입니다. 그 지점에서 정말 열심히 하면 뭔가가 일어날 겁니다."
- "엔지니어의 삶은 고달픕니다. 한 번 성공하기 전까지 테스트와 실패를 거듭해야 합니다. 내일은 나으리라는 희망, 매일 조금씩 기술을 발전시키고 있다는 믿음을 놓치지 않으려 했습니다."
- "내가 만든 회사이니 (회사명으로) 내 이름만큼 적당한 게 없다고 생각했습니다. 이름이 부끄럽지 않게 지금도 힘닿는 한 회사일을 합니다. 거의 모든 시간을 쏟아부어 엔지니어들과 일합니다."
- "아홉살에 아버지가 암으로 돌아가셨습니다. 문제가 생겼을 때 도와줄 아버지가 없었기에 자연스레 또래 친구들과 다르게 생각하는 습관이 생겼습니다."
- "자기 자신의 최고 전문가는 자신입니다. 경험을 통해 자신만의 길을 찾아나가야 합니다."
- "우리는 호기심을 신봉하고, 제안을 경청하고, 실수를 존중합니다. 실수에서 성공이 나오고, 틀렸다고 여기는 방식이 맞을 수 있다고 봅니다."

다이슨 엔지니어의 이같은 말은 '신중하고 진지한 발돋움'으로서 기업의 의미와 가치, 기업가 정신을 잘 보여주는 것 같다. 뛰어난 식견은 대체로 그렇지만 다이슨의 이런 철학은 가전업체를 넘어 삶의 자세로서도 훌륭하다.

다이슨은 엔지니어 육성을 위해 2017년 다이슨 공과대학(4년제)을 설립했다. 학생들은 학비 없이 공부하며 기술 개발 프로젝트에 참여하고 급여를 받는다. 지구촌 젊은이들의 창의적인 아이디어를 발굴하기 위해 국제 디자인 엔지니어링 공모전도 매년 열고 있다.

다이슨의 날개 없는 선풍기가 기존의 프로펠러 회전 날개에 대한 통념을 넘어섰다면 발뮤다의 '그린팬' 선풍기는 기존 프로펠러 회전 날개의 기능을 새롭게 넘어선 선풍기로 발돋움한 사례로 볼 수 있다.

'일본 가전업계의 애플'로 불리는 발뮤다 창업자인 데라오 겐(46)의 드라마틱한 성장 과정은 널리 알려져 있다. 2003년 1인 기업으로 창업 후 지난해까지 15년 동안 매출액이 1850배 증가했다.

이 회사의 성공을 이끈 그린팬 선풍기는 이중 날개를 이용해 느린 바람과 빠른 바람을 동시에 내는 방식으로 자연의 바람의 같은 느낌을 내는데다 소음도 적고 전력 소비도 크게 줄여 소비자를 매료시켰다는 평가를 받는다. 이중 날개 아이디어는 공장에서 일하는 사람들이 선풍기를 벽 쪽으로 틀어 간접 바람을 쐬는 모습을 보고 힌트를 얻었다고 한다. 선풍기를 벽 쪽으로 틀어놓는 것은 여름에 음식점에 가면 흔히 볼 수 있는 장면이다.

그는 어느날 일 때문에 무척 힘들었을 때 불어온 자연의 바람의 상쾌함을 선풍기에 접목해 그린팬을 개발했다고 한다. 데라오 겐의 이같은 태도와 노력은 신중하고 진지한 발돋움으로서 기업 마인드라고 할 수 있다.

다이슨의 날개 없는 선풍기와 발뮤다의 이중 날개 선풍기는 기존 스타일의 날개를 없애거나 기능을 획기적으로 개선하는 방식으로 '발돋움과 넘어섬'의 새로움을 만들어냈다. 그럼으로써 회사의 매출과 고용을 꾸준히 늘려 기업(통념적 의미와 좁은 뜻과 발돋움과 넘어섬이라는 넓은 뜻을 융합한 의미)을 성장시켰다.

'날개'와 관련해서 나는 구본무 전 LG그룹 회장(2018년 5월 73세를 일기로 별세)을 이야기 하고 싶다.

신뢰와 화합의 기업문화를 바탕으로 LG를 세계 수준의 기업으로 성장시킨 역량에 소탈한 성품으로 많은 사람들이 그를 존경 받는 기업인으로 여긴다. 그가 남긴 "기존에 성공했던 방법을 고집하거나 현재 일하는 방식을 당연시 해서는 안됩니다. 새로운 것에 대한 호기심과 고객의 작은 불편도 그냥 지나치지 않는 섬세함이 혁신의 시작입니다"같은 말을 보면 글로벌 기업으로 성장시킨 책임있는 자세와 함께 구 회장의 소박한 성품도 묻어난다. 2015년 그가 만든 'LG 의인상(義人賞)'은 보통 사람들이 실천하는 의로운 행동의 가치를 크게 높이고 있다.

내가 구 회장에 대해 특별히 관심을 가지는 이유는 새(鳥)에 대한 그의 정서 때문이다.

그가 여의도 LG 빌딩에 있던 집무실에 망원경을 설치해두고 한강변의 새를 관찰하는 것을 즐겼다는 사실은 잘 알려져 있다. 그는 생전에 한 권의 책을 기획하여 펴냈는데 『한국의 새』(2000년)라는 조류도감이다. 일반인이 쉽게 새를 알 수 있는 도감을 소망하여 추진됐다고 한다. 구 회장은 새의 날갯짓을 보면 멀리서도 어떤 새인지 알아맞힐 정도로 새에 관해 깊은 식견이 있었다.

새와 교감(交感)하는 그의 마음을 생각해본다. 구 회장의 삶에 창공을 힘껏 날아 가는 새는 어떤 의미였을까? 날갯짓을 하며 하늘을 가르는 새를 보면서 그는 어떤 생각을 했을까?

구 회장은 '초우량(超優良) 기업'을 강한 신념으로 갈망했다. 그는 1995년 2월 회장에 취임하면서 "제가 꿈꾸는 LG는 세계 초우량을 추구하는 회사입니다. 불가능하다고 생각하는 것, 남이 하지 않는 것에 과감히 도전해 최고를 성취한 것이 우리의 전통이고 저력입니다"라고 강조했다. 나는 그의 초유량의 초(超)에서 새의 날갯짓을 느낀다. 超는 '넘어섬'이다. 그냥 넘어섬이 아니라 '높이 멀리 넘어섬'이다. 거칠고 무시무시한 출혈 경쟁이 아니라 새의 자유로운 날갯짓을 닮은 초연(超然)함이라고 할 수 있다.

나는 구 회장이 새를 볼 때마다 정정당당하고 품격있고 진지하고 성실한 모습을 느꼈을 것으로 짐작한다. 그래서 새의 날갯짓에 자신의 삶과 회사의 오늘과 내일을 접목했을 것으로 느낀다.

새는 경계나 한계가 없다. 날개가 작든 크든 새에게는 '하나의 하늘' '하나의 지구'가 있을 뿐이다. 사람이 그어놓은 국경을 비롯해 온갖 경계나 구역도 새에게는 걸림돌이나 얽매임이 되지 않는다. 그는 새의 날갯짓을 보면서 이런 무애(無碍. 막히지 않음)의 심경을 가진 것을 아닐까 생각해본다. 나는 구 회장의 이런 모습에서 합죽선 부채를 닮은 새의 날개를 보는 듯하다. 부드러운 부채질로 바람을 일으키는 모습은 몸이 하늘을 나는 듯한 선풍(仙風)이 아닐까 싶다. 나는 그가 실천한 인화(人和)의 기업철학이나 의인상에서 이와 같은 선풍을 느낀다. 이는 가장 높은 수준의 발돋움과 넘어섬이라고 할 수 있다.

벤처기업의 성공 스토리도 감동을 주는 경우가 많지만 장수기업은 된장 같은 깊은 숙성의 맛을 준다.

요즘 같은 디지털 시대에 연필이라고 하면 겨우 명맥만 유지하는 필기구로 생각하기 쉽다. 독일의 필기구 브랜드 '파버 카스텔'의 258년 스토리는 연필을 다시 생각하도록 해준다.

<9대째 이어오는 장수 가족기업 파버 카스텔. "평범한 일을 비범하게" 디지털 시대 더 잘나가는 아날로그 연필의 비결은 혁신>이라는 헤드라인으로 소개된 이 기업의 스토리(한국경제신문 2019년 2월 22일자)는 음미할 가치가 있었다. 나도 연필로 메모하거나 글을 쓰는 경우가 더러 있지만 이 기사를 읽은 후에는 연필이 이전보다 소중하게 느껴졌다.

1761년 설립된 이 회사가 258년 동안 연필을 생산하고 있는 사실 자체가 수백년 동안 마을을 지키는 듬직한 느티나무 같다는 생각이 들었다. 현재 연간 20억 자루를 생산해 140개국에서 판매하고 있다. 연필은 길이가 18센티미터 인데, 이 표준 길이도 이 회사가 정한 것이라고 한다. 굴러 떨어지지 않도록 6각형 연필을 개발하고 심을 단단하게 만들어 부러지지 않도록 하며 어린이가 입에 넣어도 해롭지 않도록 친환경 페인트를 사용하며, 연필을 만드는 숙련된 장인들을 존중하는 등 여러 면에서 최고 수준을 갖췄다. 연필 생산을 위해 연간 15만 톤 이상의 나무를 사용하는 데 대한 책임으로 30년 전부터 여러 나라에 대규모 숲을 조성하고 있다.

장수기업의 비결로 '평범한 일을 비범하게 하는 것'을 꼽는다는 경영철학에 대한 구체적인 이야기는 기사에 없지만 나무연필이라는 평범한 제품이 수백년 동안 꾸준히 사랑받을 수 있도록 넓고 깊은 차원에서 노력하는 자체가 비범한 모습이라고 하는 것 같다. 이런 회사의 자세 또한 발돋움하여 진지하게 넘어서는 기업의 정신이라고 할 수 있다.

독일 기업의 이야기를 하다보니 170년 전통을 자랑하는 글로벌 기업 지멘스가 떠오른다. 200개국에 진출한 독일의 지멘스는 의료기기와 에너지 등 분야에서 세계 최고 수준의 기술로 신뢰를 얻고 있다. 내가 관심을 갖는 것은 "순간의 이익을 위해 미래를 팔지 않는다"는 창업자(베르너 폰 지멘스)의 경영철학이다. 발돋움하여 멀리 내다보면서 넘어서는 진지한 자세가 느껴지기 때문이다.

국내의 한 제과업체는 2017년 국내 처음으로 4겹으로 된 과자를 출시해 큰 주목을 받았다. 지금도 소비자의 사랑을 받으면서 '국민과자'라는 평가까지 받고 있다. 이 제품을 위해 8년 동안 2000회가 넘는 테스트를 거쳤다. 생산설비도 4겹 과자에 맞도록 개발했다. 미국 중국 러시아 베트남 등 해외에서도 많이 팔린다고 한다.

부산의 한 어묵제조업체는 최근 5년 사이에 고용과 매출이 10배 늘었다. 할아버지가 1953년 창업한 어묵공장을 계승한 30대 손자 경영인인 어묵에 대한 인식을 바꿨다. 소비자들이 어묵을 새롭게 인식하도록 베이커리형 어묵 매장을 2013년 도입했다. 어묵을 좋아하는 나는 이 회사의 홈페이지를 살펴보았다. 'Philosophy(철학):남는 게 없더라도 좋은 재료를 쓴다. 과거를 돌아보고 현재를 정진하며 미래로 나아간다'는 내용이 있었다. 새로운 스타일의 어묵을 아시아권 여러 나라에서 시장을 개척한다고 하니 이런 경영철학을 실천하는 셈이다.

4겹 과자나 베이커리형 어묵의 사례도 발돋움으로 내다보며 진지하고 성실하게 넘어서는 자세와 노력에서 나온 것이라고 할 수 있다.

나는 수년 전에 예비창업자들을 대상으로 '창업과 기업 성장에서 인문 가치의 필요성'을 주제로 강연을 한 적이 있다. 신생기업은 인문 가치를 경영에 접목하여 초기 단계의 어려움을 이겨내는 데 보탬이 되고, 기존 기업은 인문 가치를 통해 상시적인 경영 위기를 이겨내고 안정적으로 발전을 꾀하는 데 도움이 될 수 있다고 생각하기 때문이다.

'기업은 하루 하루가 위기'라는 말은 신생벤처기업이든 100년 장수기업이든 예외 없이 해당된다. 어렵게 창업에 성공했지만 3~5년을 넘기는 경우가 드물고 오래된 기업은 크게 바뀐 경영환경에 대처하기가 쉽지 않다. 기업 내부적으로는 상사와 부하, 연령대별로 서로 의사소통이 안되는 갈등이 경영의 위험요소로 등장하는 경우가 많다. 이런 상황에서도 인문 가치가 기업 전체에 스며들면 해소에 도움이 될 것으로 생각했다.

삼성을 창업한 이병철(1910-1987)은 자신의 경영철학은 『논어』에서 나왔다고 말한 적이 있다. '일본 자본주의의 아버지'로 불리는 시부사와 에이치(1840-1931)는 『논어와 주판』(1927년 출간)을 통해 『논어』를 상인의 입장에서 이해하여 자본주의 윤리를 정립한 것으로 평가받는다. 스티브 잡스(1955-2011)는 기술개발과 발전에 인문적 요소를 매우 중시했다.

'CEO(최고경영자)의 C는 Culture'라는 말이 있다. CEO(Chief Executive Officer)의 Chief는 어떤 조직에서 직급(직책)이 가장 높다는 서열적 의미이다. 이 'C'를 직급적 의미에서 벗어나 조직의 문화를 창출하는 책임자로 인식하려는 것은 바뀐 경영환경과 세태를 반영하기 때문일 것이다.

Culture는 대부분 '문화'(文化)로 옮긴다. 문화는 '인문화'(人文化)의 줄임말로 그 의미가 매우 넓고 깊은데도 일상적으로는 문화예술이라는 말처럼 음악 미술의 전시 공연이 떠오를 정도로 의미가 축소돼 사용되는 경우가 많다.

Culture는 문화보다 '배양'(培養)으로 옮기는 것이 더 구체적인 의미로 다가온다. 생명과학 실험실에서 흔히 하는 혈액배양(blood culture)과 같은 의미다.

배양은 인격이나 역량을 북돋워 가꾸고 기르는 것이다. 培는 초목의 뿌리를 흙으로 감싸서 가꾸는 일을 나타낸다. 養은 가꾸고 기른다는 의미다. 양(羊)을 먹인다(食)는 뜻으로 구성된 글자이다. 양은 신(神)에게 제사를 지낼 때 바치는 동물(희생) 중에서 매우 중요하다. 아름다움을 나타내는 미(美)는 이런 양이 크고 살찐 모양(羊 + 大)으로 구성된 글자이다.

CEO의 C를 Culture로 이해하면 이는 CEO 한 사람의 일에 한정될 수 없다. C가 서열적 의미의 Chief가 아니라 배양적 의미의 Culture라는 것은 일방적이 아니고 쌍방적이며, 수직적이 아니고 수평적이다. 그래서 기업의 신입사원도 '조직 배양'을 위한 책임과 역할을 갖는 차원의 CEO라고 할 수 있다. 이는 직급이나 직책, 간부나 평직원, 상사나 부하, 남자와 여자를 수평적으로 아우러는 차원이다.

기업의 인문 가치는 동양고전의 구절을 활용하는 경우가 많다. 간결하게 함축적인 의미를 담아낼 수 있기 때문일 것이다. 나는 그 중에서 서경배 아모레퍼시픽그룹 회장이 인문 가치로 강조하는 '석과불식'(碩果不食)에서 깊은 맛을 느낀다. 서 회장은 과학재단을 설립하여 생명과학 분야 신진과학자를 지원하는데 앞장서고 있다. 그는 자신의 이같은 관심을 석과불식의 마음이라고 한다.

석과불식은 『주역』(周易)의 23번째 괘인 박(剝. 깍아내린다는 뜻)을 풀이하는 구절에 나온다. 즉 '큰 과일(석과)이 먹히지 않는다. 군자는 수레를 얻고 소인은 오두막집마저 허물어뜨릴 것이다'(碩果不食. 君子得輿, 小人剝廬.)이다.

석과불식은 매우 어려운 상황에서도 새로운 싹을 틔우는 희망을 상징한다. 큰 과일에 비유되는 군자가 수레가 얻는다는 것은 소인에게 깍이더라도 결국에는 세상을 다스리는 역량을 얻는다는 의미다. 서 회장의 석과불식은 인재를 키워 나라의 미래를 밝게 하려는 뜻으로 볼 수 있다.

그는 위기에 놓였던 회사를 크게 성장시켜 주목을 받고 있는데, 그 리더십을 '눈덩이 굴리기'라고 한다. 눈 굴리기를 할 때 처음부터 눈덩이를 단단하게 뭉치지 않으면 눈덩이는 커지기 전에 부서지므로, 회사 경영도 처음부터 내실을 단단히 다져야 쉽게 무너지지 않는다는 것이다(문화일보 2019년 11월 26일자). 서 회장의 발돋움과 진지한 넘어섬이라고 생각한다. 이런 넘어섬은 아름다움을 추구하는 심미적(審美的) 차원이다.

27세이던 1959년 교세라(교토 세라믹)를 창업하고 세계적인 대기업으로 성장시켜 '경영의 신'으로 불리는 이나모리 가즈오(88)는 그의 경영철학을 담은 『카르마 경영』에서 다음과 같이 말한다. "감사와 성실, 열심히 일하는 자세와 순박하고 솔직한 마음, 늘 반성하는 자세, 원망하거나 투기하지 않는 마음, 자기보다 타인을 배려하는 이타의 정신. 이와 같은 좋은 생각과 행위는 모두 우주의 의지를 따르는 행위이다. 인생과 사물의 성공과 실패는 우주의 의지와 흐름에 동조하고 있는지 여부에 따라 결정된다. 우주에 존재하는 모든 것은 성장하고 발전하는 것이 본연의 모습이다." 기(企)의 넘어섬은 우주적(宇宙的) 차원에 닿아 있음을 느낄 수 있다.

▲ 계명서당

제9장

새로움(뉴스)은 대인(大人)의 길이다

▲ 선비교

혈관(핏줄) 건강에 대한 사회적 관심이 매우 높다. 신문과 텔레비전, 인터넷 등 매스미디어에는 혈관 건강에 관한 정보가 넘친다. 혈전(피떡)으로 혈관이 막히거나 가늘어지면 온갖 혈관 질환으로 생명이 위협을 받는다는 경고 신호가 여기저기서 울린다.

좁아진 혈관을 넓히는 의료기술을 비롯해 혈관 건강에 도움이 되는 기능성 식품이 많아 선택이 어려울 정도다. 핵심은 혈관이 좁아져 막히지 않도록, 그래서 혈액순환이 잘되도록 하는 것이다. 혈관 건강을 위해서는 유산소 운동도 필수적이다. 이를 종합하면 "혈관이 넓어서 피가 잘 통하느냐 통하지 않느냐에 건강이 좌우된다"는 의미다.

'넓음 = 통함 = 건강'과 '좁음 = 불통 = 질병'의 이치는 혈관에만 해당되는 것이 아니다. 세상의 이치가, 삶의 이치가 그와 마찬가지다. 삶도 세상도 건강도 결국은 '넓음과 좁음'의 대결이다. 삶이 마주하는 두 갈래길은 넓고 높고 깊은 '대'(大)인가, 좁고 낮고 얕은 '소'(小)인가이다.

나는 '혈관 협착' '척추관 협착' 같은 의료 정보를 접할 때마다 넓음과 좁음, 大와 小의 관계를 생각한다.

협착(狹窄)은 일상에서는 거의 쓰지 않는데, 의료 분야에서는 비교적 많이 쓰는 것 같다. 狹과 窄은 모두 '좁다' '좁히다'는 뜻이다. 마음이나 식견이 좁다는 의미로도 쓰인다. 마음이나 도량이 좁다는 뜻으로는 협착보다 협애(狹隘)를 쓴다.

혈관 협착에 대해서는 사회적으로 분위기가 매우 민감하다. 혈관이 좁아지면 건강에 큰 위협이 되기 때문이다. 그래서 "혈관 건강은 생명과 직결된다"는 슬로건과 함께 관련 의료 정보가 넘친다. 이에 비해 '마음의 협애'에 대한 관심은 둔감하다. 생명과 직결된다는 이야기도 들리지 않는다. 마음을 빼고 몸의 건강과 목숨을 말할 수 없는데도 마음의 좁음(협애)에 대해서는 경고음이 거의 들리지 않는다.

새로움과 뉴스는 사람됨의 문제이고, 이는 마음의 넓고 좁은 상태와 닿아 있다. 새로움은 넓고 깊고 높은 마음에만 깃들 수 있기 때문이다. 그래서 자신의 '마음의 혈관'이 어떤 상황인지 자세히 살펴서 진단하고, 마치 혈행(血行)이 잘되도록 개선하는 것처럼, 부족함을 채워나가는 노력은 '새로운 사람됨'을 위한 수신(修身)이다.

마음가짐(마음을 쓰는 태도), 마음결(마음의 움직이는 바탕), 마음눈(마음으로 사물을 관찰하고 식별하는 힘), 마음씨(마음을 쓰는 태도), 마음자리(마음의 바탕)를 바르게 하는 '마음잡음'은 자신을 새롭게 가꾸기 위한 필수적인 조건이다. 새로움은 넓고 깊고 높은 마음에 비로소 둥지를 틀 수 있다.

나는 마음을 다잡는(헛된 마음이나 들뜬 마음을 바로잡음) 일에 관심을 둘 때면 맹자(孟子)의 다음과 같은 말이 떠오른다.

> "어짊은 사람의 바른 마음이요, 의로움은 사람의 바른길이다. 그 바른길을 버려 따르지 않고 그 바른 마음이 떠나도 구할 줄 모르니 슬프지 않은가! 사람들은 자기가 키우는 닭이나 개가 없어지면 곧 그것을 찾으려고 한다. 그런데 바른 마음이 자기에게서 없어져도 그것을 구할 줄 모른다. 학문(배움)의 바른길은 다른 데 있는 것이 아니라 자신에게서 벗어난 바른 마음을 되찾는 데 힘쓸 뿐이다."
> (孟子曰. 仁, 人心也. 義, 人路也. 舍其路而弗由, 放其心而不知求, 哀哉. 人有雞犬

放, 則知求之. 有放心, 而不知求. 學問之道無他, 求其放心而已矣.『맹자』「고자」 상편)

이 문장의 맛은 맹자의 발랄한 비유에 있다. 하필왈리, 여민동락, 오십보백보, 연목구어, 인자무적, 호연지기, 무항산무항심, 농단, 측은지심. 역지개연 등 적절한 비유를 섞어 쉽고 간결한 표현에서 나오는 기세 넘치는 문장은『맹자』를 읽는 독특한 즐거움인데, 이 문장 또한 이런 기준에 잘 어울린다. 맹자는 스스로 "쉬운 말로 깊은 뜻을 나타내는 것이 훌륭한 말이다"(言近而指遠者, 善言也.「진심」하편)라고 했는데,『맹자』의 전체 내용이 언근지원(言近指遠)에 해당한다고 볼 수 있다.

'바른 마음을 다잡는' 추상적이고 관념적인 과제를 집집마다 키우는 닭과 개에 비유함으로써 사람들에게 그림을 보여주듯 생생하고 구체적으로 마음의 문제를 입에 쏙 넣어준다. 개나 닭이 없어지면 당장 찾아나서는데도 이런 것들보다 훨씬 중요한 마음에 대해서 둔감해서 되겠는가, 공부라는 것은 자신이 바른 마음의 주인이 되도록 하는 게 중심 아니냐는 뜻이다.

다음으로 살펴볼 점은 이 문장에 나온 핵심어로서 마음(心)이라는 글자이다.

인심(人心)과 인로(人路), 그리고 방심(放心)에 대해 대부분 '사람의 마음, 사람의 길, 잃어버린(놓아버린) 마음'으로 풀이한다. 나는 人心의 心과 放心의 心은 다르다고 본다. 인심의 心은 그냥 마음이 아니라 바른 마음(正心) 또는 선량한 마음(良心, 善心)이다.

인로(人路) 또한 그냥 사람의 길이 아니라 바른 마음이 가는 길로서 바른길이다. 그래서 번역에 '바른 마음' '바른길'이라고 표현했다. 마음은 바른 마음만 있는 게 아니라 나쁜 마음 등 여러 가지 모습이 있기 때문이다.

방심(放心)을 잃어버린 개나 닭의 비유처럼, 잃어버린 마음이라고 이해하면 '그 마음'(其心)이 어떤 마음인지 드러나지 않는다. 맹자가 이해를 돕기 위해 개와 닭을 비유했지만 마음의 문제를 개와 닭과 같은 평면에서 대등하게 놓은 것은 아닐 것이다. 나는 방심을 '멋대로 흐트러져버린 마음'으로 이해한다. 방자(放恣)라는 말이 있는데, 제멋대로 거리낌없이 행동하는 것을 가리킨다. 방심도 이런 상태의 마음이어서 이를 바르게 해야 한다는 의미로 이해하는 게 좋다. 구(求)의 뜻도 그냥 찾는다가 아니라 '가지런하도록 힘쓰다'는 뜻을 받아들이는 것이 좋다. 이에 따라 구방심(求放心)을 다음과 같이 이해한다.

기존의 풀이

자신의 잃어버린 마음을 찾으려고 함

이 책의 풀이

자신의 흐트러진 마음을 바르게 하려고 노력함

사람의 마음은 여러 가지 모양인데다 일정하지 않고 유동적이다. 몸은 하나지만 몸속에서 꿈틀거리는 마음은 자기 자신도 잘 모를 정도로 많고 복잡하다. 내 몸에서 여러 마음이 충돌하는 상황을 어떤 마음은 그 상황을 내려다보듯 인식한다. 어제 마음이 다르고 오늘 마음이 다르다. 아침 마음이 다르고 오후 마음이 다르다. 마음은 생각 감정 기분 느낌 뜻 의지 등 모든 정신활동의 복합체이기 때문일 것이다.

복잡한 마음을 간략하게 분류하기 어렵지만 나는 '큰마음'(대심, 大心)과 '작은마음'(소심, 小心)으로 대별하고자 한다. 큰마음과 작은마음이 섞여서 나의 몸속에서 살아가는 데, 상황에 따라 두 마음이 충돌하기도 하고 어느 한쪽이 강하게 드러나 자신을 이끌기도 한다. 삶의 새로움을 위해서는 대심을 꾸준히 키우고 소심은 꾸준이 줄이는 관심과 의지, 노력이 필요하다.

'大'는 『설문해자』에 "하늘이 위대하고 땅이 위대하다. 사람도 위대하다. 그래서 大는 사람의 모습(머리, 두 팔, 두 다리)을 본떴다."(天大, 地大. 人亦大. 故大象人形.)라고 했다. '人'은 "하늘과 땅 사이의 만물 가운데 가장 귀하다. 팔과 다리 모양을 본떴다."(天地之性最貴者也. 象臂脛之形.)라고 했다. '心'은 "사람의 심장이다. 몸의 가운데에 있다."(人心. 在身之中.)라고 했다. '小'는 "물건이 작다."(物之微也.)라고 했다.

大와 人에 대한 『설문해자』의 풀이는 '우주에서 사람의 지위'를 잘 보여준다. 사람은 하늘과 땅과 나란히 위대하고 하늘과 땅이 낳은 만물 중에서는 가장 고귀하다는 존재라는 것이다. 大는 기본적으로 크다, 넓다, 높다는 뜻에서 존귀하다, 두텁다, 훌륭하다, 위대하다, 으뜸이다는 뜻으로 확대된다. 小의 기본뜻은 작다(적다), 좁다, 낮다이다.

대(大)	크다 넓다 높다
소(小)	작다 좁다 낮다

大와 人이 사람의 몸을 본뜬 글자라는 말은 매우 소중한 가치가 있다. 대인(大人)은 여러 종류의 사람 가운데 한가지가 아니라 사람의 본질적 모습이고 그렇게 되어야 한다는 마땅함(당위)를 품고 있는 것으로 느껴진다. 하늘 땅 사람(天地人)이 '大'로 통하기 때문이다. 天이라는 글자는 '大 + 一'로 구성되어 있는데, 사람 머리 위에 펼쳐져 있는 모습을 뜻한다. '하늘 마음'이라는 우리말도 있다. 하늘처럼 넓고 크고 포용적인 마음을 뜻한다. 땅을 딛고 하늘을 이고 있는 사람은 하늘과 땅과 잠시도 떨어질 수 없는 존재이다.

사람의 본질이자 중심은 대인(大人)과 대심(大心)인데 소인(小人)과 소심(小心)은 왜 생기는 것일까?

사람은 하늘이나 땅과 똑같은 존재가 아니라 하늘과 땅의 덕(德)을 본받으려고 노력하는 존재로서 고귀하다. 사람의 마음에 불완전한 성정(性情)이 있더라도 '완전자'(完全者)로서 하늘과 땅의 모습이라는 어떤 모델이나 모형이 사람에게 없다면 하늘과 땅을 본받으려는 인식과 의지를 가질 수 없다. 사람의 마음은 대심과 소심이 대결하면서 하늘과 땅과 같아지려는 의지를 발휘할 수 있다. 사람의 마음은 불완전 속에서 완전을 추구하는 어떤 활동성이고 에너지라고 할 수 있다.

나는 사람과 사람의 마음을 나타내는 다양한 표현이 대인과 대심을 추구하기 위한 실질적인 방편이 될 수 있다고 생각한다. 소인과 소심을 이겨내면서 대인과 대심을 키우기 위해서는 어떤 유형의 사람과 마음이 있는지 파악하는 것이 도움이 된다. 스스로를 돌아보면서 자신이 어떤 상태인지 판단할 수 있기 때문이다. 그래서 대인과 대심, 소인과 소심의 유형을 다음과 같이 구분해본다. 마음은 말(언어)로 표현되므로 대인의 말은 대언(大言)으로, 소인의 말을 소언(小言)으로 구분한다.

대인 - 대심 - 대언

대인(大人)	성인(聖人) 신인(神人) 진인(眞人) 덕인(德人) 통인(通人) 현인(賢人) 달인(達人) 전인(全人) 정인(正人) 지인(至人) 철인(哲人) 초인(超人) 아인(雅人) 호인(好人) 의인(義人) 인인(仁人)
대심(大心)	양심(良心) 진심(眞心) 충심(衷心) 항심(恒心) 도심(道心) 실심(實心) 성심(誠心) 일심(一心) 직심(直心) 경심(敬心) 선심(善心) 괴심(愧心) 인심(仁心) 적심(赤心) 회심(悔心) 혁심(革心) 쾌심(快心) 혜심(慧心)
대언(大言)	신언(愼言) 아언(雅言) 휘언(徽言) 달언(達言) 난언(蘭言) 호언(好言) 정언(正言) 창언(昌言) 미언(美言) 회언(悔言) 지언(至言) 직언(直言) 단언(端言) 진언(眞言) 길언(吉言) 인언(仁言)

소인 - 소심 - 소언

소인(小人)	비인(非人) 편인(偏人) 교인(驕人) 영인(佞人) 진인(陳人) 난인(亂人) 치인(癡人) 망인(妄人) 악인(惡人) 간인(奸人) 광인(狂人) 범인(犯人)
소심(小心)	간심(奸心) 탕심(蕩心) 만심(慢心) 편심(偏心) 화심(禍心) 악심(惡心) 투심(妬心) 투심(偸心) 흉심(凶心) 반심(半心) 음심(淫心) 사심(私心) 치심(馳心) 사심(邪心) 예심(穢心) 쟁심(爭心) 탐심(貪心) 흑심(黑心)
소언(小言)	간언(間言) 궤언(詭言) 도언(徒言) 모언(侮言) 벽언(僻言) 부언(浮言) 식언(食言) 참언(讒言) 측언(側言) 훼언(毁言) 폭언(暴言) 공언(空言) 과언(誇言) 교언(巧言) 망언(妄言) 무언(誣言) 진언(陳言) 광언(狂言) 모언(侮言) 우언(迂言) 악언(惡言) 독언(毒言) 편언(偏言) 탄언(誕言) 추언(醜言)

'대인 - 대심 - 대인'과 '소인 - 소심 - 소언'을 이처럼 구분하여 나누는 실용적 효과는 언행의 태도를 구체적으로 돌아보고 판단하는 기준을 줄 수 있다는 점이다. 가령 "나는 덕인인가" "나는 성심을 가졌는가" "나는 신언을 말하는가" "나는 교인인가" "나는 탐심을 가졌는가" "나는 궤언을 말하는가"같은 자기성찰을 구체적으로 해볼 수 있다는 것이다. 이렇게라도 하지 않으면 바람직한 사람과 마음, 말 또는 바람직하지 않는 사람과 마음, 말에 대한 인식이 막연할 것이다.

통념적 인식으로 성인(聖人)이라고 하면 최고 수준의 인격자로 꼽힌다. 그런데도 성인을 대인의 한가지 종류로 분류한 이유는 맹자의 다음과 같은 인식을 참고로 하였다.

"요순 임금도 보통 사람과 같다."(堯舜與人同耳. 『맹자』 「이루」 하편)

요임금과 순임금은 성인으로 꼽히지만 보통 사람과 다를 바 없다는 것이다. 요순 임금이 모든 평범한 사람과 그냥 대등하다는 뜻이 아니라 사람은 누구나 인의(仁義, 어짊과 의로움)를 실천하면 요순 임금처럼 될 수 있는 가능성과 잠재력을 가지고 있다는 의미일 것이다. 다음과 같은 맹자의 말은 이같은 차원을 명확하게 보여준다.

"종류가 같으면 서로 비슷하다. 어찌 사람에 대해서는 그런 이치를 의심하는가. 성인도 우리와 같은 종류의 사람이다."(凡同類者, 擧相似也. 何獨至於人而疑之. 聖人與我同類者. 『맹자』「고자」 상편)

『시경』『서경』『주역』『논어』『맹자』『예기』(「중용」「대학」 포함) 『순자』『한비자』『도덕경』『장자』『묵자』『관자』『춘추좌씨전』 같은 동양철학의 고전(古典)을 일언이폐지하면 대인의 사람됨을 추구하는 '대인학'(大人學)이라고 할 수 있다.

『논어』를 비롯하여 대인은 대체로 '군자'(君子)로 표현한다. 『논어』에 대인은 2회 간단히 언급되지만 군자는 107회 언급되어 인(仁. 109회 언급)과 함께 공자 사상의 핵심 키워드라는 것을 알 수 있다. 군자의 사람됨과 상대되는 소인(小人)은 24회 언급된다.

대인과 소인을 대비하면서 각각의 사람됨을 간결하면서도 명확하게 설명하는 문헌은 『맹자』이다. "사람은 모두 똑같다고 하면서 왜 어떤 사람은 대인이 되고 어떤 사람은 소인이 됩니까"라는 제자(공도자)의 날카로운 질문에 대해 맹자는 다음과 같이 말한다. 깊이 음미할 만하다.

"사람에게 크고 중요한 것을 따르면 대인이 되고 작고 덜 중요한 것을 따르면 소인이 된다."(從其大體, 爲大人. 從其小體, 爲小人. 『맹자』「고자」 상편)

제자는 "다같은 사람인데 왜 어떤 사람은 대체를 따르고 어떤 사람은 소체를 따르게 되는 것입니까"라고 다시 묻는다. 이 두 가지 질문이 매우 좋다.

"귀와 눈이라는 감각기관은 사유(생각)하지 못하므로 자기 바깥의 사물에 이끌려 지배 당한다. 사물은 계속해서 눈과 귀를 자극할 뿐이다. 마음이라는 기관은 사유하는 능력이 있다. 사유하면 (크고 중요한 대체를) 얻을 수 있고 사유하지 못하면 얻지 못한다. 눈과 귀, 마음의 기능은 타고난 것이다. 크고 중요한 것을 먼저 확립해 놓으면 작고 덜 중요한 것이 (마음의 그런 역할을) 빼앗을 수 없게 된다. 이렇게 하면 반드시 대인이 된다."(耳目之官, 不思而蔽於物. 物交物, 則引之而已矣. 心之官則思, 思則得之, 不思則不得也. 此天之所與我者. 先立乎其大者, 則其小者不能奪也. 此爲大人而已矣. 『맹자』「고자」 상편)

마음의 사유작용(思)이 대인이 길과 소인의 길을 결정한다는 의미다. 여기서 마음은 앞에서 분류한 대심(大心)이라고 할 수 있다. 사유작용은 귀와 눈 같은 감각기관이 외부 사물에 지배되는 것과 달리 사람에게서 크고 중요한 것(大體)을 직시하면서 몸에 배도록 명확하게 하는 활동성이다.

맹자는 『맹자』에서 대인의 사람됨에 관해 세 곳에서 이야기한다.

"대인은 의로움과 함께 할 뿐이다."(大人者, 惟義所在. 「이루」 하편)

"대인은 아이와 같은 순수한 마음을 잃지 않는다."(大人者, 不失其赤子之心者也. 「이루」 하편)

"대인은 자신을 바르게함으로써 자신을 둘러싼 사물도 바르게 되는 그런 사람이다."(大人者, 正己而物正者也. 「진심」 상편)

이 세 구절의 핵심은 '적자지심'(赤子之心. 赤心으로 줄여씀) 이다. 적자는 얼굴이 붉은 갓난 아이를 가리킨다. 적자지심 또는 적심은 거짓없는 참되고 순결한 마음을 나타낸다. 순박한 사람됨인 적심이 없다면 의로움도, 자신을 바르게 하는 바탕도 생길 수 없다. 적심은 대심(大心)의 한가지이다. 노자도 "두터운 덕을 품는 것은 갓난아이에 비유할 수 있다"(含德之厚, 比於赤子. 『도덕경』 55장)고 말한다. 적자(赤子)라는 용어는 사람됨의 순수함을 가리키는 용어로 노자와 맹자 시대에 널리 알려진 성어였을 것이다.

대심(大心)을 가꾸고 대언(大言)을 말하는 대인(大人)을 추구하는 노력은 자신을 새롭게 만드는(自新) 과정이다. 내 삶의 새로움(新, 創)이라는 가치는 편견이 가득하고 배타적이며 진부한 몸에는 둥지를 틀 수 없다. 소인과 소심, 소언은 새로움과 거리가 멀다. 내 삶의 뉴스메이커를 위한 토양은 대인의 사람됨이다.

도(道. 삶의 바른길)가 잠시도 몸에서 떨어질 수 없듯이, 생명을 유지하려면 혈액을 통해 산소와 영양소가 잠시도 멈추지 않고 몸에 공급되어야 한다.

생명을 지탱하는 피는, 통념적으로, 액체인 혈장과 세포인 혈구(백혈구 적혈구 혈소판)으로 구성돼 있다. 혈장은 세포에 영양소를 공급하고 세포에서 생긴 노폐물과 이산화탄소를 운반한다. 적혈구는 붉은 색소인 헤모글로빈이 산소와 결합해 산소를 세포 속으로 운반한다. 백혈구는 몸에 침입한 세균을 잡아먹어 몸을 보호한다. 혈소판은 출혈을 멈추게 한다. 이런 내용은 의학적 상식이다.

나는 여기에 더하여 '피의 기운'을 말하고 싶다. 혈장과 혈구의 기능이 정상이라면 청혈(淸血, 맑고 깨끗한 피)이라고 할 수 있지만 그렇다고 저절로 대혈(大血)이 되는 것은 아니다. 대인에게는 대혈이, 소인에게는 소혈(小血)이 흐른다고 말할 수 있다. 대혈은 대심과 대언을 양분으로 삼아 형성되고 소혈은 소심과 소언으로 생긴다고 할 수 있다. 마음과 말이 나의 사람됨이라면 마음과 말은 핏줄을 타고 온몸을 돌면서 자신의 사람됨을 순간 순간 드러낸다.

대인(大人)	대심(大心) + 대언(大言) + 대혈(大血)
소인(小人)	소심(小心) + 소언(小言) + 소혈(小血)

새로움을 추구하는 한가지 마음가짐은 호기심(好奇心)이다. 호기심은 대인의 역량이고 특권이다. 소인에게는 호기심을 기대할 수 없고 생길 수도 없다. '기'(奇)는 '大 + 可'로 구성된 글자인데, '크게 옳고 좋다'는 뜻으로 풀이할 수 있다. 여기서 훌륭하다, 뛰어나다는 의미가 나온다. 『설문해자』에 奇는 '異'(이)라고 풀이한다. 異는 '같이 않음으로써 뛰어나다. 그래서 새롭다'는 의미다. 대인이 새로움을 추구하는 자세, 즉 뉴스마인드(newsmind)가 호기심인데 비해 소인의 뉴스마인드는 호기심이 아니라 엽기(獵奇)이다. 엽기는 奇라는 크게 옳고 좋음을 다루는 태도와 방법이 좁아서 잘못된 것을 의미한다.

피를 통해 영양소와 산소가 쉴 새 없이 몸속으로 공급되고 노폐물은 계속 빠져나오는 신진대사(新陳代謝, 새것과 낡은 것이 교대로 드나드는 작용)를 생물학적 또는 의학적 차원으로만 설명하는 것은 좁은 관점이다. 산소와 닮은 '새로움'(뉴스)이라는 기운이 몸속에 쉴 새 없이 공급되고 새롭지 못한 독소는 배출할 때 온전한 의미에서 신진대사는 가능해진다. 신진대사는 좁은 뜻에서는 생물학이나 의학의 용어이지만 넓고 깊은 뜻에서는 철학의 용어라고 할 수 있다.

새롭고 신기하는 것을 좋아하는 마음인 호기심은 곧 뉴스 마인드이다. 호기심과 뉴스마인드는 그 대상을 자기 자신의 바깥에 있는 어떤 사물이나 환경으로 향하기 쉽다. 하지만 호기심과 뉴스마인드의 진정한 출발선은 자신의 내면이다. 나의 내면은 새로움과 낡음을 끊임없이 순환시키는 주체로서 자기 자신에 대한 호기심을 왕성하게 하고 자신을 새롭게 가꾸려는 자신(自新)의 의지와 노력에 에너지를 불어넣는 현장이어야 마땅하다. 스스로를 새롭게 하는 과정에서 비로소 자신을 믿고 힘쓰는 자신감(自信感)도 돋아날 수 있을 것이다.

신진대사 = 새로움을 실천하는 대인의 자세

내가 자신을 끊임없이 새롭게 만드는 신진대사를 왕성하게 할 수 있다면 바깥 사물에 대한 호기심과 뉴스마인드는 자연스럽게 확장될 수 있다고 본다. 삶의 새로움을 주체적으로, 실존적으로 이룩하는 자기 자신의 의지와 노력을 노자(老子)의 다음과 같은 말에 비유하고 싶다.

> "하늘과 땅 사이는 마치 풀무(바람을 일으키는 기구)와 같구나! 텅 빈 듯하지만 쇠퇴하지 않고 풀무질을 할수록 더욱 새로워진다."(天地之間, 其猶橐籥乎. 虛而不屈, 動而愈出. 『도덕경』 5장)

하늘과 땅 사이의 공간을 풀무에 비유한 것이 적절하다. 풀무질을 하는 주체는 우주자연을 운행시키는 근원적인 힘으로서 도(道)라고 할 수 있다. 풀무질을 함으로써 그 공간은 막연한 빈 공간이 아니라 만물을 생성변화시키는 가능성과 잠재력으로서 '텅빔'(虛)이 된다.

출(出)은 풀무의 바람이 더 많이 나온다는 뜻으로 풀이하는 경우가 대부분인데, 그렇게 하면 의미 맥락이 매끄럽지 못하다. 풀무의 바람이 더 나오고 덜 나오고 하는 것은 중요하지 않기 때문이다. 出은 초목이 자라는 모양을 본뜬 글자이므로 태어나다, 성장하다는 뜻이 생긴다. 이런 의미를 살려 이 책에서는 '더욱 새로워진다'로 풀이했다.

풀무질로 쇠를 달궈야 강철이 될 수 있으니 풀무질은 내 몸의 새로움이라는 쇠를 단단하게 만드는 힘이라고 할 수 있을 것이다. 새로움에 유익한 요소는 피와 살이 되도록 바람을 일으키고 새로움에 해로운 독소는 슬그머니 핏줄에 기생하지 못하도록 바람으로 날려버리는 풀무질! 이런 풀무질은 하늘과 땅을 닮아 진부하지 않고 오래도록 새로움을 일으키는 힘이 된다. 그래서 노자는 이렇게 말한다.

> "하늘과 땅은 영원하니, 하늘과 땅이 영원할 수 있음은 자기만 살려고 하지 않기 때문이지. 그래서 오래도록 살 수 있다네."(天長地久. 天地所以能長且久者, 以其不自生. 故能長生. 『도덕경』 7장)

'부자생'(不自生)은 하늘과 땅은 사사롭지 않아 영원할 수 있다는 의미다. 이 장 끝부분에 '무사'(無私, 사사로운 욕심이 없음)라는 말이 나오는데, 이는 하늘과 땅의 공평무사(公平無私)한 덕을 뜻한다. 사람에 비유하면 무사(無私)는 대인이요, 유사(有私)는 소인이라고 하겠다. 私는 '禾 + 厶'로 구성된 글자로, 자기몫의 곡식(벼)을 챙긴다는 의미다. 자기만을 위하는 좁은 욕심이다.

삶의 새로움을 만드는 활동력인 뉴스메이커로서 쉴 새 없는 풀무질은 내가 내 자신과 '친해야' 그 주체적이고 실존적인 차원을 비로소 드러낸다. 나와 나 아닌 사람이나 사물과의 관계 이전에 자기 자신과의 관계가 친해지는 것이 근본이다. 관계(關係)는 사전에 '둘 이상의 사람이나 사물, 현상 등이 서로 관련을 맺는 것'이라고 풀이하는 것처럼 '둘 이상'이 관계의 기준처럼 생각하기 쉽다. 이런 관계는 이차적이다. 일차적이고 본질적인 관계는 내가 내 자신과 어떤 관계를 맺는가 하는 것이다.

삶과 세상의 바탕은 하늘과 땅을 닮은 내 자신에게 '이미' 갖추어져 있을지 모른다. 그런 모습에 귀기울이며 자세히 살피는 태도가 자기자신과 친해지는 모습이 아닐까. 맹자는 "우주만물의 이치를 이해하는 가능성과 잠재력이 내 자신에게 가득 차 있다. 자신을 성찰하여 정성스러운 마음가짐을 깨닫는다면 삶에서 이보다 더 큰 즐거움이 있겠는가."(萬物皆備於我矣. 反身

而誠, 樂莫大焉. 『맹자』 「진심」 상편)라고 하였다. 만물개비어아(萬物皆備於我)! 나는 맹자의 이런 생각을 접했을 때 가슴이 두근거릴 정도로 공감했다. 자기 자신에게서 삶의 새로움을 향한 확고한 디딤돌을 갈고 닦지 못하면 내가 세상에서 두 발을 디디고 설 곳은 없다고 생각한다.

여기서 말한 '성'(誠)은 '정성스러운 참된 마음가짐'이라고 할 수 있다. 자기 자신에게서 이런 마음을 채우는 의지와 노력이 없다면, 그런 자신과 짝이 될 수 있는 우주만물은 없을 것이다. 그래서 나는 "삶의 성실함은 우주만물의 끝이고 시작이니, 성실함이 없으면 우주도 없다."(誠者物之終始, 不誠無物. 『예기』 「중용」 25장)는 의미를 이렇게 이해한다. 성(誠)을 『설문해자』는 '신뢰이다'(信也)라고 풀이한다. 誠과 信에 言(말)이 들어 있는 이유는 말을 통해 자신의 사람됨을 드러내는 것이 바르고 정확해야 한다는 의미라고 할 수 있을 것이다. 그래서 바른말은 대인의 언어로서 대언(大言)이어야 한다.

자기 자신과 친해진다는 것은 무슨 뜻일까. 친(親)은 사이가 가깝고 좋다는 뜻이다. 그래서 사랑하고 화목하다는 뜻이 생겼다. 親에는 '새롭다' '새롭게 하다'는 뜻이 있다. 사이 좋고 사랑하고 화목해야 새로움이 돋아날 수 있다는 의미일 것이다. 그래서 親은 '신'(新)과 통한다. 『설문해자』는 親을 '지'(至)라고 풀이한다. 至는 두루 미치다, 힘쓰다, 이루다, 성취하다는 뜻이다. 힘써 노력하여 새로움을 이룬다는 의미라고 하겠다. 세 글자(親, 新, 至)가 '새로움'의 차원에서 서로 통한다.

사상체질의학을 창안한 유학자 의사 이제마(1838-1900)는 동양의학의 경전으로 평가되는 『동의수세보원』의 결론(광제설 廣濟說. 세상을 널리 이롭게 하기 위한 생각)에서 말한다. "현명하고 유능한 사람을 미워하는 것은 세상의 큰 병이고, 현명하고 선량한 사람을 좋아하는 것은 세상의 큰 약이다."(妬賢嫉能 天下之多病也. 好賢樂善 天下之大藥也.) 이는 대인(大人)의 올바른 마음가짐(大心)이 자기자신과 세상을 건강하게 하는 바탕이요 삶을 새롭게 가꾸는 토양이라는 뜻으로 볼 수 있다.

나는 삶의 새로움을 위한 신진대사를 작동시키는 방법으로 뉴스(새로움)의 벗(友, 新)과 적(敵, 陳)을 구분하여 일상에서 실천하려고 애쓴다. 학생들에게도 강의 시간마다 "뉴스의 적은 물리쳐 뿌리를 뽑고 벗은 대혈(大血)의 성분이 되도록 하자!"고 깨우친다.

새로움(뉴스)의 벗(友) *新	일상의 재발견. 호기심. 개방성. 유연함. 민감. 호감. 매력. 소통. 공감. 배려. 예의. 긍정. 낙관. 감동. 공경. 신뢰. 심미. 겸손. 사랑. 지혜. 통찰
새로움(뉴스)의 적(敵) *陳	통념. 편견. 반복. 뻔함. 어정쩡함. 그저그러함. 둔감. 식상. 진부. 막연. 답습. 무례. 폐쇄성. 배타성. 오만. 비관. 나약. 분노. 미움. 폭력. 권태

삶의 새로움은 대인(大人)이 마땅히 가야 할 길이 틀림없다.

나는 이같은 대인의 모습을 퇴계 이황의 삶에서 느낀다. 『퇴계선생언행록』(退溪先生言行錄)은 퇴계를 곁에서 지켜본 제자들의 기록이므로 퇴계의 평소 말과 행동을 살필 수 있는 중요한 문헌이다. 나는 『퇴계선생언행록』을 읽으면서 공자의 『논어』와 짝이 되면 좋겠다는 생각을 한다.

『논어』에는 공자라는 사람이 보이고 느껴지는 것처럼 『퇴계선생언행록』에는 이황이라는 사람이 보이고 느껴진다. 『논어』에서 공자가 말하는 대인의 자세(『논어』에는 군자(君子)로 표현되어 있다)는 『퇴계선생언행록』에 담긴 퇴계의 모습에서 잘 살펴볼 수 있다. 공자와 퇴계의 70평생(공자는 73세, 퇴계는 70세에 별세)은 인격을 완성시키려는 위기(爲己)의 수신(修身)에 닿아 있다.

『퇴계선생언행록』에 담긴 퇴계의 고매한 인품과 대인의 자세를 독자들과 함께 음미해보고 싶다. 천원 권 지폐에 있는 퇴계의 모습과 매화를 볼 때면 그가 평생 한결같이 가꾼 삶의 향기가 널리 퍼졌으면 하는 마음이다.

- 선생은 따뜻하고 공손하며 자상하고 조용하여 성난 모습이나 거친 자세를 하는 일이 없었다.(先生, 溫良恭謹, 端詳閒泰, 暴慢之容, 忿戾之氣, 未嘗加諸身.)
- 쉽고 분명함은 선생의 학문이고 바르고 넓음은 선생의 모습이며 바람처럼 훈훈하고 구름처럼 싱그러움은 선생의 덕이고 삼베나 곡식처럼 평범함은 선생의 결이다.(平易明白, 先生之學也. 正大光明, 先生之道也. 和風慶雲, 先生之德也. 布帛菽粟, 先生之文也.)
- 선생은 사람을 대하는 태도가 매우 관대하여 큰 잘못이 없으면 관계를 끊어버리지 않고 받아들여 스스로 고쳐서 새로운 사람이 되기를 바랐다.(先生, 待人甚恕, 苟無大故者, 則未嘗絶之, 皆容而敎之, 冀其遷改, 而自新焉.)
- 제자를 대할 때도 벗을 마주하는 것처럼 했다. 나이가 어린 제자라도 이름 대신 '너'(자네)라고 부르지 않았다. 맞이하고 보낼 때는 두루 잘 되도록 하는 모습을 보이면서 공경하였다. 제자가 자리에 앉으면 먼저 부모와 형제의 안부를 물었다.(待門弟子, 如待朋友, 雖少者, 亦未嘗斥名稱汝. 送迎周旋揖遜, 致其敬, 坐定, 必先問父兄安否.)
- 제자를 가르칠 때 싫증을 내거나 권태롭게 여기지 않았으며 벗처럼 대할 뿐 스승으로 권위를 내세우지 않았다.(訓誨後學, 不厭不倦, 待之如朋友, 終不以師道自處.)
- 사람들과 토론을 하다가 서로 생각이 일치하지 않으면 혹시라도 자신의 의견에 부족함이 있는 것은 아닌지 걱정하였다.(與人論辨, 有所不合, 則猶恐己之所見或有未盡.)
- 선생은 학자들과 토론을 하다가 의심 나는 곳이 있으면 자신의 의견을 고집하지 않고 반드시 여러 사람의 의견을 살피면서 채택하였다.(先生, 與學者講論, 到疑處, 不主己見, 必博采衆論.)
- 대화를 할 때는 반드시 상대방의 말이 끝난 다음, 천천히 한마디 말로 이를 분석하여 판단하지만 자신의 생각이 반드시 옳다고 하지 않았다. 다만, 자신의 생각은 이러한데 어떤지 모르겠다고 하였다.(必待彼言之定, 然後, 徐以一言條

析之, 然, 不必其爲是. 第曰, 鄙見如此, 未知如何.)

- 사람을 마주할 때는 따뜻하고 겸손하여 푸근한 기운이 감돌았으며 마음을 열고 이야기할 때는 진심을 드러내 보였다. 겸손하게 묻기를 좋아했으며 자신의 생각을 내세우지 않고 사람들의 의견을 존중하였다.(至其待人之際, 溫恭謙遜, 一團和氣, 開懷與語, 洞見心肝. 又謙虛好問, 舍己從人.)
- 다른 사람에게 조금이라도 좋은 점이 있으면 마치 자기에게 그런 것처럼 기뻐했다. 자신에게 조금이라도 잘못된 것이 있으면 지위가 낮은 사람이 지적하더라도 이를 개선하되 조금도 머뭇거리지 않았다.(人有一善, 若出諸己. 己有小失, 雖匹夫言之, 改之, 無吝色.)
- 누가 무엇을 물으면 비록 사소한 내용이라도 곧바로 대답해버리지 않고 반드시 잠깐 마음속에 생각한 다음 대답을 하였다.(人有質問, 則雖淺近說話, 必留意少間而答之, 未嘗應聲而對.)

퇴계의 이같은 모습은 '더 나은' 자신의 삶을 추구하는 태도라고 할 수 있다. 학봉 김성일은 퇴계의 이같은 모습을 '향상심'(向上心)으로 표현했다. 즉 "선생은 겸허한 자세를 덕으로 삼아 조금도 자신을 드러내려는 마음이 없었다. 삶의 바른길을 이미 밝혔지만 그것을 추구하는 자세는 마치 아직 밝히지 못한 듯하였다. 더 나은 차원을 추구하는 태도는 돌아가실 때까지 한결같았다.(先生, 謙虛爲德, 無一毫滿暇之心. 見道已明, 而望之, 若不見. 向上之心, 至死如一日.)

▲ 행소박물관 광장 초기의 종

부록

대학생들의 뉴스메이커 의지

"열심히 노력하는 후배 학생들을 보니 두려워할 정도로 뭉클하다. 나중에 이들이 지금 우리 같은 선배들보다 실력이 떨어질 것이라고 말할 수 있겠는가."(後生可畏. 焉知來者之不如今也. 『논어』「자한」 편)

스승과 제자, 교수와 학생, 선배와 후배가 서로 긴장해서 공부를 독려해야 한다는 뜻을 담은 공자의 말이다. 노력하는 후배를 격려하는 한편 공자 자신을 포함해 선배로서 모범을 보여야 한다는 의미가 스며 있다.

나는 학생들이 정성껏 작성한 중간 및 기말고사 답안지를 보면서 후생가외(後生可畏)를 느꼈다. 자신을 새롭게 성장시키려는 뉴스메이커 의지를 수준 높게 보여준다. 학생들은 특히 '하루 하루를 아껴 노력하는 애일(愛日)의 자세와 처음의 작은 차이가 나중에 큰 차이를 낳는 호리천리(毫釐千里)의 이치'에 발랄한 관심을 보였다. 답안지 일부 내용을 소개한다. 2년 동안 함께 공부한 600여 명의 인재들이 올바른 뉴스메이커로서, 수기치인의 대인 리더로서 멋진 삶을 가꾸면 좋겠다.

＊＊＊

• 새로움을 추구하는 태도가 중요한 이유는 새로움이 삶을 향상시키기 때문이다. 새로움이야말로 올바른 사람됨으로 이끌어 갈 수 있는 에너지이며 내 삶을 한결같이 새롭게 만드는 '내 삶의 뉴스메이커'라는 것을 알게 되었다. 이제 나는 뉴스 마인드 실천이 앞으로 내 삶에 영향을 미칠 영양분이 될 것이라고 확신한다. (국제통상학과 2년)

• 지루하고 뻔한 일상에서 하루를 갇혀 살아왔다. 그런데 새로움이 없으면 변화할 수 없고 성장할 수도 없다고 생각하게 되었다. 내가 부족한 것은 무엇인지 과거의 나를 성찰했다. 지난 일을 통해서도 새로운 성장을 할 수 있다고 생각한다. 이런 노력 자체가 새로운 성장이라고 생각한다.

(국제통상학과 1년)

• '하루는 영원의 축소판'이라는 말을 가슴에 새겨 반추하다보니 그동안 무기력했던 나의 모습은 내가 만들어온 것이라는 생각이 들었다. 새로움을 추구하지 않으니 일상이 늘 똑같이 반복되는 것 같고, 많은 사람들과 소통과 세상의 소식들이 지루하고 의미 없게 느껴지는 것이 어쩌면 당연한 일이었다. 앞으로 나는 내 스스로가 꽉찬 열매가 되도록 세상의 모든 자극들로부터 새로움을 받아들이는 자세를 잃지 않을 것이다.

(경찰행정학과 4년)

• "뉴스 마인드로 모든 일을 생각하고 바라볼 때 진부하고 뻔하지 않은 새롭고 특별한 사람이 될 수 있다." 항상 하루를 아끼는 애일의 마음과 향상심, 호리천리, 작은 것을 신중하게 하는 세밀결정성패, 자신을 정성스럽게 가꾸는 성신의 자세로 살아갈 때 차별화된 마인드를 가진 인재로 성장할 수 있다고 확신한다. (스페인어 중남미학과 4년)

• 뉴스 마인드는 틀에 박힌 나의 사고를 바꾸는 데 큰 영향을 끼쳤다. 뉴스 마인드를 머릿속에 새기고 난 뒤부터 생각하는 방법이 조금씩 바뀌기 시작했다. 사소한 일도 생각하는 시각이 달라진 것이다. (국제통상학과 1년)

• 나에게 새로움이란 살아가는 이유이며 자신을 넘어서고 성장하는 일이다. 작은 행동이 큰 차이를 만드는 호리천리처럼 새로움을 하나씩 실천할 것이다. (스포츠마케팅학과 2년)

• 뉴스 마인드를 삶에 적용해보니 평범한 일상과 생각에 생동감이 생겼다. 그리고 내가 내 삶을 만들어간다는 느낌이 들었다. 내 삶의, 내 생각의 주체가 된 기분이다. 새롭게 생각하기 위해 노력하면 인생을 바꿀 수 있겠구나 하는 확신이 생겼다. (의용공학과 1년)

• 뉴스 마인드와 호리천리. 사람을 보는 시야가 달라진 것을 느꼈다. 평소 작은 것까지 세세히 보려는 노력을 하게 되니 자연스레 사람을 보는 시야도 더 넓어지는 것 같다. (화학공학과 2년)

• 뉴스 마인드! 올해 가을 처음 들어본 이 단어는 내 삶의 터닝 포인트가 되었다. 이제는 하루를, 그리고 내 일상을 새롭게 살아가는 데 없어서는 안될 것이 되었다. 주변을 둘러볼 능력이 없는 것이야말로 뉴스 마인드가 없는, 식상하고 폐쇄적이고 흔하고 뻔하고 진부한 삶을 살아가는 것이다. "애일의 자세로 삶의 새로움을 만들자" "뉴스 메이커로서 자긍심을 가지자"라는 삶의 목표를 가지게 되었다. (의용공학과 1년)

• 나는 뉴스 마인드를 가지고 나의 삶을 주체적으로, 실존적으로, 새롭게 꾸려나가기 위해 노력할 것이다. (화학공학과 2년)

• 나는 깨달았다. 새로움을 향해 나아가는 것은 내면의 힘을 더 끌어올려 주는 일이라는 것을. 나는 가장 가까이 있는 곳부터 한 걸음씩 내딛으며 새로움을 찾아나서는 것이 중요하다는 것을 깨달았다. 늘 새로움에 대해 갈증을 느끼는 사람으로 살고 싶다. (시각디자인학과 2년)

• 나는 삶의 많은 부분을 새로운 눈으로 바라볼 수 있는 사람이 되었다. 나는 일상에서 새로움을 멈추지 않고 매일 보던 것들에서도 새로움을 찾는 것을 즐기게 되었다. 뉴스 마인드는 '나의 새로운 눈'이 되었다. 나는 예전처럼 무기력한 사람이 아닌 새로운 사람이 되었다. (중어중문학과 1년)

• 비문(非文). 나의 사람됨을 나타내는 말과 글, 행동 그리고 태도가 바람직하지 않다는 것을 뜻하는 단어를 새로 알게 되었다. (언론영상학과 2년)

• 뉴스 마인드를 가지고 살아보니 세상을 바라보는 관점과 시각이 달라졌다. 고리타분하고 반복적으로 그저 하루를 보내는 일상이 바뀌고 있다. 새로움을 추구하면서 감사함과 행복감을 느낀다. 삶이 얼마나 소중하고 새로운지 깨닫게 되었다. 대인을 추구하면서 작은 것부터 바꾸며 살아가다보면 언젠가 내 마음에는 아름다운 꽃이 활짝 필 것으로 확신한다.

(행정학과 1년)

• 나에게 뉴스 마인드는 인생의 등대이자 나침반이자 지도이다. 이런 마음가짐을 통하여 나의 일상이 작지만 변화하고 있음을 느낀다.

(기계자동차공학과 2년)

• 뉴스 마인드를 실천해보니 '덕필고 필유린'이라는 공자의 말이 떠오른다. 덕이 있으면 반드시 따르는 사람이 있으므로 외롭지 않다는 뜻이다. 이

구절에서 말하는 덕(德)이 나에게는 '새로움'을 뜻하는 것 같다. 새로움을 추구하는 마인드를 가진 사람은 다른 사람을 평온하고 화목한 덕의 길로 인도해주면서 그 길을 함께 나아갈 수 있는 리더가 되는 것이다.

(생명과학과 1년)

• 뉴스 마인드로 내 안에 새로운 자신을 찾은 기분이다. (문헌정보학과 1년)

• "100 - 1 = 0"이 말을 들었을 때 정말 신선한 충격이었다. 당연히 99로 생각했기에 그동안 내가 얼마나 틀에 박힌 생각을 가졌는지 알 수 있었다. 항상 초심을 잃지 않고 호리천리의 자세를 가슴에 품고 살아갈 것이다.

(문헌정보학과 1년)

• 뉴스 마인드를 통한 1%의 변화와 1%의 정성이 나의 삶을 송두리째 바꾸고 있다. (미국학과 1년)

• 이 강의는 새로운 도전이었다. 자신을 발전시키는 데 매우 좋은 기회였다. 대인으로 한걸음 더 다가가는 것이 이번 학기의 개인적인 과제였다. 호리천리 자세로 고군분투하는 자신을 갖게 되었다.

(자율전공부 자연계열 1년)

• 나의 어휘능력에 대한 잠재력을 모른 채 뉴스의 적(敵)과 함께 살아갔다면, 늘 하던대로 별 볼일 없이 살아갔을 것이다. 하지만 호리천리와 애일, 향상심의 자세로 내 삶의 새로움과 주체성, 실존성을 위해 작은 것부터 실천하며 노력했기 때문에 소인에서 대인으로 한 발짝 나아갈 수 있었다. 언어의 한계를 넓히기 위해 일상생활에서 새로움을 찾으려고 꾸준히 노력할 것이다. (전기에너지공학과 1년)

•나에게 뉴스마인드는 새로움을 찾아주고 생각에 대한 정리를 할 수 있도록 도와주고 더 나은 방향을 제시해주는 것이다. 새로움이라는 두려움 속에서 즐거움을 찾게 된다면 앞으로도 못해낼 것이 없을 것이다. 새로움에 대한 마음은 두려움 속에서 즐거움을 찾아 계속해서 도전하라는 의미인 것 같다. (태권도학과 1년)

•올해 가을에 나는 처음으로 새로움이 무엇인지 알게 되었다. 내 삶을 바꿔주는 아주 멋지고도 흥미로운 뜻을 가진 '새로움'이었다. 올해 가을은 나를 새롭게 해주었고 내 삶을 뛰어넘을 수 있도록 뉴스마인드로, 즉 새로운 생각으로 새로운 시각으로 나 자신을 돌아보고 주변을 바라보았다.

(토목공학과 3년)

•나는 계절이 변하는 동안 삼씨(글씨 말씨 마음씨)의 솜씨를 높이기 위해 노력했다. 새롭게 알게 된 비문(非文)은 형식 뿐 아니라 새로움과 분위기를 포함한다. 나는 새로운 비문의 기준을 다른 과목의 보고서와 과제에 적용하면서 완성도를 높였다. 새로움을 만드는 뉴스메이커로 성장하고 있다. 아직 많이 부족하지만 호감을 주는 사람으로 성장하도록, 진정한 대인으로 거듭나도록 호리천리의 자세를 잃지 않을 것이다.

(자율전공부 자연계열 1년)

•뉴스 마인드는 내 꿈의 실현을 도와주었고 로버트 프로스트의 '가지 않은 길'에 대한 용기와 호리천리, 인생재근의 정신을 일깨워 주었다.

(게임모바일공학과 3년)

•나와 친해지는 것을 배웠다. 내 안의 잠재력을 신뢰하는 자세가 필요하다. 나의 장점을 사랑하며 나의 내면의 목소리를 경청한다. 배움의 자세인 견

현사제를 기를 수 있었다. 누군가를 바라볼 때 그 사람의 어떤 점을 견현사제할 것인지 관찰하는 점은 매우 달라진 모습이다. 이런 삶의 자세는 나에게 긍정적인 영향을 주었다. '새로움'이라는 첫 단추를 잘 끼웠다.

(사회복지학과 2년)

- 비문(非文)과 3씨(글씨 말씨 마음씨)가 가장 기억에 남고 가장 중요하다고 느낀다. 3씨에서 나오는 겸손하고 예의바르고 정감 있는 분위기가 매우 중요하다는 것을 깨달았다. 말과 글에서 사람됨의 깊이를 알 수 있다. 마음이 깊어야 글씨와 말씨도 깊어질 수 있다. 새로움도 편견 없이 보려는 마음이 있어야 보인다. 나 자신과 친해졌다. 감사함과 소중함을 느끼게 되었다. 애일의 자세에 눈 뜰 수 있게 되었다. 나에게 집중하니 삶의 활기가 깨어나는 느낌이다. 뉴스 마인드 연습 노트를 쓰는 습관이 생겼다. 언어의 한계가 삶의 한계라는 것을 깨닫는다. 메모하고 반추하는 습관이 생겼다. 존중의 자세, 호리천리의 자세, 향상심의 자세를 깨닫는다. 그릇을 키우지 않으면 그 안에 무언가를 담을 수 없다. 견현사제의 자세로 배울 것이다. 내 삶은 내가 만들어가는 것이다. 나는 새로운 출발점에 서 있다.

(사회복지학과 1년)

- 일상 속에서 새로움을 찾는 것이 중요하다. 향상심으로 나 자신과 우선 좋은 관계를 맺고나니 그 후로 다른 사람과 좋은 관계를 맺을 수 있고 인간적인 매력을 쉽게 발견할 수 있었다. 이제는 사람을 대할 때 상대방의 장점부터 생각하는 새로움이 생겨났다. 나는 이제부터 내 삶의 뉴스를 찾기 위해 부지런히 노력하기로 다짐했다. (경영정보학과 2년)

- 인생에서 가장 중요한 것은 태도라고 생각한다. 무책임하게 내 삶을 얕고 낮고 작은 수준에서 방치하는 것이 아니라 '내 삶의 왕, 내 삶의 주인은

나 자신!'이라는 생각을 가지고 능동적인 태도로 스스로 개척해 나가겠다. 이러한 마음가짐의 수준이 나의 삶의 수준과 그 깊이가 된다고 생각한다. (수학과 1년)

• 이때까지 나는 소인의 삶을 살아오고 있었다는 것을 느끼게 되었다. 과연 나는 스스로에 대해 '좋은 느낌을 주는 사람이다' '매력적인 사람이다'라고 당당히 말할 수 있을까 하는 의문이 들었다. 나는 호리천리의 마음으로 내가 내 삶의 주인이 되는 방법들을 찾아내어 내 삶의 주인이 될 수 있도록 노력할 것이다. (식품영양학과 1년)

• '소인의 프레임에서 대인의 프레임으로 전환하라!' 이번 과목에서 가장 많이 들었고 가장 와닿는 말이었다. 사실 나는 나의 삶을 소인의 자세로 살았다. 하지만 나는 프레임의 질적 수준을 높이는 것을 배웠고 실천하기 위해 갖가지 노력을 하고 있다. 이렇게 하루 하루 성장하다보면 나는 어느새 주변 사람들에게 함께 하고 싶은 사람으로 변하리라 기대한다.

(환경과학과 1년)

• 마음이 좁았고 속이 좁았던 나를 바꿀 수 있었던 것은 내 자신과의 관계, 하루 하루 나를 아끼며 성장시키려는 노력, 자기 자신과 바람직하고 아름답고 유익한 관계를 가지려고 노력했기 때문이다. (기독교학과 1년)

• 내 자신을 돌아보는 계기를 더욱 다짐하게 되었다. 매력있는 사람, 대인의 자세를 지닌 사람이 되겠다고. 적소고대를 항상 생각하며 작고 사소한 것을 바르게 지키며 성실히 살아간다면 매력있는 내가 될 것이라고 믿는다.

(통계학과 2년)

• 나는 그 모든 사람들에게 호감을 주는 매력적인 사람이었을까. 나를 반성하게 만든 질문이었다. (유아교육과 1년)

• 내가 어떻게 마음을 가지느냐에 따라 대인이 될 수도, 소인이 될 수도 있다. 지금 비록 좁은 마음을 갖고 있다고 하더라도 나아지려는 자세인 향상심을 가지고 노력하면 충분히 대인이 될 수 있다. (심리학과 2년)

• 이제라도 호리천리의 뜻을 정확하게 알게 되어 다행이라고 생각한다. 작은 습관부터 바꾸는 삶이 얼마나 가치있는 삶이고 내가 성장하고 성숙한 어른이 될 수 있는 길인지 알게 되었다. (일본학과 1년)

• 개념 이해의 잉태적 고통을 숙지하면서 내가 알고 쓰던 개념과 단어를 늘 반성하며 깊고 넓게 생각하려는 노력을 기울이고 있다. 나는 일상생활에서 호리천리의 태도를 실천하고 있다. 바르고 고운말을 쓰는 것부터 시작하여 주변 사람들을 공경하고 배려하는 태도까지, 사소하다고 느낄 수 있는 시작이지만 나중에는 큰 차이를 만들 수 있다고 생각하기 때문에 늘 향상심을 가지고 실천하고 있다. 향상심을 늘 간직해 대인이 될 수 있도록 해야겠다. (일본학과 1년)

• 개념 이해의 잉태적 고통이라는 말과 언근지원이라는 말은 나 자신과 깊은 관계를 맺게 해주었다. (정치외교학과 3년)

• 내가 얼마나 편협한 사고를 하면서 살아왔나를 깨달았다. 일상에서 비일상적 새로움을 찾는다는 것은 기존의 상식에서 벗어나 새로운 의미를 찾는 과정임을 알 수 있었다. (한문교육과 1년)

• 애일의 삶을 살게 해주는 계기를 마련했다. 하루를 최선을 다해 살아가려고 하는 마음을 먹으니 신기하게도 하루가 알차졌고 나의 모든 것이 바뀌었다. (소비자정보학과 3년)

• 분노는 내 시야를 좁게 만드는 일이라는 것을 알게된 후, 세상을 긍정적인 시각에서 보는 법을 깨닫게 되었다. 나 자신과 좋은 관계를 맺기 위해서는 내 자신에 대해 잘 아는 것이 필요하다고 생각한다. 대인과 소인은 정해져 있지 않음을 항상 떠올리며 향상심을 가지고 좁은 생각의 소인에서 벗어나 대인이 되도록 노력해야겠다고 생각한다. (심리학과 2년)

• 다른 사람과 단 1%라도 달라야 한다. 뻔하면 지고 다르면 이긴다. 일상에서 새로움을 찾는 자세로 노력하면 다른 사람과 1%의 차이가 생길 것이다. 호리천리의 자세로 노력할 것이다. 말은 그 사람을 담는 그릇이다. 적소고대의 자세로 언어를 다듬을 것이다. 취업 면접에서 매력적인 사람으로 느껴지도록 하고 싶다. (심리학과 2년)

• 내 자신의 작고 사소한 습관과 패턴부터 바꿔보자고 다짐하고 실천했다. 하루 하루 내 자신이 달라지는 것을 느꼈다. 호리천리의 힘을 깨닫게 되었다. 내 자신을 넓히고 어휘력을 키우려고 노력한다. 사소한 것이 쌓여 인생에 큰 작용을 하는 것 같다. 작은 것부터 다시 보고 중요하게 여기는 그런 사람이 되어야겠다. (통계학과 2년)

• 나는 편견에 갇힌, 새로움을 추구하지 않고 세상에 불만이 많은 소인이라는 것을 깨달았다. 그래서 나는 결심했다. 대인의 사회로 나아가기로. 좁고 낮으며 언행이 좋지 못하고 의존적인 삶을 사는 것이 소인이라면 대인은 언제나 새로움을 추구하며 다른 사람과 소통하고 교감하며 감동을

주는 사람. 나 자신에게도 다른 사람에게도 호감을 주는 사람이 되는 것이라고 알게 되었다. 새로움을 추구하기 위해 개방적 사고와 넓은 시야를 가지며 끊임없이 자신을 올바르게 향상시키는 사람은 타인에게 호감이 될 수 밖에 없다는 생각이 들었다. 나는 내가 깨달은 대인의 세계에 등반하기 위해 노력하기로 했다. (정치외교학과 2년)

• 나는 요즘 호리천리의 자세로 살아가고 있다. 호리천리의 자세는 친구들과 대화를 떠올리며, 혹시 내가 소인의 언어를 사용한 것은 아닌지 돌이켜봄으로써 반구의 태도를 가질 수 있게 해주었다. 나도 모르게 튀어나오는 좁고 낮고 얕은 소인의 언행과 의존적인 태도를 반성하고, "앎의 수준이 삶의 수준과 깊이"라는 말을 떠올리면서 정명의 태도를 항상 마음에 새겼다. (일본학과 1년)

• 내가 가진 것을 세상이 원하도록 하는 내 삶의 뉴스메이커를 만들 것이다. 어떤 태도로 살아야 매력적이고 호감 있는 사람이 될 수 있는지 생각해본다. 대인의 언어를 쓰고 천하제일 마인드와 뉴스 마인드를 갖는 것이다. 평범한 일상에서 새로움을 발견하고 일상에 깊이를 더하는 노력을 할 것이다. (정치외교학과 3년)

• 나의 노력으로 대인이 되어 그것을 사람들과 나누고 싶다. 나의 확장이 타인에게도 확장되고, 그것이 사회공동체로 확산되면 세상을 바꾸고 우주가 바뀔 것이다. 나는 이것이 바로 첨단의 깃발을 세우는 마지막 관문이라고 생각한다. 그러기 위해서는 일상을 끊임없이 새로운 시각으로 바라보아야 한다. (경영학과 4년)

• 새로움은 깊이에서 나오기에 평범한 일상에 깊이를 더하는 노력이 필요

하다. 나는 일상에서 새로움을 찾았다. 세상의 큰일은 반드시 작은 곳에서 시작된다. 뉴스 마인드, 뉴스 노즈, 뉴스 아이로 세상을 바라보면 언제나 새로움을 찾을 수 있다. (체육학과 1년)

• 나는 지금까지 살아온 나의 삶을 반성하고 호리천리의 마음가짐으로 성장하고 한단계 더 발전해 나가는 모습을 보이며 나의 가치를 키우고 나를 가두는 좁은 틀을 벗어나 대인의 삶을 살아갈 것이다. (체육학과 1년)

• 책읽기와 더불어 뉴스를 보면서 현실 감각을 익히고 세상을 보는 관점을 넓혔으며 사회로 나갔을 때 도움이 되는 자세를 배웠다. 뉴스를 활용한 기업 마인드 키우기, 뉴스를 활용한 헤드라인 연습 노트를 실천하면서 잠시라도 한눈을 팔아서 소인의 길로 빠지지 않도록 단단하게 하고 내가 딛고 있는 앎의 세계를 계속해서 넓히고 있는 중이다. (환경과학과 1년)

• 관점을 넓혀 생각의 혁신을 가지는 방법으로 일상에 조금씩 새로움을 더하다보니 나는 그저 진부하게 되풀이 되던 내 삶의 변화가 일어나는 호리천리의 힘을 느낄 수 있었다. (전자무역학과 2년)

• 나는 하루를 매일 허송세월을 보내듯이 했는데 애일의 자세로 삶을 살아야 한다는 것이 제일 머릿속에 박혔다. 하루 하루를 소중히, 내게 주어진 시간을 감사하게 받아들이기로 결심했다. 지금 어떤 큰 변화를 이루어낼 수는 없지만 호리천리의 자세로 작은 것부터 실천하기로 마음 먹었다.
(공중보건학과 1년)

• 대인으로서 행동을 하니 안 좋은 일이 생기지 않고 나에게 부정적인 영향을 미치는 일이라도 긍정적으로 바꾸어 나아가고 있다. 애일의 태도로

스스로 천하제일이라고 생각하며 단단해지고 있다. “마음가짐이 이렇게 중요하구나”를 새삼 느끼며 새로운 인생을 선물 받은 것 같다.

(사회학과 2년)

• 수업시간에 100 빼기 1은 0이라고 들었다. 그 작은 1이 나를 성장시키는 힘이라는 말이 굉장히 인상 깊었다. 그 작은 1의 노력, 생각의 가지 하나가 큰 나무가 되고, 그것이 나의 가치가 되어 대인이 되어갈 나를 스스로 응원하며 노력하고 있고 그 노력은 계속 될 것이다. (광고홍보학과 2년)

• 소인에서 대인으로 나아가기 위해, 통념에서 벗어나 언행의 첨단에 도달하기 위해 끊임없이 나에게 질문을 하며 자신을 성찰하여 발전하기 위해 노력하고 있다. 그 결과 지난날의 나보다 훨씬 성숙해져 있는 나 자신을 발견할 수 있었다. (환경과학과 1년)

• 올해 8월까지만해도 나는 소인이자 고리삭은 젊은 학생이었다. 나만의 이기적인 프레임을 지닌 채로, 그 프레임에 맞춰 타인을 대하는 소인이었다. 대인이 되기 위해 시도하고 노력했던 4가지 실천 중 첫 번째 노력으로 대인관계가 폭넓어지고 특히 가족과의 관계와 애정이 눈에 띄게 깊어졌다. 아직은 대인으로서 다가가기 위한 시작이라고 할 수 있는 단계이지만, 시작을 통해 소인에서 벗어난 것부터 이미 반이며, 이를 통해 미립이 생겨 대인의 기쁨을 알았으니 대인을 향한 무한한 성장을 바라며 계속해서 노력을 기울일 것이다. (환경과학과 1년)

• 이 수업을 통해 가장 크게 얻은 것은 행동의 근원은 나 자신으로부터 비롯된다는 것이다. 호리천리의 자세, 애일의 자세, 호감과 매력이 있는 사람 되기, 개념 이해의 잉태적 고통 등 대인으로 나아가기 위해서는 나를

잘 이해하는 것부터 시작된다는 것을 알게 되었다. 요즘 나는 애일의 자세로 자신을 향상시키는 즐거움을 느끼고 있다. 뻔하지 않은, 1%라도 다르게 성장하고 싶다. 진부한 어휘를 쓰지 않도록 <어휘노트>도 실천하고 있다. 미래에 성장한 내 모습이 기대된다. (공중보건학과 1년)

• 내가 좁고 얕은 소인의 삶을 살았다는 것을 깨닫고 나의 언행을 바꾸고자 노력하였다. 생각이 긍정적으로 변하였다. 예전의 나는 어떤 상황이 닥치든 항상 부정적인 생각부터 먼저 했다. 그러면 스트레스와 우울감이 나를 집어 삼켰다. 이제 나 자신을 진지하게 생각하게 되었고 과거의 행동을 반성하며 새로운 나 자신을 찾은 것 같다. 더 이상 과거의 나처럼 소인으로 살지 않고 대인의 삶을 살기 위해 노력할 것이다. (사학과 1년)

• "현명한 사람은 일상을 그저 그렇게 보는 사람이 아니다"는 말은 특히 기억에 남았다. 현명한 사람은 고정관념에서 벗어나 편견 없이 일상에 새로움을 부여하고 새로운 시선으로 보는 사람일 것이다. 이에 더해서 다정하고 섬세한 시선을 가진다면 현명하고 깊은 마음을 가진 사람이 되는 것이다. 더 좋은 나를 위해 대인의 세계와 언어의 첨단을 추구하는 것. 정말 나에게 좋은 가치를 주었다. (정치외교학과 2년)

• '호감을 주는 사람'에 대해 생각하는 계기가 되었다. 함께 일을 하고 싶고 계속 대화하고 싶게 만드는 사람이 정말 매력적이고 호감 있는 사람이라고 생각하게 되었다. 호감과 사람에 대한 나의 마음을 정립하는 시간을 가질 수 있었다. 이런 작은 변화가 언젠가는 1%의 다름으로 나를 보여줄 것이라 믿는다. (유아교육과 4년)

• 나에게 쓰는 편지를 통해 잘못된 점을 알 수 있었고 고치기 위한 노력으

로까지 나아갈 수 있었다. 나를 바꿔나가는 과정을 스스로 밟아감으로써 대인의 세계에 다가가고 있다는 생각이 들었다. 평소에 가지고 있는 일반적인 행동을 버리고 첨단으로 향하는 행동은 스스로 찾아나가야 한다는 것을 알게 되었다. 나에게 편지를 쓰는 새로움을 통해 상대방에게 말을 조심하려는 자세와 내 꿈을 향해 나아가는 노력을 배울 수 있었다.

(철학윤리학과 1년)

• 길거리를 거닐며 간간히 마주치는 외국인들에 대한 거리감이 선명했는데, 일상 속에서 찾은 새로움들이 미립으로 작용했는지 나도 모르는 사이에 그 거리감이 좁혀졌음을 발견했다. 그들이 나와 인연이 없는 존재가 아니라 내 세상의 범위에 포함된 것 같았다. 아직 모르는, 혹은 알려고 하지 않았던 미지가 더 이상 미지가 아님을 알아차렸을 때가 바로 대인의 세계로 나아가는 자신을 발견하는 순간이 아닐까. (화학공학과 3년)

• 나와 좋은 관계를 맺기 위해, 나를 단단하게 하기 위해 배운 것을 실천하려고 노력했다. <일상에서 발견하는 뉴스메이커 노트>를 나의 전공인 시각디자인에 적용해보았다. 이를 통해 나는 일상을 다르게 보려고 하게 되었고, 그냥 스쳐가는 순간을 줄이며 내 일상을 더 깊게 볼 수 있었다. 나는 사소하지만 꾸준한 연습이 큰 변화를 가져오는 호리천리를 직접 경험했고 새로움을 얻었다. (시각디자인과 2년)

• 자기 전에 하루를 돌아보며 감사한 것을 찾는 애일의 마음을 실천하고 있다. 어떤 문제가 생겼을 때 이전의 나의 삶을 돌이켜보며 답을 찾는 반구의 실천 같은 마음가짐을 갈고 닦아 긍정적인 태도를 가질 것이다. 소인으로 살아왔던 지난날을 청산하고 대인으로 향하는 발걸음을 시작한 것이다. (영어영문학과 2년)

• 나는 나와 교감을 시작했다. 나와 통하기 위해 노력하고 있다. 예전의 나는 질현투능 그 자체였다. 나보다 나은 사람을 만나면 질투하면서 속앓이를 하며 살아왔다. 하지만 견현사제를 알게된 후 상대방에 대한 열등감을 버리고 좋은 점을 본받으려고 노력하게 되었다. 나도 더 노력하여 상대방에게 도움이 되어야겠다는 생각을 하게 되었다. 나를 바꾸려고 노력하는 과정을 통하여 나의 존재를 방치시키지 않는다는 것을 알게 되었다.

(철학윤리학과 1년)

• 돌아보면 이렇게 나를 변하게 한 것들은 습관이나 마음가짐을 바꾸는 일상의 작은 노력에서 시작했다. 지금은 대인으로 가는 길과 소인으로 가는 길에서 일왕일래하지만 늘 호감을 주고 아우라를 풍기는 대인이 되기 위해 이렇게 호리천리의 자세로 꾸준히 달려갈 것이다. (법학과 2년)

• 나의 생각을 살아 숨쉬게 하고 뿌리를 내려 끊임없는 열매를 맺기 위해서, 나의 진로와 관련된 뉴스를 스크랩하고 생각을 정리하는 노트를 만들고 있다. 지금까지 해왔던 수동적인 자세에서 벗어나 적극적인 태도로 임하여 호리천리의 자세를 체화시킬 것이다. (사회복지학과 3년)

• 나의 오늘은 새로 시작되었다. 뉴스 마인드로 세상을 바라보기 시작했을 때, 당연하게 여겼던 모든 것이 새로워지기 시작했기 때문이다. 내가 새롭게 세상을 바라보기 시작한 오늘, 나는 세상을 새롭게 바꿔나갈 사람으로 준비를 시작했다. (법학과 4년)

• 나는 이 행사를 마친 후 비로소 새로움의 힘을 깨달았고 호리천리를 실현할 수 있었다. '새로움이란 무엇인가'라는 질문에 대한 답을 찾아가는 과정에 있어서 한 발 나아간 것 같았다. 새로움은 내 인생에 한 획을 그을

수 있는 큰 힘을 가지고 있으며 그 깊이를 더한다. (의용공학과 1년)

• "뉴스 마인드는 한순간에 이루어지는 것이 아니라 삶에서 사소한 것부터 꾸준히 하다보면 내공이 쌓여 새로운 삶을 사는 나 자신을 발견할 수 있을 것이다"는 해답을 찾았다. 그렇게 되면 한 단계 성장한 나를 발견할 수 있을 것이며 호리천리의 경지에 이를 수 있을 것이다.

(기계자동차공학과 3년)

• 일상에서 새로움을 발견하는 것은 그것 자체로 가치 있고 의미있다는 말에 크게 공감한다. 처음의 작은 차이가 나중에 큰 차이가 된다는 호리천리의 의미와 하루 하루를 아낀다는 애일의 의미는 특히 가슴에 와닿았다. 하루 하루를 아끼지 않았던 지난날을 되돌아보니 살아가면서 꼭 필요한 태도가 아닐까 하는 생각을 하게 되었다. (국제통상학과 1년)

• 나 자신을 가두는 좁은 생각을 끊임없이 넘어서는 만큼 삶이 성장한다는 것을 알았다. 뉴스 마인드 연습노트를 쓰는 것은 호리천리를 실천하는 자세인 것 같다. 취업 후에도 꾸준히 이 노트를 써서 일상의 깊이를 더한다면 내 삶 자체가 아주 좋은 책이 될 것이다. (경제금융학과 1년)

• 머리를 감으며 내 속의 편견을 씻어버리자는 생각을 하게 되었다. 내가 무의미하게 여겼던 날들은 모두 가치 있는 날들이었다. 이런 생각은 애일(愛日)의 태도로 삶을 살아가게 해주었다. 애일의 태도는 삶의 새로움을 경험하게 해주었으며, 그저 그런 날들이 아닌 일생에 단 하루라는 생각으로 변화시켰다. 뉴스 마인드는 나를 이렇게 변화시켰으며 앞으로도 삶의 새로움을 추구하는 자세를 놓지 않을 것이다. (의용공학과 1년)

• 뉴스 마인드를 통해서 세상을 바라보면서, 날개가 없으면 뛰라는 말은 나의 좌우명이 되어 매사에 최선을 다하게 되었고, 쉽게 포기하기만 했던 나의 자세를 고칠 수 있었다. 뉴스 마인드를 갖고 삶을 새로움의 관점에서 바라보면서 나를 성장시킬 수 있었다. (컴퓨터공학과 1년)

• 이러한 모든 과정은 나의 언어와 삶의 수준을 향상시켜 주었다. 뻔하고 재미 없는 말과 보고서를 써왔던 내가 참신한 단어를 구사하며 죽은 단어를 쓰지 않으려 노력하는 모습을 보였다. 이런 노력은 매일 나 자신을 초월시킴을 굳게 믿는다. (게임모바일공학과 1년)

• 반복되는 삶 속에 살던 과거의 나를 현재의 나와 차이를 두면서 발전해 나가는 것. 하마터면 대학생활 4년 동안 새로움의 적(敵)인 자신과 지낼 뻔 했던 것을 피하게 되어서 정말 다행이다. 뉴스 마인드를 끝까지 붙잡고 살아가야겠다고 생각한다. (철학윤리학과 1년)

• 삶을 환기(換氣) 시킨다는 것은 내 삶에 새로운 기운을 채우는 것이다. 나를 새로운 기운으로 채우게 되면 나를 보는 사람들은 호감을 느끼게 된다. 생각을 환기시키고 문제를 보면 새로운 시각으로 문제에 접근할 수 있다. 이렇듯 삶에 새로움이 필요하다. 삶을 환기시키기 위해서는 새로움이 들어올 수 있는 창문을 열어 놓아야 한다. 그 창문은 아주 작은 변화로부터 시작이 된다. (기계자동차공학과 2년)

• 나는 매일 똑같은 삶을 산다고 지루해했던 내 자신이 부끄러웠다. 뉴스 마인드 연습노트 쓰기 같은 노력이 새로움 찾기의 하나인 것 같다. 반복적이라고 생각했던 나의 일상이 사실은 새로움 투성이라는 것이 기뻤다. 새로운 것은 감각에 처음 인식되어야 하는 것은 아니다. 알고 있는 지식

을 나의 방식대로 해석하고, 가치관의 변화가 있었는지 느껴보고, 의문을 가져보는 모든 것들이 새로움을 추구하는 행위이다.

(경찰행정학과 4년)

• 애일의 자세로 하루 하루 조금씩 태도를 바꾸어보니 어느 순간 내 주위에 많은 것들이 바뀌어져 있었다. 긍정적인 기운이 쏟아졌다. 소극적이고 소심했던 내가 새로움을 추구하는 태도를 가지고 마음가짐을 다르게 다졌더니 겉에서 맴돌던 내가 중심이 되었다. 호리천리가 정말 중요한 것 같다. 여기서 멈추지 않고 새로움을 추구하도록 계속 나아갈 것이다.

(화학공학과 2년)

• 새로움은 살아있음의 다른 말이다. 삶 속에서 새로움을 추구하는 행위야말로 실로 살아있게 만드는 증거이다. 일상에서 새로운 것, 즉 뉴스를 찾는 일을 훈련할 것이다. 이런 노력의 과정과 태도 자체가 스스로를 발전시키는 요소이다. (자율전공부 자연계열 1년)

• 삶의 새로움을 추구하기 위해 자만하지 않고 일상에 깊이를 더할 것이다. 사람은 대인과 소인의 긴장 관계라고 생각한다. 바른 언행과 호리천리의 자세로, 내 삶의 뉴스메이커를 위해 첨단의 불쏘시개를 만들 것이다.

(정치외교학과 4년)

• 내가 처음 시도한 사소한 도전은 수업 시간에 강의실의 맨 앞에 앉아 가장 가까운 곳에서 배움을 얻는 것이었다. 이런 1%의 넘어섬이 나의 삶을 성장시켜주었고, 진부하고 편협한 생각을 버리고 단조로움에서 벗어난 새로운 나를 만날 수 있게 해주고, 새로운 시선으로 세상을 바라보게 해주었다. 새로움이 쌓이다보면 내 인격의 질이 상승되고 내 삶의 가치가 더욱

발전할 것이다. “호리천리의 자세로 초인이 되자!” 내 삶의 목표가 되었다.
(토목공학과 3년)

- 나는 이 모든 것이 새로움을 추구하는 태도에서 시작됐다고 생각한다. 새로움을 추구하는 태도는 무의미한 삶을 더욱 가치있게 만들어주는 것같다. 나는 도서관에서 가서 나의 꿈을 위해 노력하는 것 말고도 앞으로 새로운 것을 찾아 주저하지 않고 도전할 것이다. (교통공학과 3년)

- “내가 뉴스 마인드를 가지게 된다면 틀에 박힌 생각만 하던 내가 바뀔 수 있을까” 하는 생각이 들었다. 이전의 나는 애일의 태도, 새로움, 뉴스에 대해 전혀 관심이 없었고 알려주는 사람도 없었다. 지금은 새로움으로 가득 찬 하루 하루를 보내고 있다. 뉴스 마인드를 가지고 새로운 일을 해나가며 도전과 성장의 기쁨을 느끼며 살아가고 싶다. (국제통상학과 1년)

- 지금 생각하면 참으로 어리석은 행동이었다. 그 속박에서 벗어날 수 있게 해주는 것이 ‘새로움’이었다. 내 삶이 풍성하고 새로워야 세상도 빛이 난다. 나 자신과 친해지면서 나 자신에게서 답을 구하는 태도를 지녀야겠다는 다짐을 하였다. 새로움은 나에게 자신감을 불어넣어주고 그로 인한 결과물은 자존감을 지키는 든든한 방패가 되어 줄 것이다. 본질은 나 자신이다. “My Universe, Newness.(나의 세계, 새로움)” (국제통상학과 2년)

- 스스로 깊이 깨우치는 배움의 자세로 삶의 새로움을 추구할 것이다. 불성무물의 정신으로 끊임없이 새로움을 추구하지 않는다면 그 인생은 행시주육의 인생이다. 나 또한 그러하기에 끊임없이 새로움을 추구하려고 한다. (스페인어중남미학과 4년)

• 나의 일상에는 사소한 변화가 생겼다. 그것은 어떤 글이나 말을 접할 때, 그것 속에 숨은 새로움을 발견하기 위해 노력한다는 것이다. 이전의 나는 아무 생각 없이 글이나 말을 접했는데, 이런 나의 어정쩡한 태도로 인하여 그 어떤 것도 나에겐 뻔하고 진부하며 식상하게 들렸지만 이젠 다르다. 호리천리의 자세로 노력하면 이런 사소함이 내 삶을 좌우한다고 믿어 의심하지 않는다. (환경과학과 2년)

• 삶의 새로움을 추구하는 태도는 자기 자신을 돌아보면서 성장하고, 부족한 점을 개선하는 계기가 되고, 자기 자신이 어떤 방향으로 삶을 살아가겠다는 삶의 지도가 되어주는 것 같다. (화학공학과 3년)

• 나는 진부한 사람이었다. 새로움에 대한 두려움은 컸고 진부함에 머물러 있었다. 새로움에 눈을 떴다. 새로움은 내 자신에게서 시작해야 한다는 것을 깨달았다. 나의 삶을 진지하게 성찰하고 현재의 나 자신을 넘어 조금씩 노력하여 호리천리를 실천할 것이다. (사회복지학과 2년)

• 내 자신과의 인터뷰를 통해 나의 의지와 다짐을 나열하여 나와 더 친해졌고 성장하게 된 것 같다. 새로움은 나를 긍정적인 방향으로 인도해주고 많은 깨달음을 준다. 앞으로도 나의 의지와 다짐을 실천하며 계속해서 새로움을 추구하는 초인이 될 것이다. (자율전공부 자연계열 1년)

• 뉴스 마인드를 디딤돌로 내 삶의 터닝 포인트가 되도록 내가 내 삶의 뉴스메이커라는 자긍심을 갖고 살 것이다. 뉴스의 벗인 일상 재발견, 호기심, 유연, 호감, 낙관, 통찰, 주체성, 대인(大人) 등을 늘 마음에 새겨 실천할 것이다. 학기 말에는 단 1%라도 차별적인 나만의 사고와 가치관이 확립되면 좋겠다. 더 성장하고 생각의 수준과 삶의 수준이 깊어진, 달라진

나를 기대해본다. (사회복지학과 1학년)

• 부정적으로 생각하던 것을 줄이고 긍정적으로 생각하도록 노력하거나, 평소 아무 생각없이 쓰던 언어를 바르게 쓰려고 노력하는 것만으로도 삶은 새로워진다. 나의 가치를 높이기 위해 드는 하나 하나의 노력이 삶에 새로움을 추구하는 것이다. 이런 작은 노력이 자신을 바꾸는 호리천리를 보여주지 않을까. (사학과 2년)

• 내가 생각하기에 삶의 새로움을 추구하는 이유는 매너리즘에 빠지지 않기 위해서다. 세계 1위 기업이라도 매너리즘에 빠져 도태되는 경우를 보았다. 사람은 새로움을 추구하지 않고 틀에 박힌 채 살아가면 도태된다. 이제부터라도 일상에서 비일상적인 새로움을 찾음으로써 새로운 사고력을 키울 것이다. (행정학과 2년)

• 삶에 새로움을 불어넣을 수 있는 것은 바로 나 자신이라는 점을 놓치고, 지금까지 항상 먹이를 기다리는 아기새 마냥 기다리고만 있었다. 반복과 익숙함의 노예에서 벗어나기 위해서는 자기 자신과의 인터뷰를 중요시하는 것, 즉 내면의 나와 대화를 나누는 것이 가장 중요하다고 생각한다. 조금씩 나아질 것이라는 향상심의 자세로 내 삶의 새로움과 주체성을 위해 성실하게 노력할 것이다. (생명과학과 1년)

▲ 계명대학교 정문

참고문헌

•

찾아보기

▲ 교명석

참고문헌

『시경』

『서경』

『역경』(주역)

『논어』

『맹자』

『도덕경』(노자)

『묵자』

『장자』

『열자』

『예기』

『중용』

『순자』

『한비자』

『사기』

『공자가어』

『논어집주』

『한시외전』

『설문해자』

『퇴계선생언행록』

김부식, 김종권 옮김, 『삼국사기』, 명문당, 1995.

김용옥, 『논어한글역주』, 통나무, 2008.

김창룡, 『인터뷰, 그 기술과 즐거움』, 김영사, 1994.

데카르트, 최명관 옮김, 『방법서설』 『성찰』, 서광사, 2004.

로히트 바르가바, 이은숙 옮김, 『호감이 전략을 이긴다』, 원더박스, 2013.

롤프 도벨리, 장윤경 옮김, 『뉴스 다이어트』, 갤리온, 2020.
미첼 스티븐스, 이광재 외 옮김, 『뉴스의 역사』, 커뮤니케이션북스, 2010.
미첼 스티븐스, 김익현 옮김, 『비욘드 뉴스』, 커뮤니케이션북스, 2015.
백선기, 『보도의 기호학』, 성균관대출판부, 1995.
아리스토텔레스, 천병희 옮김, 『수사학』, 숲출판사, 2017.
에드워드 버네이스, 강미경 옮김, 『프로파간다』, 공존, 2009.
에드워드 핼릿 카, 김택현 옮김, 『역사란 무엇인가』, 까치글방, 2019.
오효진, 『인터뷰의 황제가 되는 길』, 월간조선사, 2004.
유소, 이승환 옮김, 『인물지』, 홍익출판사, 1999.
유소, 임동석 옮김, 『인물지』, 동서문화사, 2011.
이강수, 『뉴스론:미디어 사회학적 연구』, 나남, 2011.
이권효, 『헤드라인 커뮤니케이션』, 북랜드, 2000.
이권효, 『뉴스메이커 공자』, 새문사, 2015.
이규호, 『말의 힘:언어철학』, 좋은날출판사, 1998.
이규호, 『거짓말 참말 그리고 침묵』, 말과 창조사, 2003.
이나모리 가즈오, 김형철 옮김,『카르마 경영』,서돌, 2008.
이두원, 『커뮤니케이션과 기호』, 커뮤니케이션북스, 2014.
이제마, 이민수 옮김, 『동의수세보원』, 을유문화사, 2002.
이태준, 『문장강화』, 창비, 2005.
일연, 김원중 옮김, 『삼국유사』, 민음사, 2011.
조성우, 『마의상법』, 명문당, 2011.
조지 레이코프, 나익주 옮김, 『이기는 프레임』, 생각정원, 2016.
주원규, 『예수의 비유 더 깊이 읽기』, 말쿠트, 2018.
최영찬 외, 『동양철학과 문자학』, 아카넷, 2003.
Gaye Tuchman, Making News, The Free Press, 1978.
Mitchell Stephens, A History of News, Oxford University Press, 2007.

찾아보기